NICOLAS BÜCHSE

ALBRECHT WEINBERG

»Damit die Erinnerung nicht verblasst wie die Nummer auf meinem Arm«

Eine wahre Geschichte vom Holocaust, dem Überleben und einem Versprechen, das die Zeit überdauert

PENGUIN VERLAG

MIX
Papier | Fördert gute Waldnutzung
FSC® C014496

Penguin Random House Verlagsgruppe FSC® N001967

6. Auflage 2025

Neumarkter Straße 28, 81673 München
produktsicherheit@penguinrandomhouse.de
(Vorstehende Angaben sind zugleich Pflichtinformationen nach GPSR)

Lektorat: Nina Schnackenbeck
Umschlaggestaltung: FAVORITBUERO, München
Umschlagabbildung: © Jesco Denzel (vorne, hintere Innenklappe),
© Albrecht Weinberg (vordere Innenklappe)
Autorenfoto: © Jesco Denzel
Fotos Bildteil: S. 1–9 © Albrecht Weinberg, S. 10-16 © Jesco Denzel
Satz: Uhl + Massopust, Aalen
Druck und Bindung: GGP Media GmbH
Printed in Germany 2024
ISBN 978-3-328-11144-3

www.penguin-verlag.de

Vorwort

»Du musst unbedingt einen Holocaust-Überlebenden kennenlernen, den ich heute getroffen habe, er ist solch ein großartiger Mensch«, hörte ich den Freund am Telefon sagen. Jesco Denzel fotografiert normalerweise für die Bundesregierung. Aber auch, weil es ihm wichtig ist, schon seit Jahren auf den Gedenkveranstaltungen zum Jahrestag der Befreiung des Konzentrationslagers Bergen-Belsen.

Jescos Beruf bringt es mit sich, dass er viele interessante Menschen trifft. Nun aber klang er so beseelt, wie ich ihn selten erlebt habe. Ich war neugierig. Ich musste diesen Mann kennenlernen, von dem er sprach.

Bald darauf besuchte ich Albrecht Weinberg und seine ehemalige Altenpflegerin Gerda Dänekas in Leer und dachte schon, ich hätte etwas falsch gemacht. Albrecht Weinberg runzelte die Stirn und wischte abwehrend mit der Hand durch die Luft, kaum hatte ich die Wohnung betreten. Dabei hatte ich nur gesagt: »Schön, dass ich Sie treffen kann, Herr Weinberg.«

Er antwortete: »Damit fangen wir mal gar nicht erst an. Ich bin Albrecht. Wer bist du?«.

Zum Abschied gab er mir einen Kuss auf die Wange. Es war wohl schon dieser kurze erste Besuch, bei dem mir dämmerte, dass ich ihn von nun an begleiten würde. Auf seiner letzten großen Reise, eine Schule hatte ihn auf ihre Klassenfahrt nach Israel eingeladen. Ein 97-Jähriger auf Klassenfahrt, was für eine Geschichte.

So saßen wir im Herbst des Jahres 2022 unter dem Schatten der Bäume im verwunschenen Garten der Herberge *Österreichisches Pilger-Hospiz* in Jerusalem. Die Schülerinnen und Schüler vergnügten sich am Toten Meer, Albrecht wollte sich ausruhen. Der nächste Tag würde schwer auf ihm lasten, er würde in der Gedenkstätte Yad Vashem vom Holocaust erzählen, die Bilder würden wieder seinen Kopf belagern und ihn in seinen Albträumen quälen.

Warum er sich das antue, fragte ich ihn.

Er fragte zurück: »Wer soll das denn sonst tun?«. Seine Beine, sagte er, seien leider aus Gummi, aber sein Kopf sei noch ziemlich wach. »Es gibt nicht mehr viele wie mich«, fügte er hinzu, »deshalb muss ich davon erzählen, solange ich kann. Damit die Erinnerung nicht verblasst wie die Nummer aus Auschwitz auf meinem Arm.«

Dann begann Albrecht, mir zu berichten von seinem beinahe hundertjährigen Leben, und erst, als ich mein Notizbuch vollgeschrieben hatte, merkte ich, dass Stunden vergangen waren und die Abendsonne schon begonnen hatte, Jerusalem in warmes Licht zu tauchen.

Ich begleitete Albrecht und Gerda danach nicht nur für einen Artikel im *stern*, für den ich als Reporter unterwegs bin. Wir machten uns auf die Reise in seine Vergangenheit. Gerda kochte uns Dutzende Kannen Ostfriesentee und Albrecht erzählte. Wir besuchten den jüdischen Friedhof in Leer, standen vor seinem

Elternhaus in Rhauderfehn, in der ehemaligen Jüdischen Schule und in den Stollen des ehemaligen Konzentrationslagers Mittelbau-Dora. Wir aßen Hühnersuppe im Rathaus von Leer, nachdem Albrecht die Ehrenbürgerwürde der Stadt verliehen wurde.

Es waren manchmal beschwerliche Reisen für Albrecht, weil sie aufwühlten. Doch nur selten ließ er sich anmerken, wie ihn das Erzählen schmerzte, wie die Erinnerungen ihn immer wieder einholen und peinigen. Sie lassen ihn nicht schlafen, sie gestatten ihm keinen Moment der Ruhe. Manches wurde in unseren Gesprächen wieder hervorgeholt, was gut verstaut war, um nicht immer aufs Neue alte Wunden aufzureißen.

»Ach, das kannst du dir heute gar nicht vorstellen«, sagte er dann.

Albrechts Gedächtnis ist gut. Viele Erinnerungen sind ihm so präsent, als würde er sie noch heute durchleben. Manche Momente hingegen sind wie aus seinem Gedächtnis gelöscht, und auf der Suche nach einem roten Faden durch dieses Knäuel seines Lebens bleiben ihm nur Erinnerungsfetzen.

Die Geschichtswissenschaft hat die Methode der »Oral History« entwickelt. Sie ermutigt Zeitzeugen und Zeitzeuginnen, Geschichte ungehindert zu erzählen, so wie sie sich daran erinnern. Gut erinnern sich Menschen in der Regel an Gefühle, weniger gut an politische Zusammenhänge oder Jahreszahlen, manchmal schmelzen ganze Jahre in der Erinnerung zu einer Stunde zusammen.

Gelegentlich habe ich beim Schreiben historische Quellen hinzugezogen, mir ging es dabei nicht um Beweisführungen, sondern um eine historische Einordnung des Subjektiven.

Es ist ein großes Glück, Albrecht Weinberg zu kennen. Es sagt sich so leicht über einen Menschen: Man muss ihn einfach mögen. Doch Albrecht hat diese Wirkung, ganz besonders auf junge Menschen. Sie hören ihm zu. Und er ihnen. Manchmal sehe ich nach seinen Vorträgen Schülerinnen und Schüler auf ihn zugehen und höre sie fragen, ob sie ihn umarmen dürften. Danach unterhält er sich mit ihnen, und es dauert oft nicht lange, da erzählen sie ihm von ihren tiefsten Sorgen, von Problemen in der Schule oder mit den Eltern oder von ihrem Gefühl, allein zu sein. Wenn ich mit ihm telefoniere, erkundigt er sich zuallererst immer, wie es meiner Familie geht. Er erinnert sich an jede Bronchitis, jeden Schnupfen meiner Kinder. Von den Schmerzen seines Alters aber redet er nur, wenn man ihn fragt.

Am Ende unseres ersten langen Gesprächs in Jerusalem spürte ich einen Kloß in meinem Hals, als ich Albrecht fragte, was wohl passieren würde mit der Erinnerung an den Holocaust, wenn er nicht mehr da wäre, um uns davon zu berichten.

Albrecht überlegte, dann sagte er: »Dann musst du deinen Kindern von mir erzählen.«

Dieses Buch ist Albrechts Buch. Ich habe es geschrieben, damit viele Eltern ihren Kindern von Albrecht Weinberg erzählen können.

1

Berlin 1942

Wir hasteten durch die Straßen dieser unheilvollen Stadt. Drei Geschwister aus Ostfriesland in der Fremde. Gewaltig erschienen mir die Häuser, die Menschenmassen in den Alleen, die Gefahr. Dieter, unser älterer Bruder, ging voran. Dahinter Friedel und ich, die hier nicht sein sollten. Der Weg vom schäbigen Zimmer unserer Eltern in Alt-Moabit zum Bahnhof Bellevue, er fühlte sich an wie ein Gang durch Feindesland. Mein Blick jagte durch die Menschenmenge auf der Suche nach Männern in Uniform.

Dieter gab sich unbeeindruckt. Richtete seinen Blick entschlossen geradeaus. Dieter ließ sich niemals einschüchtern. Ich wäre gerne so mutig gewesen wie er. Doch ich glich eher meiner Schwester. Vielleicht waren Friedel und ich auch deshalb so unzertrennlich, schon von ersten Kindestagen an, als wir hinterm Haus in unserem Dorf bei Leer in Ostfriesland Murmeln spielten.

Wir hatten unsere Eltern besucht. Wir hatten in das graue Gesicht von Papa geblickt und in die verzweifelten Augen von Mama. Mama, die dafür betete, dass wir wieder zusammen sein könnten. »Wenn doch wenigstens meine Kinder zusammenbleiben könnten. Wenn doch wenigstens ihr euch hättet in diesen schrecklichen Zeiten«, hatte Mama gesagt und uns drei Kinder angesehen mit ihren traurigen Augen.

Dieter führte uns nun in Seitenstraßen. Die Menschen schienen durch uns hindurchzublicken. Als seien wir gar nicht unter ihnen, als seien wir Geister. Vielleicht schämten sie sich, uns zu sehen. Friedel und ich atmeten auf, als wir in einer Gasse endlich allein waren. Dieter blieb stehen. Drehte sich zu Friedel und mir. Zog seinen Mantel aus und forderte uns auf, es ihm gleichzutun. Wir hätten sterben können vor Angst. Aber Dieter war der Ältere. Dieter kannte sich aus. Er würde wissen, was zu tun war. Wir legten die Mäntel über unsere Arme.

»Kommt, wir machen ein Foto!«, sagte Dieter. Und stürmte voran, ehe Friedel und ich protestieren konnten. Er steuerte auf ein Fotogeschäft zu, im Schaufenster hingen Porträts und das Schild: »Juden kein Zutritt.« Allgegenwärtig schien uns dieses Schild. Jeder Verstoß, wussten wir, wurde mit Schutzhaft geahndet. Schutzhaft stand auch darauf, wenn Juden nicht diesen gelben Lappen in Herzhöhe in der Öffentlichkeit trugen, den die Nazis uns seit Spätsommer 1941 aufgezwungen hatten. Oder wenn der »Judenstern« nicht fest angenäht war am Kleidungsstück. Oder wenn jemand versuchte, den Stern hinter einer Aktentasche oder einem Paket zu verbergen. Die Polizei überwachte das genau, wir hatten genug Geschichten darüber gehört.

Friedel und ich wollten schnell umkehren, aber da schritt Dieter schon zur Tür und hielt sie auf: »Hereinspaziert!« Dieter redete jovial mit dem Fotografen, als herrschte noch immer Alltag in unseren Leben. Friedel und ich folgten dessen Anweisungen, so starr vor Schreck, dass wir uns später kaum noch daran erinnern würden, wie wir uns herausgeputzt hatten im Fotogeschäft und später vor der Kamera posierten.

Doch uns blieb das Foto. Der untrügliche Beweis, dass wir es damals wirklich gewagt hatten. Dass es uns gab, damals in jener Zeit in Berlin, dass wir keine Geister waren. Dieter sitzt in Jackett und Krawatte vorn, ein stattlicher junger Mann mit breiten Schultern. Friedel in karierter Bluse und mit sorgsam ondulierten Haaren dahinter, siebzehn Jahre ist sie damals und zu einer hübschen Frau herangewachsen, geheimnisvoll, ihre großen braunen Augen. Daneben ich, ein Schlaks von sechszehn Jahren. Ich trage ein Jackett, die Haare streng nach hinten gekämmt, sie glänzen von der Pomade, von der ich sogar noch großzügiger aufgetragen habe als mein Bruder.

Ernst blicken wir Geschwister auf dem Schwarz-Weiß-Bild. Gelächelt wurde damals selten auf Porträts. Man liest aber heute, im Wissen um das, was uns widerfahren würde, unweigerlich Furcht aus unseren Gesichtern.

Und doch: Das Foto zeigt uns alle, Dieter, Friedel und Albrecht. Es zeigt die Weinberg-Geschwister vereint. Ein Foto, um Mama Hoffnung zu geben. Dass wir zusammen den düsteren Zeiten trotzen würden. Unzertrennlich, zumindest auf dem Bild. Wir riskierten viel dafür. Es würde das letzte Foto sein, dass uns alle drei zusammen zeigt. Es würde ein besonderes Foto werden für Friedel und mich. Mehr als ein Foto. Eine Verpflichtung.

Als wir an jenem Tag aus dem Fotogeschäft traten, trugen wir unsere Mäntel so über den Armen, dass die linke Brustseite nicht zu sehen war. Die gelben Stofffetzen darauf hatte der Fotograf nicht entdeckt. Ich erinnere mich heute noch daran, wie heftig mein Herz an jenem Tag schlug, auch noch lange, nachdem wir das Fotogeschäft verlassen hatten.

2

70 Jahre später.
Fort Lauderdale, Florida 2012

»Al«, wimmerte Friedel. »Al! Al! Al!«

»Ich bin hier«, sagte Albrecht.

Langsam fuhr er Friedel mit den Fingerspitzen über den Arm, *exhausted*, gedankenverloren, in seinem Kopf verschwamm alles. Ein vergeblicher Versuch. Er konnte sie nicht beruhigen – er konnte sich selbst nicht beruhigen. Und doch wusste er nichts anderes zu tun.

So ging es seit Wochen schon, immer wenn er morgens in den Flur des Hospice am Rande von Fort Lauderdale kam, hörte er seine Schwester rufen: »Al!« Zu Al war er in Amerika geworden, weil kein Mensch hier Albrecht aussprechen kann und Zeit mit langen Namen verschwendet. Er begrüßte sie, hievte sie in ihrem Sessel höher, sie war wieder zu weit heruntergerutscht. Die Krankenschwestern und Pfleger kümmerten sich nicht darum, sie schienen sich auch sonst um wenig zu kümmern. Friedel war bleich, wirkte immer kraftloser, schien immer weniger zu werden von Tag zu Tag. Draußen schien unveränderlich Floridas Sonne, er saß hier drinnen ohne Pause bei ihr, bis spät in die Nacht, dann machte er sich völlig erschöpft auf den langen Heimweg und wartete im

Apartment nur auf den Morgen, um endlich zurück zu ihr zu fahren.

In seinem ganzen Leben war er nur zwei Jahre von seiner Schwester Friedel *separated* gewesen. Sie war jetzt 88 Jahre alt, er 86 Jahre – keinen Menschen auf der Welt kannte er so gut wie Friedel, er spürte, sie hatte große Angst.

Ihr Schrei hatte ihn in einer Novembernacht aus dem Schlaf gerissen. Er war laut, schriller noch als die Schreie, mit denen sie aufschreckte, wenn die Dämonen sie in ihren Albträumen heimsuchten. Er kannte diese Träume nur zu gut, auch ihn quälten sie. Die Zeit, wusste Albrecht, sie war auch all die Jahre in Amerika nicht vergangen. Sie hatte nur ihre Spuren hinterlassen. Nichts war vorbei. Wenn ihm die Augenlider zufielen, war alles da. Die Waggons, in die man sie pferchte, die Toten am Stromzaun, die Jungen am Galgen. Die Gespenster, sie suchten ihn und seine Schwester heim, Nacht für Nacht.

Albrecht hatte Friedel in ihrem Zimmer in ihrem gemeinsamen Apartment gefunden, sie lag auf dem Boden neben dem Bett und jaulte fürchterlich. Er schaffte es nicht, sie hochzuhieven, die Nachbarn riefen den Rettungswagen. Im Krankenhaus sprachen die Ärzte von einem schweren Schlaganfall, er hatte die linke Seite ihres Körpers gelähmt, sie könnten nicht sagen, ob sich Friedel jemals erholen würde, sie könnten hier nichts mehr tun. Acht Tage später entließ man sie, seitdem saßen sie hier fest, in diesem fürchterlichen Hospice. Friedel war ansprechbar, doch verstehen konnte er sie nur noch schwer, anfangs war sie nur in der Lage gewesen, einige Laute aus ihrem Mund zu pressen, sie brauchte Hilfe beim Essen und Trinken, manchmal verschluckte sie sich. In den Tagen, an denen er bei ihr im Flur des Hospice saß, um sie herum das Stöhnen und

Schreien der anderen Patienten und die umherhetzenden Krankenschwestern und Pfleger, da sah er die Verzweiflung in ihren Augen.

Seine Friedel. Sie wurde am 14. November 1923 geboren, er knapp 16 Monate später, im März 1925. Selbst ihre Eltern nannten sie nur bei ihrem Kosenamen, lediglich wenn sie wütend waren, dann riefen sie den Namen, den sie ihr gegeben hatten: Frieda.

Sie waren drei Geschwister. Diedrich, den alle nur Dieter riefen, war der Älteste. Ein Draufgänger, drei Jahre älter als Albrecht. Friedel war besonnen, vielleicht waren sie und Albi, ja, auch er hatte einen Kosenamen als Kind, deshalb immer schon *close*. Wie sie »Mensch ärgere Dich nicht« gespielt haben vorm warmen Ofen in ihrem Elternhaus in Rhauderfehn bei Leer. Wie sie die Leute reingelegt haben, ein leeres Portemonnaie auf die Straße, Schnur dran, und dann ab hinter die Hecke. Wie sie miteinander gespielt haben, als kein Nachbarskind mehr mit ihnen spielen wollte.

Friedel und Al. Zusammengeknotet durch ein stummes Versprechen, niemals hatte es einer von ihnen ausgesprochen: Sie hatten immer aufeinander achtgegeben, so wie es die Mutter damals erhofft hatte. Sich gestützt und geschützt. Sie brauchten einander. Sie hatten sich zwei Dinge geschworen. Erstens, dass niemals einer von ihnen jüdische Kinder in diese Welt setzen würde. Zweitens, sie würden nie wieder nach Deutschland zurückkehren. An den ersten Schwur hielten sie sich. Den zweiten Schwur hielten sie jahrzehntelang. Bis das mit Friedel passierte.

Diesem Pakt verdankten sie ein Leben danach, wie sie es

sich damals nicht zu erträumen wagten. Sie hatten in den letzten Jahren ein *easy life* gehabt in Florida, alles schien zunächst so wunderbar zu sein. Gerd hatte ihn Mitte der achtziger Jahre auf die Wohnung aufmerksam gemacht in der Wohnanlage in Fort Lauderdale. Friedel und er mochten Florida schon, als sie noch in New York lebten, sie waren hierher oft in den Urlaub gefahren, in die Sonne und an den langen, atemraubenden Strand, wo die jungen Leute früher *Springbreak* feierten mit Unmengen von Alkohol. Heute ging es hier gemächlicher zu, der Ort war zu einem Rentnerparadies für wintermüde *Snowbirds* aus dem kalten Nordosten der USA geworden, ein guter Ort also für Friedel und ihn.

Gerd war auch in einem Zwangsarbeiterlager gewesen. Sie hatten überlebt und sich hier in der Hitze Floridas wiedergetroffen, bei Kaffee und Kuchen in der Seniorenwohnanlage *Colony Point*, *two survivors, unbelievable.* Gerd sagte, die Nachbarn in der Etage über ihm wollten ihr Apartment verkaufen.

Zuerst fuhren Friedel und er jedes Jahr für ein paar Wochen in den Urlaub hierher. Im ersten Urlaub kauften sie für ihre Ferienwohnung Küchenstühle und den Tisch, im nächsten ein Sofa, alles secondhand. Bald, als auch Friedel in Rente gegangen war, überwinterten sie in Florida und kehrten nur für die Sommermonate nach New York zurück. 2009 zogen sie endgültig hierher. In ihrer Anlage gab es ein Clubhaus, einen Fitness- und einen Billardraum, sie gingen ins Kino, fuhren an den Strand oder zum Pferderennen und gingen sogar einmal auf eine kleine Kreuzfahrt. Und am Swimmingpool trafen sich alle Nachbarn unter Palmen, meist in *separated groups*, die Kubaner, die Afroamerikaner, die Italiener, die Iren und dann die Rentner mit den Nummern auf dem Arm und den Erinnerungen an Orte mit Namen wie Auschwitz, Theresienstadt oder Buchenwald, die ihr Leben für immer gefangen hielten. Rentner wie sie.

Sie gingen unterschiedlich um mit dem, was sie erlebt hatten. Manche, die einst in Deutschland verfolgt wurden, verloren nur noch schlechte Worte über dieses Land und sagten, sie würden nie wieder seinen verfluchten Boden betreten. Bei Friedel und Albrecht war das komplizierter.

Auch sie hatten geglaubt, sie hätten abgeschlossen mit Deutschland. Doch im Sommer 1984 fanden sie in ihrem Briefkasten einen Brief. Er stammte aus ihrer alten Heimat, war versehen mit offiziellem Stempel, verfasst vom Rat der Stadt Leer. Albrecht las den Brief, faltete ihn wieder zusammen, steckte ihn in den Umschlag zurück und verstaute ihn in der Schreibtischschublade. Er hatte nicht die Absicht, auf ihn zu antworten, der Brief wühlte ihn auf und gleichzeitig lähmte er ihn.

Es war eine Einladung.

Aus dem Land der Täter kam ein Schreiben in dem Deutsch der Obrigkeit. In ihm hieß es: »Wenn der Rat unserer Stadt als politische Vertretung aller Bürger nun einstimmig beschlossen hat, Sie zu einem Besuch Ihrer alten Geburts- und Heimatstadt im nächsten Jahr einzuladen, mögen Sie darin bitte den Ausdruck menschlicher Bindungen und des Gefühls der Zugehörigkeit zu Ihnen sehen. Wir würden uns freuen, Sie in der Woche ab dem 2. Juni 1985 als Gäste in unserer Mitte zu sehen. Mit Ihnen möchten wir am 3. Juni das Gedenken an die Einweihung der prächtigen Synagoge vor 100 Jahren begehen.«

Friedel und er wollten davon nichts wissen. Niemals würden sie an den Ort zurückkehren, in dem die Nazis sie durch die Straßen jagten und die Nachbarn in den Fenstern standen und hinter den Gardinen versteckt zusahen. Sie waren doch damals in Leer gewesen, als sie die Synagoge bis auf die Grundmauern niederbrannten und plünderten, und jetzt sollten sie inmitten der Bürger feiern, die sie angezündet oder zugesehen und es geschehen lassen hatten? Ihnen zog sich der Magen zusammen bei diesem Gedanken. Der Brief blieb in der Schublade, sie versuchten ihn zu vergessen.

Kurz darauf bekamen sie einen weiteren Brief. Darin fanden sie neben einem Anschreiben ein etwas verwaschenes Schwarz-Weiß-Foto, das sie nicht aus der Hand legen konnten. Sie sahen es so lange an, als würden sie versuchen, die Kinder darauf zum Leben zu erwecken. Fröhlich blicken die Kinder auf dem Foto, ein Junge in der ersten Reihe trägt einen Matrosenanzug und einen scharfen Scheitel, da sind Jungs mit Schiebermützen, andere scheinen den Kopf mit einer Kippa bedeckt zu haben. Die Mädchen haben sich herausgeputzt, sie tragen Kleider und geflochtene Zöpfe. Ein kleines Mädchen, vielleicht sechs Jahre alt, steht in der ersten Reihe und hat sich bei zwei breit grinsenden Jungs untergehakt, und eins legt ausgerechnet in dem Moment, in dem der Fotograf abdrückte, die Hand vor den Mund, als wolle sie ihr Kichern verstecken. Alle stehen eng beieinander, eine Gruppe von gut drei Dutzend Menschen, vorn die Schulanfänger, hinten die Teenager, und rechts entdeckte Friedel den Lehrer Hermann Spier von der Jüdischen Schule in Leer. Das Klassenfoto musste 1935 aufgenommen worden sein, kurz bevor auch Friedel und er auf die Jüdische Schule gehen mussten, denn sie fehlen auf diesem Bild. Aber sie erkannten viele Kinder wieder, erinnerten sich an ihre Namen, ihren Unfug, einige ihrer Geschichten. Und sie fragten sich, wer von ihnen den Holocaust überlebt hatte – und wer noch lebte, fünfzig Jahre nach dieser Aufnahme.

Sie überlegten lange, sie diskutierten, bis sie keine Worte mehr fanden. Friedel war es, die zuerst ihre Meinung änderte und sagte, dass sie die Einladung annehmen sollten, sie würden endlich einige Kindheitsfreunde wiedersehen, schließlich waren alle Überlebenden eingeladen. Die Vorstellung gefiel Albrecht auch, aber ihm war nicht ganz wohl dabei. In einem waren sie sich sicher: Sie würden keinen Fuß in ihren Geburtsort, keinen Fuß nach Rhauderfehn setzen, auch wenn es nur wenige Kilometer von Leer entfernt liegt.

Hier und heute, im Flur des Hospice, Friedel neben ihm, fahl und zusammengesackt in ihrem Stuhl, und er rat- und hilflos, war er unglaublich froh, dass sie damals die Reise nach Leer angetreten hatten. Nicht nur, weil sie einige ehemalige Klassenkameraden treffen konnten. Auch die Einwohner, mit denen sie in Leer zusammenkamen, vor allem die jüngerer Generationen, die zu jung gewesen waren, um zu Tätern zu werden, empfingen sie so herzlich, wie sie es in ihrer Jugend nie erfahren hatten. Sie saßen bei Brot und Bier zusammen, mit einigen Leuten freundeten sie sich an. Zwei Ehepaare besuchten sie in Amerika, sie schickten ihnen Ostfriesentee und Kluntjes, sie schrieben ihnen regelmäßig Briefe.

Er hatte ihnen von Friedels Schlaganfall am Telefon erzählt und von seinen Sorgen, dass sie selbst dieses schreckliche Hospice bald nicht mehr bezahlen könnten. Sie verlangten hier 8000 Dollar im Monat, und Friedel und er waren keine Rockefeller, wie er immer sagte, ihre Ersparnisse waren bald aufgebraucht. Wenn man alt und krank ist, ist man schnell *helpless and alone* in Amerika. Ihre Bekannten aus Leer antworteten schnell: »Wir können euch helfen. Wir holen euch nach Ostfriesland, finden ein gutes Pflegeheim für euch beide, in dem sich Pflegekräfte richtig um Friedel kümmern und ihr zusammen sein könnt. Wir können alles organisieren, sagt uns nur Bescheid.«

Albrecht wunderte sich selbst ein wenig über sich. Doch er zögerte kaum. Für Friedel würde er es tun. Zurückkehren in das Land der Täter und Feiglinge. An den Ort ihres Schreckens und Schmerzes. Er klammerte sich an das Angebot wie ein Ertrinkender an einen Rettungsring im stürmischen Meer. Denn das Leben in Florida, es glich immer mehr einem Gefängnis, es kam ihm vor, als lebten sie gefangen hinter den Gitterstäben ihrer Erinnerungen.

Mit Friedel hatte schon seit einigen Jahren etwas nicht gestimmt, er hatte es nicht bemerkt oder nicht bemerken wollen. Wenn man mit einer Person all die Jahre zusammenlebt, realisiert man manchmal erst spät, dass sich eine Gewohnheit, eine Marotte, ein Verhalten an ihr ändert. Eine Krankheit kann sich manchmal zu langsam, fast unmerklich in ein Leben schleichen. Ja, Friedel war stiller geworden. Wenn sie sich mit Freunden trafen, zu Geburtstagsfeiern, zum Kaffee oder am Swimmingpool, war meist er es, der redete, manchmal auch so viel, dass es für sie beide reichte. Friedel war seit jeher ein wenig zurückhaltender gewesen, doch sie hatte immer ihre Freundinnen gehabt und konnte gesellig sein, war interessiert an Gesprächen und Leuten. Zuletzt hatten selbst ihre Nachbarn im Bus, der sie zweimal in der Woche aus ihrer Wohnanlage zum Supermarkt brachte, gefragt: »*What's going on with Friedel? She's so calm.*« Und es stimmte, Friedel wirkte oft abwesend, manchmal sogar verbittert. Sie verließ am liebsten kaum noch ihr Apartment, aber er wurde nicht hellhörig, als sie ihm einmal sagte, sie fühle sich zu Hause am wohlsten. Friedel war langsamer geworden. An der Kasse im Supermarkt stand sie regungslos da und wartete, bis er den Zucker oder die Milch auf das Band legte. Sie ging langsamer, für jeden Handschlag brauchte sie länger als früher. Heute glaubt er, dass sie an einer Art von Demenz litt, aber er hatte ja keine Ahnung damals.

Den Bus mussten sie schon seit Jahren nehmen zum Supermarkt, weil er immer schlechter sah. Mit seinen Augen hatte es angefangen in den siebziger Jahren, er erinnert sich noch genau: Friedel und er saßen in seinem Buick, es war ein Sonntag und sie fuhren von New York raus aufs Land, Freundinnen von Friedel besuchen. Er sagte zu Friedel: »Ich habe was im Auge, ein Sandkorn vielleicht.« Er rieb sich das linke Auge und es schien erst besser zu werden, doch am nächsten Tag sah er schwarze Punkte. Der Augenarzt diagnostizierte einen Augeninfarkt und maß einen Augeninnendruck von 48 Millimeter Quecksilbersäule, bei einer Operation wurde ihm ein Röhrchen eingesetzt, sein linkes Auge schmerzte nicht mehr. Doch gleichzeitig plagte ihn eine Netzhauterkrankung, gegen sie half keine Operation, er sah von Jahr zu Jahr schlechter, und das, was er sah, war immer weniger klar und scharf, bald konnte er nicht mehr Autofahren. Heute erkennt er zwar die Umrisse der Lebensmittel in den Regalen im Supermarkt, aber nicht mehr die Schrift auf den Packungen. Aus Gesichtern sind dunkle Schatten für ihn geworden.

Der Weg zu Friedel ins Hospice war beschwerlich. Er rief jeden Morgen an der Rezeption in der Wohnanlage den *car service*. Mit dem Sammeltaxi dauerte es zwar länger und es war unzuverlässig, aber die Fahrt war billiger als mit einem regulären Taxi, und er wollte Geld sparen für Friedels Behandlungen. Manchmal stand er morgens stundenlang vor der Anlage und wartete auf ein Sammeltaxi. Am Abend, wenn Friedel schlief, rief er vom Hospice einen Wagen, und es gab Tage, da dauerte die Fahrt stundenlang, weil der Fahrer andere Gäste erst noch nach Fort Lauderdale Beach bringen musste, zu den Kreuzfahrtschiffen. Dann war er schon mal erst um ein Uhr nachts zu Hause. Endlich dort angekommen, war er zu erschöpft zum Essen. Wenn er bei Friedel war, dachte er nicht ans Essen.

»Al, Du bist ja nur noch Haut und Knochen«, sagten Bekannte, wenn sie ihn vor ihrer Wohnanlage auf den *car service* warten sahen. Er war erschöpft, von den Tagen im Hospice, von der Sorge um Friedel, die immer verzweifelter »Al« rief, von den ergebnislosen Telefonaten mit Versicherungen und Pflegeeinrichtungen. Grabstellen hatten sie sich beide glücklicherweise schon Jahre zuvor reserviert und bezahlt, auf einem schönen jüdischen Friedhof in New Jersey, vor den Toren New Yorks. Ihre Gräber sollten einmal nebeneinanderliegen, doch er wollte nicht daran denken, hoffte, dass Friedel wieder gesund werden würde, wenn sie nur endlich an einem richtigen Ort wäre.

Dann ging alles sehr schnell. Als die Bekannten aus Leer im Apartment in Fort Lauderdale standen, war er nicht mehr in der Lage, selbst zu packen, das Telefon abzubestellen oder die Möbel zu verkaufen. Ihre Bekannten stopften Kleidung, Fotoalben und einige Erinnerungsstücke zusammen. Die beinahe sieben Jahrzehnte ihres amerikanischen Exils fanden Platz in sieben Koffern. Sie gingen hinaus, er drehte den Schlüssel ein letztes Mal im Türschloss und riegelte das Apartment ab.

»Al«, rief Friedel, als sie ihn an diesem Tag ins Hospice kommen sah. Dann sah sie seine Begleiter, die Bekannten aus Leer. Sie wusste, dass sie gekommen waren, um beide nach Deutschland zu holen. In Friedels Körper bebte es. Sie begann zu schluchzen, zu schreien, zu weinen, so laut, hemmungslos und bitterlich, er hatte sie noch nie so gehört.

Auch die Bekannten erschraken sehr, dann erst erkannte Albrecht: Friedel weinte vor Freude.

3

Das Erste, was Gerda Dänekas am »Neuzugang aus Amerika« auffiel, war dessen schreckliche, viel zu weite amerikanische Jeans. Sie hing an seinem Körper wie ein Viermannzelt an einer Vogelscheuche, so ausgemergelt wirkte der alte Mann mit der getönten Brille. Dazu trug der Amerikaner eine bunte Joggingjacke und ein dunkelblaues Baseball-Cap der New York Yankees. Angespannt lief er neben den Sanitätern her, die seine Schwester auf einer Trage ins Seniorenheim im ostfriesischen Leer schoben, und schien kein Auge für seine Umgebung zu haben, nicht für das Heim, das sein neues Zuhause werden sollte, nicht für Gerda, die auf seine Ankunft gewartet hatte.

Einen Tag zuvor hatte der Chef Gerda Dänekas in sein Büro gerufen und ihr einen seiner Sonderaufträge erteilt, es würde wahrscheinlich ihr letzter sein, denn schon in wenigen Wochen würde sie in Rente gehen. Mit 62 Jahren, scherzte sie, müsste sie hier eigentlich schon wohnen, nicht arbeiten. Am nächsten Tag, erklärte der Chef, käme ein Geschwisterpaar aus Amerika, das ein bisschen mehr Fürsorge bräuchte, die Schwester sei nach einem Schlaganfall pflegebedürftig, der Bruder noch ganz gut beisammen, und er habe sich gedacht, dass sie sich um die beiden kümmern könnte. Die Schwester bekäme ein Zimmer im Pflegebereich im ersten Stock, für den Bruder habe er das freie Einzelzimmer im Wohnbereich im Erdgeschoss vorgesehen. Keine Sorge, hatte er gesagt, die beiden würden Deutsch sprechen, weil sie ursprünglich aus Deutschland stammten, Albrecht und Friedel Weinberg hießen sie. Sie solle jetzt nach Hause gehen und freimachen, er würde sie im Laufe des nächsten Tages anrufen.

Seit einem Jahrzehnt arbeitete Gerda Dänekas als Altenpflegerin. Sie hatte davor lange Jahre in der Leeraner Innenstadt in einem Bekleidungsgeschäft die Mode der Saison verkauft, aber als sie ihre kranke Mutter in ihr Haus geholt hatte, in dem sie mit ihrem Mann und ihren zwei Söhnen wohnte, hatte sie erkannt, dass ihre Aufgabe in der Pflege von alten Menschen lag. Mit Mitte vierzig lernte sie in der Altenpflegeschule mit Auszubildenden zusammen, die zwanzig Jahre jünger waren als sie und die ihre Kinder hätten sein können, doch das störte Gerda nicht, sie hatte ihr Ziel vor Augen. Denn das ist Gerda, laut Gerda: »Wenn ich mir etwas vornehme, dann ziehe ich das durch. Ich kann keine Ungerechtigkeiten ertragen. Wenn ich sehe, wie jemand schlecht behandelt wird, dann mache ich den Mund auf und haue auf den Putz.«

Andere sagen: Gerda gibt es nur ganz oder gar nicht. Sie ist ohne Scheu, resolut, immer bereit zum Kampf für das Gute, von Grund auf herzlich, eine Kümmerin; und wer einen Platz in ihrem Herzen hat, zu dem hält sie bedingungslos.

An diesem Tag war im Altenheim der Tisch in einem kleinen Raum gedeckt, sie hatten alles vorbereitet für einen Willkommenstee mit Gebäck, man ist hier schließlich in Ostfriesland – es war der 23. Februar 2012, ein Tag, an den sich Gerda noch heute gut erinnert, nicht, weil er ungewöhnlich war, sondern weil ihr das, was seitdem in ihrem Leben passiert, so außergewöhnlich erscheint. Für den Tee nahm sich der Amerikaner in der weiten Jeans, der sich als Albrecht Weinberg vorstellte, nur wenig Zeit. Kurz nach der Ankunft war er mit seiner Schwester im Fahrstuhl in den ersten Stock gefahren, Albrecht wich auch in Deutschland nicht von ihrer Seite.

Der Flug von Miami nach Düsseldorf war nervenaufreibend gewesen, sie waren eine Stunde später gestartet, weil noch eine Sitzreihe im Flugzeug ausgebaut werden musste, damit Friedel in ihrer Krankenliege Platz fand. Ein Arzt begleitete sie während des Fluges und doch sorgte sich Albrecht, ob er seiner Schwester mit dieser Reise nicht zu viel zumutete, ob die Rückkehr nach Deutschland nicht doch ein Fehler war. Ein Krankentransport brachte sie von Düsseldorf nach Leer, und Albrecht war erleichtert zu sehen, dass Friedel antwortete, als der Sanitäter sie ansprach, er fragte auf Deutsch, sie antwortete auf Englisch.

Im Hospice in Fort Lauderdale hatte Friedel sich immer mehr zurückgezogen, es war, als kapsele sie sich langsam ab von dieser Welt. Doch nun sprach sie mit diesem fremden Sanitäter und Albrecht glaubte, wieder ein wenig Lebensmut in ihr wachsen zu sehen. Vielleicht war es die deutsche Sprache, die etwas in ihr weckte, vielleicht waren es Erinnerungen an die Kindheit, Albrecht grübelte darüber nicht nach, er hatte keine Zeit dazu. Denn Friedel konnte nicht ohne ihn. War er einmal kurz aus dem Raum, da rief sie schon: »Al! Al! Al!«

Nachts, wenn Friedel schlief, telefonierte Albrecht mit Amerika. Er hatte noch die Wohnung abzuwickeln in Fort Lauderdale, und mit der Wohnung auch ihr Leben in Amerika, es gab viel zu klären mit Versicherungen, Behörden, dem Stromunternehmen. Und mit Freunden. Eine Freundin aus New York, die auch in Auschwitz gewesen war, reagierte erst mit langem Schweigen, dann kurz angebunden am Telefon: »Wie könnt ihr ausgerechnet zurück nach Deutschland gehen? Ihr wisst doch, was die Deutschen uns angetan haben!«

Auch Gerda führte spätnachts lange Ferngespräche, die amerikanischen Ärzte hatten den Geschwistern Weinberg ein Sammelsurium von Medikamenten mitgegeben. Es dauerte ein wenig, mit deren Hilfe und ihrem rostigen Schulenglisch herauszufinden, welche sie zu welcher Tageszeit verabreichen sollte.

Wenn Gerda morgens um sieben Uhr ihren Dienst antrat, fand sie Albrecht nicht in seinem Zimmer, sondern am Bett seiner Schwester in der Pflegestation. Die Nachtpflegerin nahm sie nach ein paar Tagen zur Seite und sagte: »Der Herr Weinberg muss doch auch mal schlafen, der sitzt die ganze Nacht am Bett seiner Schwester.«

Albrecht wurde immer weniger. Die Jeans fanden kaum noch Halt an seinem dünnen Körper. Gerda begann, sich Sorgen zu machen.

Vier Tage hatte sie gebraucht, um die sieben hastig gepackten Koffer der Geschwister Weinberg auszupacken und das Chaos zu sortieren, sie fand Kleidung darin, Erinnerungsstücke und Fotoalben, die sie neugierig machten. Sie sah Schwarz-Weiß-Aufnahmen von ernst blickenden Menschen aus vergangenen Zeiten, verblichene Fotos von der heute zerstörten Synagoge in Leer und von einer Grabplatte mit einem eingravierten Davidstern.

Zum Aufnahmeprotokoll im Seniorenheim gehörte es, dass für jeden Bewohner und jede Bewohnerin eine kurze Zusammenstellung über die Stationen ihres Lebens, über ihre Familie, ihre Arbeit, ihre Kinder und ihre Hobbys angefertigt wurde, für die

Geschwister Weinberg fiel Gerda diese Aufgabe zu. Diese »Biografie« sollte eine Hilfestellung im täglichen Miteinander von Personal und Bewohnern liefern, manchmal ließ sich damit auch erklären, warum sich manch ein alter Mensch in bestimmten Situationen auf bestimmte Weise verhielt. Gerda war das Gespräch, in dem es um diese wertvollen Informationen gehen sollte, immer wichtig, sie nahm sich mindestens eine Stunde Zeit, um mit den Bewohnern ausführlich über ihr Leben zu reden. Manchmal erfuhr sie dann mehr, als sie wissen wollte, andere alte Menschen waren misstrauisch und schwiegen, wieder andere erinnerten sich nur noch an Fragmente ihres Lebens.

Als Friedel schlief, sprach Gerda den neuen Bewohner an: »Herr Weinberg, ich muss Ihnen ein paar Fragen stellen. Darf ich das?«. Albrecht Weinberg verzog erst einmal das Gesicht. Dann sagte er: »Ich finde es überhaupt nicht gut, wenn ich gesiezt werde. Ich kenne das aus Amerika gar nicht mehr. Ich bin Albrecht, wie heißt du?«. Gerda zögerte. Sie legte Wert auf das *Sie* zwischen Pflegerinnen und Pflegern und den Heimbewohnern. Eine Frage des Respekts. Doch weil der Mann aus Amerika so insistierte, gab sie nach.

Normalerweise benötigte sie für eine Kurzbiografie zwei Formularseiten, doch als sie Albrecht an einem Nachmittag befragte, reichte ihr Papiervorrat nicht für all die Notizen. Während Gerda fragte und Albrecht redete, merkten beide schnell, wie gut sie einander verstanden. Und in Gerda wuchs das Gefühl, dass sie für Albrecht und Friedel verantwortlich sei, für diese beiden Holocaust-Überlebenden in ihrer alten Heimat, in der ihnen so viel Schreckliches angetan worden war. Die keinen Menschen mehr hier hatten und sich doch auf die Reise gemacht hatten, weil sie keinen anderen Ort auf der Welt mehr wussten, an den sie ihre Hoffnung auf ein paar letzte Lebensjahre in Würde knüpfen konnten.

Gerda Dänekas ist ein Kind der fünfziger Jahre, die bundesdeutsche Vergangenheitsbewältigung bestand damals in Vergangenheitsverdrängung. Selbst die Haupttäter der nationalsozialistischen Vernichtungspolitik, etwa aus dem Führerkorps der Gestapo, dem Sicherheitsdienst und aus den Einsatzgruppen, fassten damals schnell wieder Fuß in Gesellschaft und Politik. Bundeskanzler Konrad Adenauer hatte schon 1952 einen Schlussstrich unter jede ernsthafte Aufarbeitung gezogen. Unter den in alliierten Gefängnissen inhaftierten »Kriegsverurteilten« seien nur sehr wenige »wirkliche Verbrecher«, hatte er erklärt, und die seien zudem vorwiegend »Asoziale und Vorbestrafte«. »Nazitäter« waren in der öffentlichen Wahrnehmung nicht die Männer, die den Massenmord planten und organisierten, nicht der Gestapo-Chef oder der Einsatzgruppenkommandant, sondern einige wenige SA-Schläger und KZ-Wachmänner. Und so wurden auch eher die Pogrome während der »Reichskristallnacht« als Verbrechen der Nazis verstanden, weniger aber der schwerer greifbare millionenfache Mord an den Juden.

Über den Holocaust erfuhr Gerda lange kaum etwas, die Elterngeneration schwieg, wenn sie fragte, Lehrer leugneten. Bis ein junger Referendar an ihre Schule kam und den Schülerinnen und Schülern Fotos aus Auschwitz zeigte. Seitdem versucht Gerda zu verstehen, wie dieses Menschheitsverbrechen geschehen konnte, warum die meisten Täter ungeschoren davonkommen konnten und wie für die Überlebenden ein Leben nach dem Überleben möglich sein kann.

Sie saß am 22. Januar 1979 vor dem Fernseher, als die amerikanische Serie *Holocaust* im Dritten Programm anlief. So wie beinahe jeder zweite Erwachsene in der Bundesrepublik Deutschland verfolgte sie das Schicksal der fiktiven jüdischen Berliner Arztfamilie Weiss zur Zeit des Nationalsozialismus. An den Schock, den die Serie bei ihr auslöste, kann sich Gerda heute noch erinnern, sie war damit nicht allein. Heute gilt *Holocaust* unter Historikern als ein Meilenstein in der Mentalitätsgeschichte der Bundesrepublik, endlich begannen sich große Teile der Deutschen mit der NS-Vergangenheit auseinanderzusetzen. Auch Gerda schaltete oft den Fernseher ein, wenn in den folgenden Jahrzehnten historische Dokumentationen über die Zeit des Nationalsozialismus liefen, sie verpasste nicht Steven Spielbergs Holocaust-Film »Schindlers Liste«, sie las Artikel über die »Stolpersteine«, mit denen man begann, in vielen Städten an die ermordeten jüdischen Bürgerinnen und Bürger zu erinnern und die darauf hinwiesen, dass die Judenverfolgung nicht nur in weit entfernten Orten in Osteuropa stattgefunden hatte, sondern auch in Berlin, Nürnberg oder Dortmund, ja, überall in Deutschland, auch in Ostfriesland.

Jetzt aber saß sie hier im Seniorenheim diesem alten Mann aus Amerika gegenüber, der nur Albrecht genannt werden wollte. Der erzählte, dass er in dem Ort Westrhauderfehn, heute ein Ortsteil der Gemeinde Rhauderfehn (oft auch nur »Rhauderfehn« genannt), gut 15 Kilometer südöstlich von Leer, aufgewachsen sei. Der sie fragte: »Hast du schon mal einen Jööd gesehen?«. Gerda staunte. Das Plattdeutsch seiner Jugend schien er nicht vergessen zu haben, ein »Jude« war bei ihm ein »Jööd«.

Nein, Gerda hatte noch keinen Juden getroffen, zumal keinen, der auch noch Plattdeutsch sprach. Sie wusste auch kaum etwas über das erloschene jüdische Leben in ihrer Heimat, die Nationalsozialisten hatten damals ganze Arbeit geleistet, sämtliche jüdische Spuren in Leer zu tilgen. Gerda wusste, dass in der Heisfelder Straße, dort, wo heute die Halle einer ehemaligen Autowerkstatt und eine längst geschlossene Tankstelle verrotten, einmal die Synagoge stand, bevor sie während der Pogromnacht 1938 angezündet und zerstört worden war.

Dabei hatten in Ostfriesland vor 1933 überdurchschnittlich viele Juden gelebt. In den Städten hier lag ihr Anteil an der Bevölkerung bei 2,5 Prozent, gut 1,5 Prozent höher als in den anderen Städten der Provinz Hannover. Die meisten von ihnen lebten vom Viehhandel, besonders vom ostfriesischen Exportschlager, den weltweit bewunderten Milchkühen der schwarzweiß gefleckten Rasse »Schwarzbuntes Niederungsrind«, für die 1878 der erste Zuchtverband gegründet worden war und deren Prachtexemplare damals schon mehr als fünfzehn Liter Milch am Tag gaben.

Groß und stolz waren die jüdischen Gemeinden in Emden, Aurich, Norden und Leer, sie verfügten über Synagogen, Schulen, Waisenhäuser und Friedhöfe, ihre Mitglieder waren seit dem Kaiserreich integriert in alle Bereiche des ostfriesischen Lebens, wie man heute in Abhandlungen zur Geschichte Ostfrieslands nachlesen kann: Ein gewisser Simon Oppenheimer wurde in Esens 1902 Schützenkönig, Abraham Wolffs wurde die Ehre zuteil, in den Rat der Stadt Aurich aufgenommen zu werden, der Synagogenvorstand Moses Koppel wirkte als Senator von Leer und die Weinbergs, Fellmanns und Cohens genossen Ansehen als Händler auf dem dortigen Viehmarkt.

Eine ausgelöschte Kultur. Von den elf Synagogengemeinden Ostfrieslands hat keine das Dritte Reich überstanden. Die Nazis haben nicht nur ihre Gemeindemitglieder verfolgt und ermordet; sie haben auch alles getan, um die Erinnerung an sie auszulöschen, sie haben die Synagogen verbrannt, die Kultgegenstände zerstört und die Archive vernichtet.

Und nun saß Gerda Dänekas plötzlich und unvermittelt dieser ausgelöschten Kultur gegenüber – in Gestalt des dürren Mannes aus Amerika mit der schrecklich weiten Jeans. »Oh, mein Gott«, dachte sie nach ihrem Gespräch mit Albrecht, »was haben Friedel und Albrecht für eine Vergangenheit!« Als ihr das aufging, stürmte sie aufgeregt in den Pausenraum, wo ihre Kollegen und Kolleginnen rauchten, groß war ihr Bedürfnis, mit jemandem darüber zu reden. »Wisst ihr, was wir für Neuzugänge haben?«, sagte sie. »Das sind Leute, die haben den Holocaust überlebt!«

Doch ihre Kolleginnen und Kollegen reagierten anders als erwartet. Sie trauten sich einfach nicht, Albrecht auf seine Vergangenheit anzusprechen, hatten Angst, alte Wunden aufzureißen, sie schoben das Thema von sich, erinnerten sich an die schrecklichen Fotos, die ihnen im Geschichtsunterricht in der Schule gezeigt worden waren. Wenn sie sich mit Albrecht unterhielten, verließen sie darum nie das harmlose Gesprächsterrain: das Wetter. Ein Kollege, ein Mann in den Vierzigern, nahm Gerda beiseite, sie konnte es kaum fassen, als er sie fragte: »Kannst du mir mal bitte sagen, was ›Holocaust‹ ist?«.

4

Gerda hätte ihm und ihren anderen Kollegen und Kolleginnen bald noch mehr über die Geschwister Weinberg erzählen können, wenn sie nur gefragt hätten. Denn sie hatte es sich zur Angewohnheit gemacht, jeden Tag nach Dienstschluss noch einmal nach den beiden zu sehen und mit ihnen zu reden, auch wenn es ihr schwerfiel, Friedel zu verstehen. Immerhin hatte sie organisiert, dass sich eine Logopädin um sie kümmerte.

Auch Gerda hatte große Hemmungen, Albrecht auf seine Erfahrungen im Holocaust anzusprechen. Doch bald fasste sie sich ein Herz, und sie stellte Albrecht die Frage, die sie schon länger mit sich trug. Sie fragte ihn nach der Nummer, die ihr auf der seinem linken Unterarm aufgefallen war, 116 927, die Ziffern waren etwas verblasst und schief.

Und Albrecht, der in seinem Leben mehr darüber geschwiegen hatte, als zu reden, fing an zu erzählen.

Der Tätowierer in Auschwitz hatte es gut mit mir gemeint, begann er, doch in Auschwitz, das lernte ich schnell, durfte Juden nichts Gutes passieren. Ich stand nackt und kahlrasiert von oben bis unten, von vorn bis hinter die Ohren, und völlig verstört vor ihm, starr vor Schock, in welch ein grausames

Irrenhaus mich der Zug aus Berlin gebracht hatte, hielt dem Mann in der gestreiften Häftlingskleidung meinen Arm hin. Er bemühte sich, schnell zu sein und stach mit der Tätowiernadel nicht so tief zu, vielleicht wollte er mir ein wenig Schmerz ersparen, weil er wusste, welches Ausmaß an Schmerz hier noch auf mich wartete. 116 927. Die Farbe der ersten beiden Ziffern, der 11, verwischte ich mit den Fingern, ich weiß nicht mehr, wie es geschah, vielleicht aus Zufall, vielleicht war es mein letzter Akt des Trotzes, um mein Menschsein zu bewahren; ich brachte mich damit in *danger*. Ein SS-Mann sah die verschmierte Nummer auf meinem Arm, brüllte: »Nachtätowieren!« Diesmal stach der Tätowierer fester zu – und so sehe ich bis heute jeden Morgen, wenn ich mich wasche, diese schiefe Nummer auf meinem Arm und meine Gedanken jagen sofort wieder in die Lager.

Ich kannte Überlebende, die die Nummer mit dem Stolz der *survivors* getragen haben, viele aber sahen in ihr einen Makel, einige haben sie rausschneiden lassen, auch Freundinnen von Friedel haben das in New York getan. Friedel selbst hat die Nummer unter einer Schicht Schminke versteckt, selbst wenn sie zur Arbeit in das Büro einer jüdischen Hilfsorganisation ging, so groß war selbst noch Jahrzehnte danach die Scham und das Tabu, darüber zu reden.

Der SS-Mann befahl 25 Peitschenhiebe, ich bekam sie auf den nackten Hintern und schrie vor Schmerz, doch ich kam noch einmal blutend davon. Schon wenige Wochen später hätte ich diese Tortur wohl nicht mehr überlebt. Die 25 Peitschenhiebe waren beliebt bei diesen Sadisten, später sollte ich miterleben, wie Insassen durch die Wucht der Schläge das Rückgrat gebrochen wurde, die Hoden zerschlagen oder die Nieren offen gelegt wurden.

Ich hatte jetzt keinen Namen mehr. Ich war kein Mensch mehr. Ich war nur eine Nummer. Die Zahlenfolge 116 927.

Das war im April 1943.

18 Jahre zuvor war mir der Name gegeben worden, der mir nun genommen wurde. Meine Eltern hatten ihn voller Freude allen in Dorf und Landkreis, allen Freunden, Bekannten und Geschäftspartnern meines Vaters mitgeteilt. Sie hatten eine kleine Zeitungsanzeige setzen lassen und dazu den Text aufgegeben: »Die glückliche Geburt eines kräftigen Jungen zeigen hocherfreut an Alfred Weinberg und Frau Flora, geb. Grünberg. Westrhauderfehn, 7. März 1925.«

Ich würde mir gerne ausmalen, dass sie damals glücklich waren und voller Zuversicht. Gerne hätte ich sie später gefragt, wie es für sie war damals als Juden in Ostfriesland, wie die Nachbarn sie behandelt haben, welche Sorgen sie plagten, wann sie die Hoffnung verloren, doch die Chance sollte ich nie bekommen.

Ich erinnere mich noch gut daran, wie ich manchmal mit meinem Vater auf der Chaiselongue in der guten Stube lag, die ausgeleierten Sprungfedern drückten in meine Seite, und Papa erzählte, wie er als Schlachtergeselle in Westfalen einen Hund vor ein Holzwägelchen gespannt hatte, um Fleisch auszuliefern. Oder er erzählte vom Krieg. Vom Dreck der Schützengräben, den Granaten, dem Schlachtfeld von Verdun, wo er zum ersten Mal in seinem Leben Menschen mit schwarzer Haut gesehen hatte. Von seinem Bruder Hermann, von dessen Heldentod fürs Vaterland, begraben lag er auf einem Soldatenfriedhof in Frankreich unter einem christlichen Kreuz. Vater hütete ein Foto vom Grab, auf dessen Rückseite hatte ein Kamerad gekritzelt: »Ich habe die Gelegenheit gehabt, das Grab zu fotografieren, jetzt wisst ihr wenigstens, wo er ruht.« Wie stolz mein Vater war, für Kaiser, Volk und Vaterland gekämpft zu haben! Er war Mitglied im Reichsbund jüdischer Frontsoldaten, ein Foto aus dem Krieg zeigt ihn in Uniform mit gepflegtem Schnauzbart und siegesgewissem Lächeln. Ich bestaunte das Abzeichen seiner Kompanie, das er an Feiertagen wie einen Orden am Revers seines Anzugs trug.

Mein Vater wollte immer Deutscher, nichts als Deutscher sein. Und als der Reichsbund jüdischer Frontsoldaten noch nach der Machtergreifung, im Herbst 1933, verkündete, »in altsoldatischer Disziplin mit unserem deutschen Vaterlande bis zum Letzten« stehen zu wollen, dann sprach er meinem Vater aus tiefster Seele. Er hatte ein großes Opfer für sein Land gebracht, Reichspräsident Hindenburg persönlich hatte jüdische Kriegshelden mit höchsten Orden ausgezeichnet. Mein Vater vertraute darauf, dass sein Vaterland ihm auch seinen Einsatz noch danken würde.

Meine Mutter war die Gläubigere von den beiden. Sie brachte uns bei, dass man vor jeder Mahlzeit einen Segensspruch über das Brot sprechen soll, wir aßen koscher und abends betete sie mit uns Kindern vorm Zubettgehen. Streng achtete sie auf die Einhaltung der Schabbat-Regeln, die Arbeit war an diesem Tag verboten, sie kochte deshalb immer schon freitags und beschäftigte Mädchen aus der Nachbarschaft, die sie dann bat, Essen aufzuwärmen oder Torf im Ofen nachzulegen, und weil bei uns zu Hause wie überall in Ostfriesland Plattdeutsch gesprochen wurde, klang das dann so: »Kannst du uns wall'n Stückje Törf in't Ovend leggen?«.

Meine Mutter war eine waschechte jüdische Ostfriesin. Geboren in Jemgum, nahe an der Grenze zu den Niederlanden. Im Fehngebiet, das sich über das südliche Ostfriesland erstreckt und von der Ems bis ins Ammerland reicht. Eine alte Moorlandschaft, seit dem 17. Jahrhundert von Torfstechern bewirtschaftet und mit Kanälen durchzogen, die man hier Wieken nennt. Wer hier Jude war, war zur Zeit meiner Geburt noch immer meist entweder Händler oder Schlachter, die allermeisten Viehhändler, denn jahrhundertelang war es Juden auch in Ostfriesland verwehrt gewesen, Land zu kaufen und Landwirtschaft zu betreiben, so blieb ihnen nur der Handel. Und diese »Tradition« wirkte noch fort, selbst nach der Reichsgründung 1871, als Juden längst Bürgerrechte besaßen.

So wie beim Vater meiner Mutter, Abraham Hartog Grünberg. Ein wohlhabender Mann, er handelte nicht nur mit Vieh, wie seine Vorfahren, sondern auch mit Fellen und Schrott und zog bald mit seiner Familie nach Weener, ein Ort kurz vor der niederländischen Grenze. Fünf Söhne und fünf Töchter brachte meine Oma Frauke zur Welt, die Familie war groß und damit auch der Familienbetrieb *Abraham Grünberg Söhne*. In die Familie und damit auch in die Firma heirateten gleich zwei Weinbergs ein. Ein älterer Bruder meines Vaters, Bernhard, heiratete Rahel. Und als mein Vater im Januar 1920 meine Mutter, Rahels Schwester Flora, heiratete, waren Bernhard und Rahel Trauzeuge und Trauzeugin.

Wir wohnten in einem typischen Backsteinhaus, mein Großvater hatte es bauen lassen, in Rhauderfehn, eine aufstrebende Gemeinde damals, das Haus steht dort heute noch im Untenende 74. Gleich hinter der Straße lag eine Wieke, an der ich oft mit der Angel saß, aber ich kann mich nicht erinnern, ob ich jemals etwas gefangen habe. Unter dem Dach unseres kleinen Hauses befand sich der Heuboden, zur Straße raus das Zimmer, in dem Dieter und ich schliefen und eine Zeit lang unter der Woche auch Onkel Bernhard, der mit meinem Vater zusammenarbeitete. Der nahm es ernst mit dem Glauben, zum Beten ging er hinter das Haus und schnallte sich einen Gebetsriemen um den Arm. Im Winter zog es hier oben immer fürchterlich, abends nahmen wir dann einen vorgewärmten Ziegelstein aus dem Küchenofen mit unter unsere Bettdecken. Friedel schlief im Erdgeschoss, im Schlafzimmer meiner Eltern. Die gute Stube daneben war ein verbotener Raum für uns Kinder, wir durften sie nur an Feiertagen betreten, meine Mutter hatte sie hergerichtet mit einer Standuhr, einer Glasvitrine und eben jener Chaiselongue, deren Sprungfedern sich uns immer in den Rücken bohrten. Auf der Rückseite befand sich die Küche, hinter unserem Haus der Kuhstall, sechs Kühe auf der linken Seite, vier auf der anderen, und im Pferdestall hatten vier Pferde Platz. Und neben dem Stall das Plumpsklo. Das alles war unser bescheidener Wohlstand.

Tagsüber fuhr mein Vater auf Tour mit seinem BMW-Motorrad, von Bauernhof zu Bauernhof, und jeden Mittwoch zum wöchentlichen Viehmarkt in Leer, einem der größten des Reiches, immer auf der Suche nach Tieren und Altmetall zum Handeln oder Tauschen, manchmal kam er mit Hühnern wieder, die er bei einem Handel noch obendrauf bekommen hatte. Die Geschäfte liefen gut, auch weil er mit seinen Schwägern zusammenarbeiten konnte, nicht nur in Weener, sondern auch in Leer, wo Mutters Schwester Marie mit ihrem Mann Willy Cohen lebte, der als Holländer gute Kontakte ins Nachbarland hatte.

Mein Vater war ein liebevoller Mann, deshalb nahmen wir auch die Drohungen meiner Mutter nie ernst. Manchmal hob sie warnend den Teppichklopfer, wenn wir nicht artig waren, und sagte: »Wenn Papa nach Hause kommt, versohlt er euch die Hintern.« Wenn mein Vater dann allerdings kam, blieb der Teppichklopfer in der Abstellkammer, das wussten wir. »Ich war nicht dabei, ich weiß nicht, was passiert ist. Da kann ich doch nicht bestrafen«, sagte er immer. Ein wenig ungerecht fanden wir Jungs, dass er Friedel nichts ausschlagen konnte. Mit der Laubsäge bastelte er ihr eine Puppenstube, und zum sechsten Geburtstag bekam sie ein neues Fahrrad, sie wachte darüber, dass wir Brüder nie damit fuhren, weil es so kostbar war.

Zu Hause sprachen wir Plattdeutsch, so wie alle um uns herum auch, und doch ahnte ich schon als Kind, das da etwas war, das uns von unseren Nachbarn unterschied und trennte, etwas, das niemand aussprach, aber alle immer mitdachten.

Doch noch war es nur ein Gefühl.

In unserer Umgebung gab es nur zwei weitere jüdische Familien, die Gumpertz' und die Cohens, die nächstgelegene Synagoge war in Leer. An hohen Feiertagen, zu Rosch ha-Schana, zu Jom Kippur oder zum Laubhüttenfest, aber machten wir uns auf die Reise zu den Tanten und Onkeln und zur Großmutter nach Weener. Mit ihnen zusammen gingen wir dort in die Synagoge, die Gemeinde umfasste immerhin 162 Mitglieder.

Schon Tage vorher freuten Friedel, Dieter und ich uns auf die Fahrt dorthin. Herausgeputzt stiegen wir erst in die Kleinbahn nach Ihrhove, Mama trank dort am Bahnhof zur Feier des Tages immer ein dunkles Bier, ehe wir in die »Oldenburger Bahn« umstiegen, die bis ins holländische Groningen fuhr. Kaum waren wir in Weener angekommen, fieberten wir schon dem Schokoladenduft entgegen, der aus der Puddingfabrik Polak wehte. Manchmal blieben wir gleich mehrere Tage in Weener, dann übernachteten wir auf dem Dachboden im Haus von Onkel Bernhard und Tante Rahel, es war im Winter ziemlich kalt direkt unter den Ziegeln.

Meine Oma wohnte im Haus daneben, sie nahm das Judentum und das Ostfriesentum gleichermaßen ernst. Still saß sie meist auf ihrem Stuhl, ihre Füße ruhten an kalten Tagen auf einem Stoov, einer Fußbank mit Feuerbehälter. In meiner Erinnerung hält sie für ewig ein Gebetbuch in der Hand und auf dem Tisch neben ihr steht eine Kanne Ostfriesentee auf dem Stövchen.

Unser Lieblingsonkel war Onkel Max, der Junggeselle geblieben war und bei Onkel Bernhard wohnte. Er nahm mich manchmal zu kleinen Spritztouren mit auf seinem Motorrad und spielte mit uns Kindern. Später wohnte auch meine Cousine Karoline bei ihren Eltern, Onkel Bernhard und Rahel Weinberg, und wir alle verhätschelten ihre kleine Tochter Annemarie Rosel, 1935 geboren und so niedlich, dass alle sie zum Lachen bringen wollten.

Ruth Zimmermann trafen wir auch immer in Weener, sie war eine Nachbarin meiner Oma und vor allem eine liebenswürdige Frau. Eine strenggläubige reformierte Christin, die auch später nicht ihre Nächstenliebe zu leben vergaß. Der einzige Mensch, der meiner Mutter helfen würde.

Wenn wir für ein paar Tage nach Weener fuhren, bat mein Vater unseren Nachbarn Johann Brunsema, unsere Kühe zu füttern und zu melken. Johann Brunsema war ein kantiger Mann, wie es sich für einen Schmied gehört. Der Schlag seines Hammers auf den Amboss ist das Geräusch meiner Kindheit, ich verbrachte viel Zeit in seiner Schmiede und bestaunte, was er aus Feuer und Eisen zauberte, manchmal durfte ich sogar mit dem Blasebalg das Feuer entfachen. Mein bester Freund Hermann wohnte mit seiner Familie in einer Wohnung im Haus des Schmieds, mit ihm zog ich im Sommer barfuß durchs Dorf, wir sammelten Kastanien vom Baum neben unserem Haus, trieben einen Fahrradreifen mit einem Stock durch die Straßen, spielten Murmeln oder mit dem Brummkreisel, der bei uns auf Platt »Tiddeltopp« hieß, oder, wenn Onkel Max mir wieder ein paar Pfennige zugesteckt hatte, kauften wir uns im kleinen Laden von Oma Fokken ein Nappo, das kostete fünf Pfennige, danach ging es weiter zu unseren Freunden Erich und Hannes. Weihnachten saß ich bei unseren Nachbarn unter dem Baum und sag mit ihnen »O Tannenbaum«, und zum jüdischen Lichterfest Chanukka luden meine Eltern die Nachbarn in unsere gute Stube ein und verteilten Äpfel und Kekse an die Kinder.

Das waren die schönen Momente. Aber schon als Kind war tief in mir drin diese Ahnung, dass sich auch über die schönsten Momente schnell ein Schatten legen könnte. Wie einmal am Martinstag. Dieter, Friedel und ich waren wie alle Kinder im Dorf »Kipp-Kapp-Kögel« gelaufen, von Tür zu Tür waren wir gezogen, hatten gesungen und auf eine reiche Beute an Süßigkeiten und Kuchen für unser Weckglas gehofft. Wir standen an der Haustür des Pastors, nicht weit von unserem Elternhaus entfernt, und wollten gerade ein Lied anstimmen, da blaffte uns der Mann an: »Warum singt ihr hier, ihr seid Juden. Sankt Martin ist ein christliches Fest!«

Mein Vater gab sich alle Mühe, im Dorf dazuzugehören. Er trat in den Sportverein ein und in die Freiwillige Feuerwehr. Nachbarn bot er seine Hilfe an und sie nahmen sie gerne an, denn es hatte sich herumgesprochen, wie gut er mit Tieren umgehen konnte. Einmal kam mein Freund Hannes zu uns gelaufen, er solle meinen Vater holen, es sei dringend. Papa rannte mit meinem Onkel Bernhard in den Stall der Familie Lücht, die Kuh kalbte, doch das Kalb war groß, steckte fest und ließ sich nicht herausziehen. Der Tierarzt stand neben der Kuh, ratlos, er schlug vor, das Kalb zu durchtrennen, um die Kuh zu retten. Meinem Vater aber gelang es zusammen mit meinem Onkel, die Kuh in eine Position zu bringen, die ihren Rücken stark krümmte, und es dauerte nicht lange, da ließ sich das benommene Kalb langsam herausziehen. Danach goss mein Vater ihm einen Eimer kaltes Wasser über den Kopf, es regte sich und konnte mit Stroh abgerieben werden.

Jeden Herbst schlachtete mein Vater ein Rind. Ich sah ihm zu, wie er gewissenhaft seine Schächtmesser erst auf Kerben und Zacken untersuchte, um sicherzugehen, dass sie nicht wie Widerhaken wirken und dem Tier zusätzliche Schmerzen bereiten würden. Dann schliff er die Messer und war erst zufrieden, wenn sie scharf waren wie eine Rasierklinge. Mein Vater hatte das Schächten gelernt, erst sprach er einen Segensspruch für das Tier, sein Schnitt durch die Halsschlagader des Rindes war schnell und präzise. Mein Vater war stolz auf sein Handwerk.

Einmal setzte er kurz vor Weihnachten eine Anzeige in die Lokalzeitung, er habe ein Rind geschlachtet, er lade den ärmeren Teil der Bevölkerung ein, sich unentgeltlich ein Stück zu holen. Ein anderes Mal spendete er der Wohlfahrt einen Sack Getreide.

Doch weder das Vaterland noch unsere Nachbarn dankten meinem Vater. Nie nannten die Leute ihn »Herr Weinberg« oder »Alfred Weinberg« oder »Viehhändler Weinberg«, wenn sie nach ihm fragten.

Sie fragten: »Wo wohnt denn der olle Jööd Weinberg?«.

5

Mein Vater war immer nur der »Jööd Weinberg«, als habe er keinen Vornamen. Egal wie sehr er sich bemühte, dazuzugehören, der Beiname »Jööd« zeigte ihm, dass ihm das nie gelingen würde. Ich kann nur erahnen, wie sehr mein Vater darunter gelitten haben muss. Ich weiß nicht, ob er damals schon von den Gerüchten wusste, die im Dorf über uns umgingen. Ich habe erst Jahrzehnte später von ihnen gehört.

Es hieß, dass mein Vater einem Nachbarn stolz Wertsachen präsentiert habe und dass die Bauern noch ein Huhn hätten obendrauf geben müssen, damit mein Vater ihnen eine Kuh oder ein Rind abkaufte. Nur deshalb hätten wir so viele Hühner gehabt, dass die Nester von Eiern überquollen. Ein Unsinn, ich erinnere mich gut, wie meine Mutter manchmal einen Finger anfeuchtete und ihn in den Hintern eines Huhns führte, um zu fühlen, ob ein Ei zu erwarten war. Das hätte sie nicht tun müssen, wenn es bei uns wirklich vor Hühnern gewimmelt hätte.

Es hieß, bei uns habe es wie Kraut und Rüben ausgesehen, der ganze Hof sei voller Schrott gewesen. Manchmal hätten Kinder vom Schrotthaufen hinten etwas weggenommen und es meinen Vater vorn wieder verkauft. In meiner Erinnerung lag nie viel Schrott bei uns herum. Und mein Onkel Philipp, der manchmal mit meinem Vater zusammenarbeitete, soll einmal einem Bauern einen Anzug verkaufen haben wollen. Er holte ihn aus dem Koffer, doch dem Bauern war der Stoff nicht gut genug. Da sei mein Onkel kurz zu seinem Fahrradanhänger gegangen und mit demselben Stoff wieder gekommen, wollte dafür aber einen höheren Preis.

All diese Gerüchte bedienten unterschwellig die Vorurteile vom reichen, schachernden, listigen Juden, die damals im Umlauf waren, und ich kann mir vorstellen, wie meine Eltern darunter litten, auch wenn sie seit ihrer Kindheit von antisemitischen Äußerungen und gar Beschimpfungen umgeben waren. Einige hatten sich in die Sprache eingeschliffen. Erdnüsse nannte man bei uns in der Gegend »Joodennöten«, »Judennüsse«, weil man in der Spitze der Nuss eine Ähnlichkeit zum Bart eines orthodoxen Juden sah. Wenn es im Klassenraum zu laut war, schimpfte der Lehrer: »Dat geiht doar het as in en Jöödenschool« und in den Kanälen wartete der »Buusjööd«, der sich die Kinder schnappte, die sich zu nah ans Wasser wagten.

Aber dies waren alles alte Sprüche, so alt und in die Sprache eingeschliffen, dass wir sie kaum noch als antisemitisch wahrnahmen. Neu hingegen waren die Nazis, die seit Mitte der zwanziger Jahre auch in Leer verstärkt ihr Unwesen trieben. So provozierten beispielsweise 1926 zwei Studenten mit Hakenkreuzabzeichen jüdische Viehhändler, die wehrten sich, warfen mit Kuhfladen und schubsten und prügelten die schmächtigen Männer zum Ausgang. Der Vorfall machte im ganzen Reich Schlagzeilen, nachdem die Studenten die Händler angezeigt hatten, einige wurden mit Geldbußen belegt, einer von ihnen wurde sogar zu drei Monaten Gefängnis auf Bewährung verurteilt. Trotz der Strafen hatten die jüdischen Händler klar gemacht, wer von ihnen auf dem Markt das Sagen hatte, sie waren eben selbstbewusste Ostfriesen.

Mein Leben verlief in den ersten Jahren von all diesen Entwicklungen unbeeindruckt. Ich spielte mit meinen Freunden, mit Hermann, Erich und Hannes, wir tauschten Murmeln und Zigarettenbildchen, auch noch, als die ersten Jungs meiner Klasse die braunen Uniformen mit dem schwarzen Halstuch mit dem geflochtenen Lederring trugen, die ich so schick fand und die ich auch so gerne getragen hätte. Ich verstand nicht, warum meine Mutter sagte, ich könnte solch eine »Jungvolk-Uniform« nie bekommen.

Bald trugen immer mehr Jungs braune Uniformen, auch immer mehr Männer in unserem Dorf. Und ich werde nie den Tag vergessen, als ich wie fast jeden Tag rüber zu Hermann ging und er auf den Boden blickte und sagte: »Meine Mama hat gesagt, ich darf nicht mehr mit dir spielen, du bist ein Jööd.«

Ich rannte in die Küche und vergrub mein Gesicht in der Schürze meiner Mutter, um meine Tränen zu verbergen.

»Mama, warum darf ich nicht mehr mit Hermann spielen?«, schluchzte ich. Meine Mutter streichelte mir den Kopf. »Das geht alles vorüber, Albi. Das wird alles wieder«, sagte sie ruhig, und wahrscheinlich hat sie das auch wirklich geglaubt.

6

Wenn ich mich hinter der Gardine versteckte und vorsichtig aus dem Fenster unseres Hauses lugte, dann den Kopf ein wenig nach rechts neigte, konnte ich heimlich den Menschen zusehen, die da werkelten auf dem kleinen Stück Brachland schräg vor unserem Haus, dort, wo die Rajenwieke einen Knick macht Richtung Schleuse und Mühle.

Meine Mutter hatte mir verboten, hier zu stehen, sie schickte uns Kinder in den Hinterhof, wenn die Männer mit den braunen Uniformen an dem Platz arbeiteten. Manchmal kamen sie zu unserem Haus, klopften an die Fenster oder Türen und brüllten. Ich und Friedel hatten Angst vor ihnen, aber ich war neugierig, was da Großes geschah an diesem Tag im Frühjahr 1933. Ich sah, wie sie den Platz mit Blumen schmückten, wie sie einen Fahnenmast errichteten, Fähnchen aufhängten, wie sie sich versammelten. Reden wurden gehalten, von einer feierlichen Einweihung wurde gesprochen, am Ende ein Schild enthüllt. Ich sah Mädchen und Jungen aus meinem Dorf, auch meine Freunde und Schulkameraden. Die Mädchen trugen schicke dunkelblaue Röcke, weiße Blusen und Halstücher mit Lederknoten, die Jungen die braunen Uniformen mit glänzenden Stiefeln, sie sangen »Deutschland, Deutschland über alles«, ein Spielmannszug spielte – ich stand versteckt hinter der Gardine und wäre so gerne dabei gewesen.

Ich konnte das Schild von meinem Versteck aus leicht entziffern: Adolf-Hitler-Platz.

Plötzlich kam eine Gruppe Männer aus dem Dorf auf unser Haus zu, sie riefen nach meinem Vater. Als der auf der Türschwelle stand, feixten sie und hielten ihm Kartonschnipsel hin, die so aussahen wie die Bahnfahrkarten, die wir immer kauften, wenn wir zu unseren Verwandten nach Weener fuhren. Die Männer hatten sich Mühe gegeben, sie waren wohl zur Zeitung gegangen und hatten die Schnipsel sauber bedrucken lassen, auf ihnen stand: »Freifahrtschein nach Palästina«.

Ich war damals acht Jahre alt und verstand nicht, was diese Fahrkarten bedeuteten. Ich glaube aber, dass in meinem Vater an diesem Tag etwas zerbrach. Ich sehe ihn heute noch vor mir, wie er immer voller Stolz das Abzeichen an seinem Anzug getragen hat, das er sich »treudeutsch« im Kampf für Volk und Vaterland im Ersten Weltkrieg verdient hatte. »Seinem« Vaterland – aus dem die Nachbarn ihn jetzt offensichtlich vertreiben wollten. Ich stelle mir seine Wut und Verzweiflung vor und ertappe mich bei einem sarkastischen Gedanken: Hätte er die Freifahrtscheine damals nur angenommen.

Doch mein Vater glaubte trotz aller Feindseligkeiten im Dorf fest daran, dass auch Juden ihren Platz in dieser neuen Ordnung hätten, die unter dem neuen Reichskanzler Adolf Hitler nach den Reichstagswahlen im März 1933 Einzug hielt. Der Reichsbund jüdischer Frontsoldaten, deren stolzes Mitglied er ja war, hatte im April eine Eingabe an Hitler gerichtet und nationalistische Vorschläge gemacht und eine Ausgabe des Gedächtnisbuches beigelegt, das die Namen der 12 000 jüdischen Soldaten enthielt, die im Ersten Weltkrieg für Deutschland gefallen waren. Die Staatskanzlei antwortete, der Reichskanzler habe sie angewiesen, den Empfang des Briefes und des Buches »ergebenst zu bestätigen«. Ende April empfing der Chef der Reichskanzlei sogar eine Abordnung des Reichsbundes. Bei diesem einen Mal blieb es jedoch auch. In der Zukunft wurde auch der Erhalt von Briefen und Eingaben nicht mehr bestätigt.

Doch mein Vater glaubte, wie so viele andere Juden, dass der Judenhass der Nazis spätestens mit der nächsten Reichstagswahl vorbeiziehen würde. Er hatte doch alles getan, um ein guter Deutscher zu sein. Er hatte doch einen festen Platz in der Gesellschaft, den ihm niemand würde nehmen können. Es war, als wolle er ausblenden, was sich direkt vor unserem Haus abspielte. Seit dem Frühjahr feierten die Nazis dort auf ihrem Adolf-Hitler-Platz. Und sie hatten viel zu feiern: Jungvolk, Hitlerjugend, BDM oder NSDAP, sie hissten Hakenkreuzfahnen am 1. Mai, zur Saarfeier, bei Sportwettkämpfen, an Hitlers Geburtstag und an vielen anderen Tagen, immer wieder fanden sie einen Anlass für ihre Aufmärsche, hielten sie Morgenappelle ab und sprachen Treueschwüre auf Hitler. Manchmal trafen sie sich vorher im Hotel Frisia der Familie Bahns zu Versammlungen, in denen der NSDAP-Ortsgruppenleiter gerne gegen die »Gräuelhetze des internationalen Judentums« wetterte. Wenn die Nazis an unserem Haus vorbeikamen, brüllten einige »Juda verrecke!« oder »Judensau«, immer, wenn wir nun Trommeln im Ort hörten, versteckten wir uns hinter den Gardinen und hörten den Lärm zu uns herüberschallen, hörten, wie sie sangen »Wir werden weiter marschieren, wenn alles in Scherben fällt, heute gehört uns Deutschland und morgen die ganze Welt« oder »Wenn der Sturmsoldat ins Feuer geht, ei, da hat er frohen Mut, und wenn's Judenblut vom Messer spritzt geht's noch mal so gut«.

Im April stand Karl Bahns, der Sohn der Besitzer des Hotels Frisia, mit einer Gruppe von jungen Männern vor unserem Haus. Großspurig standen sie da in ihren SA-Uniformen und hielten Wache, damit an den Boykotttagen jüdischer Geschäfte niemand mit meinem Vater Handel treiben würde. Karl Bahns wirkte mehr wie ein Junge als wie ein Mann, er hatte, im Gegensatz zu meinem Vater, nie für sein Land gekämpft und schien sich nun an seiner neuen Macht zu berauschen. Er drohte meinem Vater und forderte ihn auf, ihm die Schächtmesser herauszugeben, die Nationalsozialisten hätten diese Tierquälerei abgeschafft. Mein Vater hätte Bahns Vater sein können, und doch blieb ihm nichts anderes übrig, als sich zu fügen. So wie es alle jüdischen Schlachter in Leer tun mussten, deren Schächtmesser die SA-Leute auf einen Scheiterhaufen legten, anzündeten und erklärten, mit diesen Messern hätten die Juden auch das deutsche Volk abschlachten wollen.

Damals konnte ich nicht begreifen, welche Demütigung mein Vater damals empfunden haben musste, ich weiß nicht, ob sich nun langsam Verzweiflung bei meinen Eltern einschlich. Was ich aber noch genau weiß, ist, dass wir in der Schule neue Lehrer bekamen und beim Fahnenappell das Horst-Wessel-Lied sangen, und auch ich schmetterte aus voller Kehle mit, ich dachte mir nichts dabei: »Die Fahne hoch, die Reihen dicht geschlossen, SA marschiert.«

Nach Schulschluss wurde es immer einsamer um Friedel, Dieter und mich, dabei sehnten wir uns so sehr danach, dazuzugehören. »Olle Jööden«, beschimpften die Kinder uns. Unsere Freunde wollten nichts mehr von uns wissen, sie gingen bald zur Jungschar, selbst Hannes war beigetreten, dessen Vater noch vor wenigen Monaten im Reichsbanner Schwarz-Rot-Gold die Nazis bekämpft hatte. Die beiden Jungs der

Familie, der die Drogerie im Dorf gehörte, spuckten uns jetzt an und warfen mit Steinen nach uns.

»Warum mögen uns die Kinder nicht mehr?«, fragte ich meine Mutter anfangs noch. »Warum will keiner mehr mit uns spielen? Warum dürfen wir nicht mitmachen bei der Jungschar?«.

Und meine Mutter streichelte meinen Kopf und sagte: »Das ist alles schnell vorbei, das wird alles schon wieder gut.«

Bald fragte ich meine Mutter nicht mehr. Es ging nicht schnell vorbei und nichts wurde gut, und ich wagte es auch bald nicht mehr, darauf zu hoffen.

Wir hatten aber noch uns, Friedel und ich. Wir spielten Ball, Murmeln und »Mensch ärgere Dich nicht«. Auch wenn die Welt um mich zusammenbrach, Friedel war da. Sie war zwar immer etwas ernst, zurückhaltend, aber auf Friedel konnte ich zählen. Zusammen fieberten wir den Ausflügen nach Weener entgegen und fürchteten den Trommelwirbel und die Märsche vor unserer Haustür. Dieter spielte selten mit uns, er ging ja schon auf die Mittelschule. Dieter bewunderte ich. Dieter war mutig. Ich war ein Hosenschisser, sagte er manchmal. Und es stimmte ja auch. Angst machten mir zum Beispiel die wilden Hunde, die auf dem Schulhof immer nach den Resten unserer Pausenbrote suchten. Als ich einmal während der Schulstunde musste, traute ich mich nicht, über den Hof zum Plumpsklo zu gehen. Tante Rahel passte an diesem Nachmittag auf uns Kinder auf, sie stellte mich zu Hause in den Wasserbottich und schlug mir mit der dreckigen Hose ins Gesicht.

Dieter ließ sich nicht entmutigen, nicht von der SA, nicht von den Märschen oder den Schimpfwörtern, die die Kinder und Jugendlichen hinter uns herriefen. Einmal begegnete er auf der schmalen Brücke vor der Schlachterei Renken dem

Lehrling, und der konnte gar nicht so schnell »Judensau« brüllen, wie mein Bruder ihn mitsamt Rad in den Kanal stieß.

Für meinen Vater gingen die Geschäfte weiter, erst einmal. Die Boykottaktion gegen jüdische Betriebe war so erfolglos gewesen und hatte so wenig Rückhalt in der Bevölkerung, dass die Nationalsozialisten sie schnell beendeten. Auf seine Kunden konnte sich mein Vater verlassen, sie hatten mit ihm immer gute Geschäfte gemacht. So ging es fast allen jüdischen Viehhändlern, auch wenn die Nazis versuchten, sie aus dem Geschäft zu drängen. In Leer hatte der agrarpolitische Fachberater der NSDAP einen nationalsozialistischen Viehhändlerverband gegründet und auf dem Viehhof trennte nun ein Maschendraht die »arischen« von den »nichtarischen« Händlern, manchmal fotografierten SA-Leute die Kunden, die bei Juden kauften. Die meisten Bauern waren davon unbeeindruckt. Noch.

Bald hing ein Kasten ganz in der Nähe unseres Hauses, darin war jede Woche die aktuelle Ausgabe von Julius Streichers widerlichem Hetzblatt *Der Stürmer* zu lesen. Darum nannten wir ihn auch den »Stürmerkasten«. Ich sah Leute von ihren Rädern springen und die neuesten Schauernachrichten verschlingen, eine Hand noch am Fahrradlenker. Auch Hermann und Erich, die einmal meine Freunde gewesen waren, und fast alle meine Klassenkameraden versammelten sich davor und lasen. Und sie alle, auch die Nachbarn, konnten nicht genug von den bösartigen Lügen bekommen. »Die Juden sind unser Unglück«, lasen sie, oder: »Jüdischer Mordplan gegen nichtjüdische Menschheit aufgedeckt!« Sie sahen dazu scheußliche Zeichnungen von fratzenhaft verzerrten Juden, die ein Gefäß hielten, um das Blut aufzufangen, dass den nackten Körpern engelsgleicher christlicher Kinder entströmte, die sie ermordet hatten. Sie lasen über den »Viehjuden« Iwan Rooseboom aus Leer, die Zeitung nannte ihn »Rasseschänder von Ostfriesland«, nur weil der sein angebliches Opfer, ein »Christenmädchen« geheiratet hatte.

Ein »Stürmerkasten« hing auch vor dem Friseurgeschäft, ich erinnere mich heute noch daran, wie ich dieses grässliche Bild sah, es zeigte einen fratzenhaften Juden mit langem Bart und Hakennase, er stand an einem Fleischwolf und hielt mit der linken Hand eine Ratte am Schwanz darüber, und darunter stand sein Ausspruch: »Der Goi isst alles«. »Goi« bezeichnet Nichtjuden auf Hebräisch, und jeder, der in den Laden wollte, kam nicht drum herum, diese schreckliche Zeichnung zu sehen. Sieben »Stürmerkästen« standen bald in unserem Ort, ich machte einen Bogen um sie.

Im Winter standen die Wiesen hinter unserem Haus unter Wasser. Wir Kinder sehnten uns danach, dass sie endlich zufroren, dann schlitterten wir dort. Die Größeren schöfelten, wie wir auf Plattdeutsch zum Schlittschuhfahren sagen, auf den Kanälen, auch wenn das nicht ungefährlich war, weil die Leute an einigen Stellen immer wieder das Eis aufhackten, um Wasser aus dem Kanal zu holen. Besonders musste man dort aufpassen, wo die beiden Brauereien Eis schlagen ließen für ihre Eiskeller.

Ich bat in einem Winter, 1935 muss das gewesen sein, Schmied Brunsema so lange um Schlittschuhe, bis er sich endlich an seinen Schleifstein setzte, Eisen schliff und mir Schlittschuhe baute. Dann holte ich zu Hause vom Dachboden einen alten Holzstuhl, denn ich musste das Schöfeln ja erst lernen und brauchte noch ein wenig Halt. Es hatte geschneit an dem Tag, eine dünne Schicht Schnee lag auf dem Kanal vor unserem Haus, und ich war glücklich über meine neuen Schlittschuhe. Doch dann verlor ich plötzlich den Halt, das Eis brach unter mir und ich fiel in den bitterkalten Kanal. Ich schrie nach Hilfe, sah meine Klassenkameraden an der Böschung. Doch sie rührten sich nicht. Stattdessen sangen sie: »Sit een Jööd in't Deep, sit een Jööd in't Deep, wenn he versuppt, ik help hum neet.« Auf Hochdeutsch: »Sitzt ein Jude im Kanal, sitzt ein Jude im Kanal, wenn er ertrinkt, helfe ich ihm nicht.« Es war der Vater von Hannes Lücht, der mich rettete. Zu Hause setzte mich meine Mutter in einen Bottich mit heißem Wasser und versohlte mir den Hintern, aber das tat mir nicht weh. Weh tat mir, dass meine Klassenkameraden dieses Lied gesungen hatten. Weh tat mir, dass mir keiner von ihnen geholfen hatte.

Mein Vater, der immer so liebevoll und geduldig gewesen war, wurde leicht reizbar in dieser Zeit. Schon öfter hatte es im Geschäft meines Vaters bessere und schlechtere Zeiten gegeben, er hatte das gelassen genommen. »So ist nun einmal das Leben eines Viehhändlers, ein Auf und Ab«, sagte er immer. Doch auf die schlechteren Zeiten folgten schon seit Jahren keine besseren mehr, und auch wenn viele Bauern noch immer zu ihm kamen mit ihren Kühen, Pferden und Rindern, es wurden doch langsam immer weniger, die sich von den Boykottaufrufen der Nazis nicht beeindrucken ließen, oder dem Transparent an der Zufahrtsstraße zum Markt, auf dem stand: »Wer mit Juden handelt, ist ein Volksverräter«. Eines Abends kam er erschöpft nach Hause, wir saßen am Küchentisch, meine Mutter hatte Bratkartoffeln gemacht, dazu gab es Leberwurst und Tee. Und Mama fing an zu nörgeln, dass er kaum noch Geld nach Hause brachte, dass es kaum noch reichen würde für Essen und Kleidung. Da schlug mein Vater mit der Faust auf den Tisch, dass die Bratkartoffeln von den Tellern flogen, und wir Kinder rannten schnell aus der Küche, wir hatten unseren Vater noch nie so erlebt, nie zuvor und nie wieder danach.

Noch waren wir alle zusammen.

Kurz nach Ostern 1936 ging ich wie jeden Morgen zur Schule, den Tornister auf dem Rücken, den meine Eltern mir fünf Jahre zuvor zur Einschulung geschenkt hatten. Aus Leder hatte ihn der Sattler für mich angefertigt, ein Meisterstück, ich war so stolz gewesen, als ich ihn das erste Mal auf dem Weg zur Schule tragen durfte.

Doch nun kam der Lehrer in den Klassenraum und sagte: »Weinberg, du darfst nicht mehr zur Schule kommen. Geh.«

7

Egal ob Frühschicht oder Spätschicht, Gerda ging von nun an jeden Tag nach Dienstschluss noch für eine Stunde zu Albrecht und Friedel. Und egal, wann sie Friedels Zimmer betrat, Albrecht hatte einen Stuhl an ihr Bett gerückt, hielt gerade ihre Hand oder strich ihr über den Rücken, um sie zu beruhigen.

Gerda las erst später vom »Überlebenden-Syndrom«, auch »Holocaust-Syndrom« genannt, den Begriff hatte der deutsch-amerikanische Psychiater und Psychoanalytiker William Niederland geprägt, der Mitte der sechziger Jahre als Gutachter Holocaust-Überlebende untersuchte, um im Rahmen der »Wiedergutmachungsregelungen« die psychischen Folgen der Lagerhaft festzustellen. Die prätraumatische Persönlichkeit spiele laut Niederland bei den Folgen der schweren Traumatisierung keine Rolle. Die Traumatisierung sei so weitgehend, dass die seelische Struktur der Menschen zerstört würde. Die Überlebenden, diagnostizierte Niederland, seien von einem starken Schuldgefühl geplagt, das sie auf Dauer nicht verdrängen könnten: dem Schuldgefühl, überlebt zu haben, während ihre Familien, Verwandten und Freunde im Holocaust ermordet worden waren. Gerda las von den schweren Traumata, mit denen Holocaust-Überlebende weiterlebten, und wie diese traumatische Welt auch noch Jahrzehnte später durch Reize, die

Überlebende mit dem Holocaust verbinden, jederzeit wieder einbrechen kann. Sie erfuhr, dass man heute von »Extremtraumatisierung« spricht und dass diese Traumata in einigen seelischen Regionen die Fähigkeit zerstören, zwischen Fantasie und Realität zu unterscheiden. Dass solch ein Trauma den Menschen in einen Zustand unaussprechlicher Angst versetzen kann.

Gerda wusste das alles damals noch nicht. Aber sie konnte diese Angst sehen, sie durchfräste Friedels ganzen Körper, wann immer sie ihren Bruder nicht in ihrer Nähe wusste.

Auch Albrecht litt, er hatte Angst, seine Schwester zu verlieren. Friedel erholte sich nicht, lag die meiste Zeit im Bett. Morgens schob er sie in einem Pflegerollstuhl in den Speisesaal, Gerda half ihm dabei, Friedel festzubinden, sie hatte die Kontrolle über ihren Körper verloren, und im Speisesaal angekommen, dauerte es lange, sie zu füttern. Auch das Reden fiel ihr immer noch schwer, die Logopädin gab sich Mühe mit ihr, doch Friedel fehlte die Kraft.

Gerda machte sich nicht nur Sorgen um Friedel, sondern immer mehr auch um Albrecht. Er schien nur noch für seine Schwester zu leben und darüber sich selbst völlig zu vergessen. Er aß kaum, trank kaum, schlief kaum. Gerda konnte das nicht länger mit ansehen.

»Wenn das so weitergeht, dann stirbt Herr Weinberg früher als seine Schwester. Er sitzt dauernd auf einem Stuhl im Zimmer bei ihr, bekommt keinen Schlaf, ist völlig von der Rolle, magert immer mehr ab«, sagte sie zu ihrem Chef.

»Da können wir nichts machen«, erwiderte der.

»Können wir wohl. Wir könnten ein Doppelzimmer für die beiden organisieren. Dann kann er sich wenigstens mal kurz hinlegen, wenn sie schläft«, sagte Gerda.

»Wir haben im Moment kein freies Zimmer.«

In den folgenden Tagen machte sich Gerda auf die Suche. Da war ein Doppelzimmer mit einem kleinen Bad, in dem eine Frau allein wohnte. Gerda organisierte den Tausch. Und plötzlich ging alles ganz schnell und Friedel und Albrecht zogen in das Doppelzimmer, das Gerda auserkoren hatte.

Wenn Gerda die Geschwister nun nach Dienstschluss in ihrem Doppelzimmer besuchte, konnte sie spüren, dass es beiden guttat, zusammen zu sein. Friedel wirkte ruhiger, seltener schien sie die Trennungsangst zu durchfließen, und Albrecht begann wieder zu schlafen, manchmal aß er sogar. Friedel wirkte wacher ohne ihre ständigen Angstzustände, langsam schien sie ihre Umwelt wieder wahrzunehmen, das Essen zu schmecken, die Bäume zu beachten, wenn Albrecht sie eine Runde im Pflegerollstuhl durch den Park schob. Und einmal, es war ein Freitag, Gerda war gerade ins Zimmer gekommen und an ihr Bett getreten, um sich in ihr dienstfreies Wochenende zu verabschieden, da blickte Friedel sie fest an, nahm all ihre Kraft zusammen und brachte ein Wort hervor, das Gerda zunächst nicht verstand.

»*Candles*«, sagte Friedel. Wenn Friedel sprach, dann in Englisch, der Sprache ihres Exils. Gerda hatte sich daran gewöhnt, sie sprach mit Friedel Deutsch, Friedel brachte Worte auf Englisch hervor. Wenn Gerda sie fütterte, schüttelte Friedel irgendwann immer den Kopf und sagte: »*No more, no more.*«

Doch was wollte Friedel ihr nun sagen? Was wollte sie mit Kerzen? Gerda fragte Albrecht, aber auch er hatte zuerst keine Idee, was Friedel meinen könnte. *Candles.* Kerzen. Es dauerte ein wenig, bis er sich erinnerte, die vielen Jahrzehnte seines Lebens hatten diese Erinnerung verschüttet. Sie war schön. Und sie schmerzte.

»Heute ist doch Freitag, oder?«, fragte Albrecht. Dann erzählte er von der Stille im Haus, wenn die Mutter die Streichhölzer hervorholte, jeden Freitag, kurz vor Sonnenuntergang, und wie sie die beiden Kerzen anzündete und danach den Segensspruch sprach, alles war feierlich und voller Verheißung, denn wenn die Kerzen brannten, hatte der Schabbat begonnen. Die zwei Kerzen stehen für »Schamor« und »Sachor«, »Hüte« und »Gedenke«, sie sind Symbole für den häuslichen Frieden an Schabbat. In der Tora findet sich keine Vorschrift zum Kerzenanzünden, es ist eine rabbinische Verordnung, die Juden davor bewahrte, am Schabbat im Dunkeln sitzen zu müssen, denn es ist ihnen verboten, am Feiertag selbst ein Feuer zu entfachen.

In der Regel ist es Aufgabe der Frauen im Haus, die Kerzen anzuzünden, und Albrecht erinnerte sich, wie ihre Mutter diese Aufgabe manchmal feierlich in Friedels Hände legte.

Albrecht wunderte sich, denn Friedel hatte in Amerika keine Kerzen mehr angezündet am Schabbat. Sie war manchmal noch in die Synagoge gegangen, doch er war sich nicht sicher, ob sie nicht auch wie er den Glauben an Gott in Auschwitz verloren hatte. Vielleicht aber hatte Friedel auch all die Jahre schmerzliche Erinnerungen an ihre Mutter mit diesem Brauch verbunden, so schmerzlich, dass sie es all die Jahrzehnte nicht mehr getan und auch nie davon geredet hatte.

Jetzt aber, am Ende ihres Lebens, war die Erinnerung plötzlich wieder da, und Gerda und Albrecht rätselten lange, warum sie Friedel an jenem Tag in den Kopf kam, vielleicht lag es daran, dass sie wieder in ihrer alten Heimat war, dass sie das Deutsch und Plattdeutsch ihrer Jugend hörte – sie würden es nie erfahren.

Das Kerzenanzünden war im Pflegeheim verboten, doch Gerda setzte sich darüber hinweg, sie organisierte zwei Kerzen, kam wieder ins Zimmer und zündete sie an. Friedel starrte in die Flammen, sie schien zufrieden zu sein, doch sie sagte kein Wort.

Sie war abgetaucht in Erinnerungen.

8

Mama. Eines Tages bin ich einfach weggelaufen, weil ich nur noch zu ihr wollte.

Friedel und ich hatten nicht mehr bei ihr und Papa bleiben können, nachdem die Nazis uns nicht mehr in der Schule in Rhauderfehn haben wollten. Unsere Eltern hatten uns auf der einzigen Schule weit und breit angemeldet, die uns im Frühjahr 1936 noch aufnahm, der Jüdischen Schule in Leer. Dieter hatte gerade noch die achte Klasse in seiner Mittelschule beenden können und begann eine kaufmännische Lehre in Emlichheim, direkt an der deutsch-niederländischen Grenze. Er arbeitete in einem Geschäft für Manufakturwaren, dekorierte die Schaufenster und schrieb mit seiner feinen Handschrift die Preisschilder.

So blieben von uns Geschwistern nur noch Friedel und ich, und wir gingen ungern in die Jüdische Schule. Allein schon der Schulweg: ein Spießrutenlauf. Neben der Jüdischen Schule befand sich das Ubbo-Emmius-Gymnasium, die Kinder und Jugendlichen von dort bespuckten und beschimpften uns. Unsere Eltern hatten uns eingebläut: »Geht den anderen Kindern aus dem Weg, wenn sie euch beschimpfen! Sagt kein schlechtes Wort zurück! Erregt bloß kein Aufsehen, sonst hassen sie uns noch mehr!«

Den Hass, den Friedel und ich auf der Straße spürten, hatten die Nazis auf dem Nürnberger Parteitag im September 1935 in Gesetze gegossen. Nach dem »Gesetz zum Schutze des deutschen Blutes und der deutschen Ehre« war es Juden und Nichtjuden verboten zu heiraten oder außerehelichen Geschlechtsverkehr zu haben. Sie durften keine nicht-jüdischen Hausangestellten mehr beschäftigen. Sie durften auch nicht mehr die Reichsfahne hissen. Das »Reichsbürgergesetz« entzog uns Juden die Bürgerrechte, wir durften nicht mehr wählen oder ein öffentliches Amt bekleiden. Jüdische Beamte hatten in den Ruhestand zu treten. Juden wurden zu Fremdkörpern im eigenen Land gemacht. Zu Bürgern zweiter Klasse. Die Gesetze waren eine Vorstufe für das, was kommen würde. Eine Vorstufe für etwas, dass sich meine Eltern niemals hätten ausmalen können.

Wir Kinder lernten, durch die Straßen zu gehen, als versuchten wir unsichtbar zu sein. Wir hielten auf dem ganzen Weg zur Schule voller Angst Ausschau nach Hitlerjungen und anderen bösartigen Kindern, und wenn sie uns beschimpften, bespuckten oder mit Steinen bewarfen, dann liefen wir an ihnen mit gesenktem Blick vorbei, wie Hunde, die ihren Schwanz eingezogen haben.

Der Klassenraum lag gleich rechts neben dem Eingang des Gebäudes, es war kein großer Raum. Noch zehn Jahre zuvor hatten hier weniger als zwanzig Schüler auf den Bänken gesessen. Doch als Friedel und ich in die Schule kamen, drängten sich hier mehr als vierzig Kinder, die Jüngsten sechs Jahre alt, die Ältesten vierzehn. Die meisten von uns hatten die öffentli chen Schulen verlassen müssen, nachdem die Nazis auch hier das durchgesetzt hatten, was sie »Rassentrennung« an Schulen nannten. Die Stadtregierung in Leer war besonders eifrig in dieser Sache gewesen, sie hatte schon 1933 den Beschluss gefasst: Kein »Judenkind« dürfe die städtischen Bezirksschulen mehr besuchen.

Da saßen Friedel und ich nun, inmitten dieser bunt zusammengewürfelten Klasse, mit den entwurzelten Kindern aus der Stadt und aus dem ganzen Landkreis, sogar aus Papenburg. Hermann Spier war unser Lehrer, er wohnte mit seiner Familie gleich über dem Klassenraum, seine Töchter Henny und Berna gingen in unsere Klasse. Lehrer Spier hatte es nicht leicht mit uns, es war unter den Verhältnissen auch kaum an Unterricht zu denken, doch auch wenn ich das damals nicht sah, weiß ich heute, dass er alles daransetzte, uns ein besseres Leben zu ermöglichen. Er führte neue Fächer ein, unterrichtete Englisch, Französisch und Ivrit, um uns eine Emigration aus Deutschland zu erleichtern. Las mit uns Passagen aus Werken von Goethe und Schiller, in denen es um Menschlichkeit und Toleranz geht. Gab abends Sondereinheiten in Sport, kräftige Leute wurden in Palästina immer gebraucht.

Auf unserem Schulhof hatten wir gerade einmal Platz für eine kleine Turnstange, und weil wir jüdischen Kinder keine Sportanlagen mehr betreten durften, blieb uns für Wettkämpfe nur noch die Wiese meines Onkels Willy Cohen und meiner Tante Marie. Bei ihnen hatten mich meine Eltern untergebracht, Bremer Straße 70 in Leer, sie hatten es sich nicht leisten können, Friedel und mir Bahntickets für die Fahrten zur Jüdischen Schule und zurück zu kaufen. Für Friedel fanden sie einen Platz nur ein paar Häuser entfernt, im Haus der Familie Frank, der Viehhändler Albert Frank war ein Freund meines Vaters, er war auch Soldat gewesen im Ersten Weltkrieg.

Tante Marie war drei Jahre jünger als meine Mutter, mit Onkel Willy hatte sie vier Kinder. Alfred, ihr jüngster Sohn, war so alt wie ich und wurde zusammen mit August, der ein Jahr jünger war und der Sohn von Onkel Wilhelm und Tante

Henny Grünberg, mein bester Freund. Aber für mich Jungen vom Dorf, gerade einmal elf Jahre alt, war Leer eine fremde Welt, ich verstand nicht, warum ich nicht mehr bei meinen Eltern sein konnte, warum ich nun in einem fremden Haus wohnte, da half auch all der Luxus nichts, auch nicht das Badezimmer, die Toilette mit Wasserspülung und die Badewanne, die mit einem Ofen beheizt werden konnte. Ich kannte von zu Hause nur den hölzernen Bottich.

Ich bekam schlimmes Heimweh, wollte nur zurück. Zu Fuß machte ich mich auf den Weg nach Rhauderfehn, ich hatte niemandem von meinem Plan erzählt, noch nicht einmal Friedel. Ich weiß nicht mehr, wie viele Stunden ich brauchte für die fünfzehn Kilometer, ehe ich tränenüberströmt und erschöpft bei meiner Mutter ankam und meinen Kopf an ihre Schürze drückte. Doch es gab kein Zurück mehr. Mama schimpfte mit mir und brachte mich am nächsten Morgen zurück zu Tante Marie.

Es sollte bald auch kein Zuhause mehr geben.

Immer schlechter liefen die Geschäfte meines Vaters. Noch immer zog er jeden Tag von Hof zu Hof, doch immer weniger Bauern wollten mit ihm handeln, selbst die, mit denen er jahrelang Geschäfte gemacht hatte. Die Kampagne gegen jüdische Händler hatte auch ihn ganz persönlich und direkt getroffen, die *Ostfriesische Tageszeitung* hatte ihre Leserinnen und Leser in einer Sonderbeilage im Juli 1935 noch einmal vor ihm gewarnt: Das Produkten- und Viehgeschäft von A. Weinberg sei ein jüdisches Geschäft, »Volksgenossen, kauft nicht bei Juden«. In den Gaststuben von Rhauderfehn schwangen die »Stürmerfreunde« Reden. Sie luden prominente Nazis ein, und wenn die vom »verderblichen Einfluss des jüdischen Volkes«

hetzten, konnte man darüber am nächsten Tag in der Zeitung lesen. Die zitierte dann ausführlich, wie sie dagegen geiferten, dass »die jüdische Rasse aufgrund der Talmud-Gesetze ihre Aufgabe darin erblickt und erblicken muss, andere Rassen auszubeuten und zu zerstören«. Davon aufgepeitscht drohten die »Stürmerfreunde« in ihre »Stürmerkästen« Listen mit Namen aller Leute zu hängen, die noch mit meinem Vater Geschäfte machten. Es forderte nun ein wenig Mut, mit meinem Vater zu handeln. Kaum einer brachte diesen Mut auf.

Später erinnerte sich ein Nachbar, dass er in dieser Zeit manchmal meinen Bruder Dieter sah, wenn er am Wochenende bei meinen Eltern zu Besuch war. Der ging dann mit einem Eimer zum Kohlenhändler und holte hin und wieder eine kümmerliche Ration Kohlen für meine Eltern. Sie waren bald so verarmt und verzweifelt, dass sie unser Haus zum Verkauf anboten, ein Schiffsmakler und Werftbetreiber kaufte es weit unter Preis. Ein Teil des Kaufpreises wurde zudem als Hypothek eingetragen und sollte erst 1941 mit fünf Prozent Zinsen ausgezahlt werden an die Brüder meiner Mutter, denn ihr Vater hatte das Haus gebaut. Doch dazu sollte es niemals kommen.

Onkel Bernhard und Tante Rahel ging es in Weener nicht besser. Das Haus hatten sie verkaufen müssen, den Viehhandel aufgeben, Onkel Bernhard zog nun heimlich als Hausierer von Tür zu Tür und verkaufte Kurzwaren und Kleinigkeiten, hielt seine Familie kaum über Wasser.

Friedel und ich bekamen von den Sorgen unserer Eltern wenig mit. Wir freuten uns sogar, als sie das Haus verkauften, weil sie nach einigen Monaten endlich zu uns nach Leer zogen. Sie hatten wohl lange gesucht, bis sie eine Wohnung fanden, wahrscheinlich wollte keiner dieser treudeutschen Volksgenossen ihnen etwas vermieten, weil sie Juden waren. Aber schließlich fanden sie doch eine Wohnung, sie lag im Hinterhaus und war so klein, dass meine Eltern einige Möbel im anliegenden Kuhstall unterstellen mussten. Aber wir waren wieder zusammen, und nur das war wichtig für Friedel und mich. Wieder hatten die Verbindungen meines Vaters geholfen, unser Vermieter war Isaak Polak, ein jüdischer Viehhändler.

Im Schlafzimmer standen die Betten schräg, damit sie Platz fanden, doch meine Eltern gaben sich Mühe, die Wohnung herzurichten, mein Vater befestigte einen Gaskocher an einem Brett in der Küche, sogar unsere gute Stube aus Rhauderfehn war mit umgezogen, nur standen Chaiselongue und Vitrine nun in einem fensterlosen Zimmer.

Das reichte Friedel und mir, wir glaubten, dass nun alles wieder so wie früher werden würde. Wir waren noch Kinder.

Wir fieberten hin auf die Olympiade 1936 im fernen Berlin, bei der das Regime der Welt eine Normalität vorgaukelte, die es für uns schon lange nicht mehr gab. Friedels und meine Welt, die Welt meiner Eltern und Verwandten, die Welt aller Juden um mich herum war klein geworden. Und so hatten wir dann auch unsere eigene kleine Olympiade, das große Sportfest, veranstaltet vom Jüdischen Jugendbund. Es fand auf der großen Weide hinter dem Haus von Onkel Willy und Tante Marie statt, weil wir Juden ja keine Sportplätze mehr benutzen durften. Dort traten jüdische Sportgruppen aus Aurich, Bremen, Emden, Esens und Oldenburg im Leichtathletik-Vierkampf an. Der Schriftführer notierte: »Besonders erwähnenswert ist der 2. Preis, den die 12-Jährige Frieda Weinberg im 60-m-Lauf der Damen erringen konnte.«

Mein Vater hatte eine schwere Zeit. Er verdingte sich ein wenig bei anderen Viehhändlern, er fegte Straßen oder schippte

Schnee im Winter, um Geld von der Wohlfahrt zu bekommen, doch das war sehr wenig. Meine Mutter musste sich viel einfallen lassen, um uns Essen auf den Tisch zu stellen. Sie pflanzte Gemüse an im kleinen Garten hinter dem Haus und wenn durch die schwüle Luft eines Gewitters die Milch sauer wurde, dann kochte sie sie, schüttete sie in ein Tuch, hängte es auf und ließ es abtropfen, bis wir Käse hatten. Meist kochte sie Suppe oder es gab Kartoffeln mit ausgelassenem Kokosfett, denn das war billig.

In den Schaufenstern vieler Geschäfte in Leer hingen nun Schilder: »Juden nicht erwünscht«. Und die Schikanen kosteten schon Leben. Schnell verbreitete sich die Nachricht unter den Leeraner Juden, dass die Ärzte im Kreiskrankenhaus sich weigerten, den alten Moritz Vorzanger zu behandeln, man nehme keine Juden mehr auf. Die Sanitäter hatten ihn einfach auf der Bahre draußen liegen lassen, erst nach langem Verhandeln war das Katholische Krankenhaus bereit, ihn zu behandeln und auch nur in einem Kellerraum, in dem der arme Mann letztendlich an einer Lungenentzündung starb. Kein Tischler in Leer wollte danach Herrn Vorzangers Familie einen Sarg verkaufen, sie konnte schließlich nur in Emden einen auftreiben, allerdings ohne Deckel.

Eine Beerdigung war es auch, die meinen Vater bedrückte. Gestorben war Louis Pels, ein hochdekorierter Soldat, er hatte im Rollstuhl gesessen, seit er im Ersten Weltkrieg schwer verwundet worden war. Als der Leichenwagen vor seinem Haus hielt, spannten Männer die Pferde aus, eine Anordnung der Stadt, die jüdischen Gemeindemitglieder sollten den Leichnam nun gefälligst selbst zum jüdischen Friedhof am Stadtrand bringen. So mussten einige junge Männer der jüdischen Gemeinde den Wagen ziehen, an der Spitze schritt Herr Hirschberg, der wegen seines Glaubens aus dem Kriegerverein Leer ausgeschlossen worden war, er trug auf einem Ordenskissen all die Auszeichnungen, die sich Pels im Kampf für Deutschland verdient hatte. Doch das Vaterland dankte nun nicht mehr. Am Straßenrand standen Leute, die lachten und klatschten.

Und als im benachbarten Loga eine Gedenktafel enthüllt wurde, ließ der NSDAP-Gruppenleiter den Namen eines 1915 gefallenen jüdischen Soldaten von dieser tilgen und ersetzte ihn durch einen Soldaten, der kurz nach Kriegsende an seinen Verwundungen gestorben war. Es gab Proteste, und ich kann mir gut vorstellen, dass mein Vater davon hörte und wie entsetzt er darüber gewesen sein muss. Einwohner protestierten, der neue Name wurde wieder entfernt. Doch der Name des jüdischen Soldaten blieb verschwunden. Der Gauleiter von Weser-Ems entschied, es sei »unerträglich«, den Namen des jüdischen Soldaten anzubringen.

Aber es gab auch Menschen wie das alte Ehepaar Plöger, ihr Garten grenzte an den kleinen Garten meiner Mutter und sie unterhielten sich immer freundschaftlich über die Hecken hinweg. Sie erzählte ihnen auch davon, wie untröstlich ich war, immer wenn ich das Jungvolk die Straße entlang marschieren sah. Dass ich traurig war, dass sie mich nicht mitmarschieren ließen, wie ich ihr in den Ohren gelegen, gebettelt und geweint hatte, dass ich bitte, bitte auch solche schönen Schaftstiefel wie die Jungs in Uniform haben wollte, kniehoch und glanzpoliert. Wochenlang hatte ich meine Mutter zermürbt mit diesem Wunsch, den sie nicht erfüllen konnte, weil dafür das Geld nicht reichte. Niemals hätte meine Mutter Fremde um etwas gebeten. Eines Tages aber stand ein Paar Stiefel vor unserer Tür, ich hüpfte vor Glück.

Einer der letzten Orte, an dem Juden noch einigermaßen frei Geschäfte machen konnten, war der Viehmarkt. Hier fühlten auch wir Kinder uns frei. Zusammen mit meinen Cousins

Alfred und August schwänzte ich an vielen Mittwochmorgen die Schule und lief dorthin. Welch ein Spektakel! Viehwaggon an Viehwaggon stand an den Laderampen, Viehtreiber drängten die Tiere durch die Stadt, es waren bis zu tausend Tiere an einem Markttag, und so war es auch fast unmöglich, nicht in Kuhfladen zu treten, so übersät waren die Straßen. Eine Staubwolke jagte im Sommer die nächste, wenn die Tiere von den Koppeln zum Marktplatz getrieben wurden. Und dazu die Rituale der Händler, wie sie schrien, feilschten, mit wirklichem oder gespieltem Kennerblick die Dicke der Milchadern der Kühe prüften, wie sie fachsimpelten, und dann endlich mit einem Handschlag den Kauf besiegelten. Der Handschlag war unser Startzeichen, dann rannten wir hin und boten unsere Dienste an. Wir banden ein Tau um die Hörner und führten die Kühe in die Waggons, banden sie fest und gaben ihnen Wasser und Heu, und wenn der Markttag gut lief, bekamen auch wir ein gutes Trinkgeld.

Und am Tag darauf ordentlich Schläge.

Unser Lehrer Spier war ein gerechter, aber auch strenger Mann, ein Mann von Disziplin und Ordnung. Er ließ uns antreten, manchmal griff er zum Rohrstock, manchmal schob er den hölzernen Deckel der Griffelkiste heraus und schlug uns damit auf die ausgestreckten Finger. Doch auch durch Schläge konnte Lehrer Spier bei mir nur wenig Interesse an seinem Unterricht wecken, ich begann mich aber sehr wohl für seine Tochter Henny zu interessieren, und einmal, hinter der Gardine im Klassenzimmer, gab sie mir einen Kuss, von dem ihr Vater glücklicherweise nie erfuhr.

Ob meine Eltern in dieser Zeit ans Auswandern dachten, weiß ich nicht. Ich glaube, dass mein Vater sehr lange darauf vertraute, dass sie diese schlimme Periode in Deutschland schon überleben würden. Es kann sein, dass mein Vater immer noch darauf baute, dass es ihn als Weltkriegsteilnehmer und treudeutschen Staatsbürger nicht noch schlimmer treffen würde. Vielleicht aber wuchs langsam der Gedanke an die Flucht in ihm, den er anfangs bestimmt abgelehnt hatte, er glaubte doch so fest an die deutsche Nation und lehnte den Zionismus so entschieden ab. Wenn meine Eltern übers Ausreisen diskutiert hatten, dann aber sicher nicht über eine sofortige Notflucht, eher darüber, Deutschland geordnet zu verlassen, wenn endgültig keine Wahl mehr zu sein schien. Von Weener aus hätten wir gerade einmal eine Viertelstunde gebraucht, um zu Fuß die Grenze in die Niederlande zu überqueren, einige jüdische Familien hatten dort längst Zuflucht gesucht. Familie Gumpertz, unsere jüdischen Nachbarn aus Rhauderfehn, war schon 1934 nach Holland geflohen. Hermann Gumpertz war ein führender Sozialdemokrat gewesen und hatte die Gefahr erkannt, nachdem die Polizei ihm den Pass abgenommen hatte.

Und nun, im Oktober 1937, verkündeten Onkel Willy und Tante Marie, dass sie mit ihren Kindern zu einer Hochzeit von Willys Verwandten in Antwerpen fahren würden. Sie kamen von der Reise nicht nach Leer zurück, sondern zogen in die Niederlande. Es war auch für Willy kaum noch Geld zu verdienen in Leer, vielleicht sah er als holländischer Staatsbürger die Lage auch deutlich klarer als meine Eltern. Ich stelle mir vor, wie sie nächtelang diskutierten, das Für und Wider abwägten. Sie hatten uns Kinder, sie hatten kein Geld, kein Visum, konnten keine Schiffspassage bezahlen und illegal die Grenze nach Holland zu überqueren, das kam ihnen nicht in den Sinn. Sie kannten sich aus in Ostfriesland, hier waren Menschen, die ihnen helfen würden, hier würden sie schnell wieder auf die Beine kommen, wenn der Spuk vorbei war.

Welche Überlegungen auch immer meine Eltern anstellten, ich bekam sie nicht mit. Ich war aber unendlich traurig, als Alfred mit Onkel Willy und Tante Marie und seinen Geschwistern abreiste. Keine verbotenen Ausflüge mehr zum Viehmarkt, keine Streiche, keine gemeinsamen Schwärmereien mehr für Henny Spier.

Da es in Leer keinen Rabbiner gab, war Lehrer Spier auch Kultusbeamter der Gemeinde, er leitete als Vorbeter und Kantor den Gottesdienst und vertrat den Landrabbiner bei Trauungen und Beerdigungen. Von der Schule war es nicht weit bis zur Synagoge, ein prächtiger, orientalisch anmutender Bau, der mich als Kind sehr beeindruckte, sie war aus rotem Backstein gemauert, ihre mächtige Kuppel war mit einem Spitzenaufsatz gekrönt, und schon aus der Ferne zu sehen, prägte sie das Stadtbild von Leer.

Als ich sie im März 1938 zu meiner Bar-Mizwa betrat, hatte sie bereits 53 Jahre Bestand. Zu ihrer Eröffnung 1885 hatte es noch ein großes Festprogramm gegeben, mit Diner, Festball, Konzert und feierlichem Anzünden des ewigen Lichts vor dem Toraschrein. Die Menschen strömten dorthin, eingeladen waren Gäste aller Konfessionen, solange der Platz reichte, wie das »Fest-Comité der Synagogengemeinde« auf einem Plakat verkündete. Der Bürgermeister war kein Jude, aber er hatte es sich damals nicht nehmen lassen, dem Vorsteher der Synagogengemeinde den Schlüssel persönlich zu überreichen. Dabei erklärte er blumig: »Gesegnet sei der Eingang in dieses Haus. Wer über die Schwelle dieser Pforte schreitet, der lasse hinter sich die Gedanken an das Laufen und Jagen des täglichen Lebens, er suche und finde im Tempel geistige Erfrischung und Erhebung, Stärkung und echte Frömmigkeit, unerschütterliches Vertrauen zu einem strengen, aber barmherzigen Gott. Und gesegnet sei sein Ausgang. Öffnen Sie die Pforte des Tempels!«

Jetzt aber, 1938, schien für uns Juden diese stolze Feierlichkeit in einem anderen Zeitalter stattgefunden zu haben. Nazischergen und ihre Mitläufer warfen so häufig mit Steinen die Fenster der Synagoge ein, dass der Synagogenvorstand resigniert hatte und die Fenster nicht mehr ersetzte. Hämisch schrieb die Zeitung: »Sollten die Juden ihr Haus weiter so vernachlässigen, müssten sie einmal energisch dazu angehalten werden, die durch Verlotterung entstandenen Schäden auszubessern.«

In dieser Synagoge nun stand ich voller Aufregung im März 1938, am Schabbat nach meinem dreizehnten Geburtstag, und wurde zum ersten Mal zur Tora gerufen, die Frauen hatten sich oben versammelt, die Männer unten. Lehrer Spier und Gemeindediener Joseph Wolffs hatten im vergangenen Jahr über meine religiöse Erziehung gewacht, ich sprach zum ersten Mal auf Hebräisch die Segenswünsche über der ausgerollten Tora und las aus ihr.

Danach gab es eine kleine Feier, Frau Polak hatte ihre Wohnung zur Verfügung gestellt, damit wir nicht in unserem kleinen, fensterlosen Wohnzimmer Gäste empfangen mussten. So saß ich stolz im Wohnzimmer der Familie Polak und empfing zu meiner bescheidenen Feier, nach und nach kamen die Gemeindemitglieder vorbei, sprachen Segenswünsche und gratulierten mir.

Natürlich konnte das niemand von uns hier im Wohnzimmer der Familie Polak ahnen, aber nach meiner Bar-Mizwa kam keine mehr. An diesem Tag wurde zum letzten Mal eine Bar-Mizwa in der Synagoge von Leer gefeiert.

Das ewige Licht erlosch bald darauf für immer.

9

Der schlimmste Tag meines Lebens begann mitten in der Nacht.

Der 9. November 1938.

Männer schrien, an der Tür polterte es, Fensterscheiben zersplitterten. Es war stockdunkel, und ich wusste nicht, wie mir geschah, da hatten sie schon die Tür mit einer Axt eingeschlagen und standen in unserer Wohnung, sie stießen uns, prügelten auf uns ein, warfen Möbel um und Geschirr zu Bruch. Dabei brüllten sie unentwegt.

»Drecksjuden! Mistbienen! Verbrecher! Drecksäcke!«

Sie befahlen: »Anziehen, Sie sind verhaftet!«

»Schnell! Schnell!«

Sie trieben meine Mutter, meinen Vater und mich aus dem Haus. Dieter und Friedel waren nicht daheim. Dieter hatte im Oktober 1938 seine Ausbildung zum Gärtner angefangen in der Israelitischen Gartenbauschule in Ahlem bei Hannover, seine kaufmännische Ausbildung in Emlichheim hatte er nicht weiterführen dürfen. Friedel hatte gerade erst vor wenigen Wochen eine Stelle als Dienstmädchen angetreten bei einer jüdischen Kaufmannsfamilie in der Nähe von Emden. Draußen stand schon die verschreckte Familie Polak auf der Straße vor ihrem Haus, die Fensterscheiben eingeworfen und eingeschossen, umringt von SA-Männern, sie feixten über den humpelnden Herrn Polak, er war verwundet worden in Verdun. Frau Polak war bleich vor Schreck, sie würde sich nie wieder von dieser Nacht erholen.

»Wird's bald!«

Sie trieben uns durch die Straßen. Wir wurden immer mehr in diesem Zug. Alte, Männer, Frauen, Kinder, die sich an die Kleider ihrer Mütter klammerten, Babys, die in den Armen ihrer Mütter schrien. An den Fenstern standen Nachbarn hinter den Gardinen und sahen stumm zu. Auf der Straße standen auch Nachbarn, die Beschimpfungen schrien und spuckten und nach uns traten.

»Juda verrecke!«

Sie trieben uns aus allen Richtungen durch die Straßen. Vier SA-Leute schlugen mit Beilen auch die Tür der Jüdischen Schule auf der anderen Seite der Stadt ein, in deren Dienstwohnung nun unser neuer Lehrer Seligmann Hirschberg mit seiner Familie wohnte. Lehrer Spier war mit seinen Mädchen im April 1938 nach Hildesheim gezogen, weil er keine feste Stelle in Leer bekommen konnte. Seligmann Hirschbergs Sohn Michael war damals zwölf Jahre alt, nur ein wenig jünger als ich, er verkroch sich zu seinem Vater ins Bett, als er die Nazis in den Schulräumen unten wüten hörte, doch da stürmten sie schon das Schlafzimmer, schlugen Vater und Mutter blau und zertrümmerten alle Möbel in der Wohnung.

»Wir stecken jetzt das Haus hier an. Zieht euch an und raus!«, schrie einer.

»Du hast keine Zeit zum Anziehen, lauf so raus!«, befahl ein anderer.

Sie führten Familie Hirschberg an der Synagoge vorbei. Sie brannte lichterloh. Ein SA-Mann schrie: »Jetzt werden wir euch ins Feuer werfen!«

Michael Hirschberg erinnerte sich noch Jahrzehnte später an diesen Moment. Wie er anfing zu weinen, wie sehr es ihm wehtat, dieses prächtige Gebäude brennen zu sehen, wie sein Vater immer kleiner wurde, furchtbar eingeschüchtert stand er da und angsterstarrt. Wie mutig seine Mutter war, die ihn ansah und sagte: »Junge, warum weinst du? Unseren Glauben kann man nicht verbrennen. Sei ein stolzer Jude und weine nicht. Der liebe Gott wird uns nicht verlassen.«

Wir, die wir auf der anderen Seite der Stadt zusammengetrieben wurden wie mittwochs die Tiere auf dem Viehmarkt, bekamen nicht mit, dass die Synagoge brannte. Wir hätten vor dieser Nacht wohl auch nicht geglaubt, dass die Nazis dazu fähig wären. Aber diese Nacht änderte alles, und noch heute kann ich diese tiefe Angst fühlen, die sich von nun an in mein Leben schlich. Und die Schmerzen meiner Verzweiflung. Ich war dreizehn Jahre alt und konnte es einfach nicht verstehen. Wir waren doch deutsche Bürger wie unsere Nachbarn, wir sprachen Plattdeutsch wie sie, wir waren in denselben Vereinen gewesen wie sie. Wir hatten doch nichts Schlimmes getan, warum hassten sie uns nur so?

Gut fünfzig Jahre nach dieser Nacht erfuhr ich von Ruth, der Tochter des Gemeindedieners Joseph Wolffs, was in der Synagoge geschehen war in jenen Stunden. Bürgermeister Drescher persönlich hatte die Aktion organisiert, erst ließ er die Möbel der Familie aus ihrer Wohnung im Synagogengebäude rauben, dann wies er SA an, die Synagoge weiträumig abzusperren. Joseph Wolffs und seine Familie wurden in Nachthemden aus der Wohnung getrieben, er sagte später, dass er gesehen hätte, wie der Bürgermeister selbst mit einer Fackel die Vorhänge vorm Toraschrein in Brand gesetzt hätte, sie hätten sofort gleißend aufgelodert. Er hätte auch einen Handwagen voller Benzinbehälter gesehen. Die Feuerwehr wurde erst spät gerufen, bald loderten die Flammen aus der Kuppel. Als der Brandmeister löschen wollte, hielt ihn der Bürgermeister zurück: »Hier wird nicht gelöscht! Das Ding muss weg!«

Sie trieben uns auf das Viehmarktgelände, die Familie Aron aus der Rathausstraße, die Cohens aus der Kleinen Roßbergstraße, die Driels aus dem Hoheellernweg, die Feilmans, Franks und all die anderen – wir taumelten zitternd vor Angst und Kälte, sie schlugen auf dem Weg Schaufensterscheiben einiger jüdischer Geschäfte ein, auch die der Manufakturwarenhandlung des alten Louis Aron, der noch vergebens versucht hatte, sich im Hühnerstall vor dem Mob zu verstecken. Auf dem Viehmarkt stand ein Schlachthaus, in dem Tiere notgeschlachtet wurden, die sich auf dem Viehmarkt verletzten. Uns Kinder und die Frauen führten sie hinein. Meinen Vater verlor ich wahrscheinlich in diesem Moment aus den Augen, sie schubsten ihn mit den anderen Männern in den Schweinestall.

Kalt und feucht war es im Schlachthaus. Wir sahen all das Schlachterwerkzeug, die Hackebeile, Sägen, Äxte, Messer, ein Bild wie aus dem Vorhof der Hölle, es stank, und keiner wagte es zu fragen, was sie hier mit uns vorhatten oder drüben mit den Männern im Schweinestall. Der Schock lähmte unsere Gedanken, denn nichts schien mehr so wie es war, wir sahen den Hass in den Gesichtern der SA-Männer, die uns behandelten wie Vieh, und es schien uns plötzlich alles möglich, es schienen keine Regeln, keine Gesetze, keine Rechte mehr zu gelten, wir waren ihnen ausgeliefert, mitten in der Nacht, verstört, schutzlos, hoffnungslos. Ich klammerte mich an meine Mutter, sie blickte nur noch starr nach vorn, daran erinnere ich mich noch. Doch den Großteil meiner Erinnerung hat diese tiefe, meinen ganzen Körper ausfüllende Angst gelöscht und die Leere, die danach kam.

Ich erinnere mich, wie wir auf dem Heu standen, mit der Zeit die Kälte in unsere Körper kroch; ich erinnere mich an die Schreie der Babys und Kinder; ich erinnere mich, wie eine Frau, ob es nach Stunden oder Minuten war, das kann ich nicht sagen, sie hieß Landsberg, glaube ich, wie diese Frau allen Mut aufbrachte und fragte, was mit uns jetzt werden solle. »Wir warten auf Stroh, dann verbrennen wir euch lebendig«, sagte ein SA-Mann und die anderen Wächter johlten. Einige Frauen schrien vor Panik, meine Mutter blieb stumm, den Blick weiter starr nach vorn. Frau Landsberg, erfuhr ich später, erlitt einen Herzanfall in diesem Moment, doch ihr Leid heizte die Nazis nur auf.

Am nächsten Vormittag wurde eine Frau mit ihren Kindern zu uns in den Schlachthof getrieben, die Nazis hatten die Familie wohl in der Nacht vergessen, sie war am Tag verängstigt aus ihrer Wohnung geholt worden, nachdem sie hatte zusehen müssen, wie ein SA-Mann mit einer Axt das Schaufenster ihres Fahrradladens zertrümmert hatte. Nun drohten unsere Wächter wieder mit Messern und sangen: »Wenn's Judenblut vom Messer spritzt, dann geht's noch mal so gut.«

Es muss schon mittags gewesen sein, da führten sie uns raus aus dem Schlachthaus. Wir gingen zurück in unsere zertrümmerte Wohnung, ich weiß nicht mehr, ob wir da noch hofften – aber auf meinen Vater trafen wir dort nicht, er wurde noch immer im Schweinestall zurückgehalten. Unser geplündertes Zuhause fühlte sich an wie eine Gruft, solch eine Totenstimmung umgab uns, und Mama machte sich sofort auf den Weg Richtung Emden, voller Angst um Friedel. Ich wartete auf meinen Vater – vergebens. Auch in Emden hatte es Ausschreitungen gegeben, erfuhr meine Mutter dort. Die Nazis hatten die Schaufenster des Herrenbekleidungsgeschäftes der Familie, bei der Friedel als Dienstmädchen arbeitete, eingeworfen. Doch Friedel selbst hatte die Nacht unbeschadet überstanden. Mama bestand darauf, dass Friedel mit ihr zurück nach Leer kam, sie wollte ihre Tochter bei sich haben, bei allem, was jetzt noch kommen könnte.

Mama war nervös seit diesen Tagen, ihr Gesicht blass, sie redete davon, nach Holland auszuwandern, wie Tante Marie, wenn erst mein Vater wieder bei uns war. Von meinem Vater fehlte jede Spur, die Männer seien weggebracht worden, hieß es. Die Nacht hatte Spuren in unseren Köpfen hinterlassen.

Scherben lagen in den Straßen von den eingeschlagenen Fenstern und Schaufenstern, vor einigen Läden hingen Pappschilder, darauf hatten sie mit der Hand geschrieben: »Rache für den feigen Mord in Paris«, oder: »Rache für Ernst vom Rath«. Und vor dem Geschäft des alten Louis Aron lagen in den Scherben all die sonst so sorgfältig drapierten Schaufensterauslagen kreuz und quer auf der Straße, zusammen mit den Dekorationspuppen. Ein SA-Mann klaute ein Hochrad aus dem Laden von Familie de Vries und fuhr damit feixend die Straße auf und ab, doch die Passanten klatschten nicht, viele Leeraner Bürger waren wohl erschrocken, auch wenn sie uns das nicht mehr sagen wollten. Selbst die letzten freundlichen Nachbarn, sie verstummten uns gegenüber, so als seien die Schrecken der Nacht nicht geschehen. Sie sahen zu, wie wir geschlagen wurden. Sie sagten nichts, als wir beraubt wurden. Es war ein Raub bei Tageslicht. Ein Raub mit Quittungsbeleg gewissermaßen, denn es wurde von der Polizei Buch geführt, über die »bei der Judenaktion beschlagnahmten Gegenstände«. Jahrzehnte später sah ich diese Liste. Die SA-Leute konfiszierten alles, was ihnen auch nur als ein wenig wertvoll erschien, es war den meisten Juden nicht mehr viel geblieben. Bei den Familien meiner Onkel Wilhelm und Philipp Grünberg listeten sie unter anderem auf: 1 Kaffeekanne (Nickel), 1 Radioapparat (Blaupunkt), 2 Armketten (Münzen), 3 Schmuckstücke (wertlos), 1 Sparbuch Nr. 3466 Städt. Spar- und Leihkasse Leer per 31. 12. 1937 über RM 8,82, 1 kleiner Löffel (Silber), 1 Gabel (Silber), 1 Messer (Silber), 1 Zinnbecher, 9 Stück Alpacca-Essgeräte. Aus einem anderen Haus nahmen sie sogar eine Sammelbüchse für die Jüdische Winterhilfe mit, Inhalt: 26 Pfennige.

Die Namen meiner Eltern finden sich nicht in dieser Liste. Sie hatten wohl schon alles von Wert versetzt, um uns Kinder und sich durchzubringen. Noch nicht einmal einen kleinen Silberlöffel oder einen Zinnbecher, auch kein Sparbuch mit ein paar mickrigen Reichsmark Guthaben fanden die SA-Männer in unserer Wohnung. Für Mamas versilberte Halskette interessierten sie sich nicht, vielleicht hielten sie sie für wertlos, vielleicht übersahen sie sie in ihrer Hast.

Jahrzehnte später habe ich den Bericht über die Pogromnacht in der *Ostfriesischen Tageszeitung* gesehen, ganze vier Zeilen war den Redakteuren das Ereignis wert gewesen, »in der Nacht hat sich der Volkszorn Luft gemacht«, danach sei es aber recht schnell wieder »ruhig und still auf den Straßen« gewesen. Ein lächerlicher Propagandaversuch. Joseph Goebbels persönlich hatte den größten Judenpogrom aller Zeiten geplant, hatte das tödliche Attentat auf den deutschen Diplomaten Ernst vom Rath durch den polnischen Juden Herschel Grynszpan propagandistisch ausgeschlachtet und Vergeltung angedroht. Auch wir haben damals bemerkt, dass sich hier kein »Volkszorn« Luft gemacht hatte, sondern dass die Nazis bei dieser Terrornacht die Strippen zogen.

Sie gaben sich ja auch keine Mühe, das zu vertuschen.

Vor der rauchenden Synagoge versammelten sich die SA-Männer wie vor einer Trophäe. Einige trugen Zylinder und Gebetsschals, die sie drinnen gefunden hatten, andere hatten die Hände voller Wertsachen und verschwanden damit. Von der stolzen Synagoge war nur noch eine Ruine übrig. Die Tora, aus der ich vor wenigen Monaten bei meiner Bar-Mizwa das erste Mal vorlesen durfte, sie war Asche. Nur die Wohnung der Wolffs und die Kellerräume waren vom Feuer verschont worden. Als sich der Rauch verzogen hatte, stiegen einige Kinder hinab in das dunkle Backsteingewölbe, nur spärliches Tageslicht drang durch die winzigen Fenster, und ein Schauer durchfuhr die Kinder, als sie auf der Nordseite ein Depot mit neu angefertigten Särgen fanden.

Wir saßen die meiste Zeit in unserer engen Wohnung und warteten, Mama wachte darüber, dass wir sie nur verließen, wenn es nötig war. Sie hatte schreckliche Angst um uns. Angst vor den Nachbarn, ihrem Hass, ihrer Gleichgültigkeit. Sie hatte schreckliche Angst, uns auch noch zu verlieren.

Wir warteten Tage. Wir warteten Wochen.

Unser Vater blieb fort.

10

Friedel lächelte. Erst mit ihren dunklen Augen, das beobachteten sie an einem Tag, gut einen Monat nach ihrer Ankunft im Seniorenheim in Leer, dann auch mit ihren Mundwinkeln, das bemerkten sie eine Woche später. Albrecht und Gerda waren erleichtert, sie so zu sehen, sie war so angespannt und weltabgewandt gewesen seit ihrer Ankunft. Es gab noch diese Momente der Panik in ihr, in denen sie »Al« rief, wenn Albrecht kurz aus ihrem Doppelzimmer gegangen war oder wenn sie nachts aus einem Albtraum erwachte. Doch diese Momente der Angst waren kurz, viel kürzer als die Momente der Zufriedenheit. Friedel fehlte noch immer die Kraft, ihre Gefühle in Worten auszudrücken, noch immer lag sie die meiste Zeit in ihrem Pflegebett, aber ihre Freude spiegelte sich eben in ihren Augen und ihren Mundwinkeln. Ihre Augen strahlten, wenn Albrecht sie mithilfe einer Schwester in den Pflegerollstuhl hievte und sie bei schönem Frühlingswetter für eine Runde durch den kleinen Park des Heimes schob. Ihre Mundwinkel strahlten gemeinsam mit ihren Augen, als Gerda einmal an einem Nachmittag bei ihnen im Zimmer vorbeikam und sagte: »Ich habe jetzt frei, wenn ihr mögt, nehme ich euch mit und zeige euch mein Haus und meinen Garten!«

Sie hievten Friedel in Gerdas roten Peugeot, Albrecht hielt

seine Schwester an den Füßen, Gerda hob sie unter den Schultern, Friedel machte das Gerüttel an ihrem Körper nichts aus, so sehr schien sie sich auf diesen Ausflug zu freuen.

Im Pflegerollstuhl schob Gerda Friedel durch den großen Garten ihres Bauernhauses, zeigte den Karpfenteich, die Linde, die Gemüsebeete und die Blumen. Abends servierte Gerdas Mann Bratkartoffeln mit Spiegelei, die hatten Albrecht und Friedel sich gewünscht.

Als Gerda die Geschwister wieder zurück in ihr Zimmer im Seniorenheim brachte, strahlten Friedels Augen immer noch. Sie streichelte Gerda mit der Hand über den Arm.

Zu den anderen Bewohnern des Seniorenheimes hatten sie kaum Kontakt. Einmal unterhielt sich Albrecht mit einem Mann, er war in Leer geboren und so alt wie er. Der Mann erzählte ihm, er habe damals eine Jüdin gekannt, die einen Christen geheiratet hatte, Albrecht kam ihr Name bekannt vor. Der Mann erzählte lange davon, wie er Soldat geworden war und an der Ostfront gekämpft hatte. Albrecht fragte nicht, ob er dort gesehen hätte, wie die Juden in den Ghettos abgeschlachtet wurden, wie sie in den Tod gejagt wurden oder in Waggons gepfercht und in die Todesfabriken gefahren. Albrecht fragte auch nicht, ob der Mann mitgemacht hatte, im Osten oder in den Straßen von Leer.

»*Just ignore him*«, dachte Albrecht sich, das ändert an der Sache auch nichts mehr. Ich habe keine Kraft mehr, dagegen anzukämpfen.

Bei seinem ersten Besuch in Leer in den achtziger Jahren hatte einmal eine alte Frau neben ihm am Tisch gesessen, sie kannten sich nicht, und es hatte nur wenige Worte zwischen ihnen gebraucht, da sagte sie: »Wir hatten unter Hitler die beste Zeit unseres Lebens.«

Albrecht hatte erwidert: »Ich hatte die schlimmste Zeit meines Lebens.«

Nein, solche Erlebnisse brauchte Albrecht nicht mehr. So blieben die Weinberg-Geschwister für sich, es gab keine gegenseitigen Besuche auf den Zimmern, keinen Klönschnack bei Tee und Keksen über die gute alte Zeit, die ihre Mitbewohner hier so gerne verklärten, eine Zeit, die Albrecht und Friedel nie erleben durften. Albrecht war bewusst, dass es nicht unwahrscheinlich war, dass er im Seniorenwohnheim unter einem Dach mit Tätern von damals lebte. Vielleicht lebte hier sogar ein SA-Mann, ein Hitlerjunge oder Gaffer, der sie damals durch die Straßen getrieben oder beschimpft hatte in der »Reichskristallnacht«, wie sie so verharmlosend genannt wurde, so als sei nur ein bisschen Glas zu Bruch gegangen. Dabei hatte er gelesen, dass mehr als 1300 Menschen in jener Nacht und in den Tagen und Wochen darauf umkamen, sie starben durch den Schock an einem Herzinfarkt, sie nahmen sich das Leben oder wurden in den Lagern zu Tode gequält, in die sie verschleppt worden waren.

Die Täter der Pogromnacht waren größtenteils straffrei davongekommen, die Justiz der Bundesrepublik war äußerst verständig mit ihnen gewesen, in Ostfriesland und anderswo. Im Jahr 1950, zwölf Jahre nach den Ereignissen, wurde einigen von ihnen im Rathaussaal von Leer der Prozess gemacht. Neunzehn ehemalige SA-Männer waren wegen Brandstiftung und gewalttätiger Ausschreitungen gegen jüdische Einwohner angeklagt. Das Urteil lautete für sechzehn SA-Männer auf Freispruch, und selbst die drei, die zu den geringen Freiheitsstrafen von neun und acht Monaten verurteilt wurden, bekamen Bewährung, sodass kein Täter ins Gefängnis musste.

Ein Jahr später stand der ehemalige Bürgermeister Erich Drescher vor Gericht, nun konnte der Ablauf der Pogrome in

Leer in der Nacht vom 9. November 1938 endlich herausgearbeitet werden. Drescher hatte gegen zwei Uhr nachts einen Anruf von der Gauleitung erhalten und war über den Befehl informiert, der an örtliche SA-Stürme im ganzen Reich gegangen war: »Sämtliche jüdische Geschäfte sind sofort von SA-Männern in Uniform zu zerstören. Die Verwaltungsführer der SA stellen sämtliche Wertgegenstände einschließlich Geld sicher. Jüdische Synagogen sind sofort in Brand zu stecken, jüdische Symbole sind sicherzustellen.« Sofort ließ er sich zum Rathaus fahren und gab sich nicht nur damit zufrieden, mit den SA-Führern die Aktion zu koordinieren. Er stellte sich kurz darauf sogar vor die versammelten SA-Männer und heizte sie an: »Wir wollen den Wolf in seiner Schlucht ausräuchern!« Seine hasserfüllte Drohung zielte auf den Synagogendiener Wolffs, und mit den SA-Männern machte er sich persönlich sofort auf den Weg zur Synagoge. Es konnte im Prozess nicht geklärt werden, ob Drescher wirklich, wie Wolffs es damals gesehen haben will, die Synagoge angezündet hat, oder ob es nicht doch ein SA-Scherge war. Fest steht aber, dass Drescher gegen drei Uhr morgens den SA-Männern den Befehl gab, die Juden aus ihren Wohnungen zu holen, kurz darauf weckte sein Anruf den Verwalter des Viehhofs, dem er den Auftrag gab, die Juden dort unterzubringen.

Der Richter kam 1951 zu dem Schluss, dass Drescher in der Pogromnacht »vom Willen getragen war, sich in das Geschehen einzuschalten« und das auch an vorderster Stelle getan hatte. Das bestätigte auch Karl Polak, der als Zeuge auftrat, er war der Sohn der Vermieter der Weinbergs in Leer und hatte bei ihnen im Haus gewohnt. Polak gab zu Protokoll, er habe Drescher gesehen, als er und die anderen jüdischen Männer am 11. November 1938 vom Schweinestall auf dem Viehhof in Lastwagen getrieben worden seien. Er sagte: »Leer war in Ostfriesland bekannt als die Hochburg der Nazis. Ich kann mir nicht vorstellen, dass das Oberhaupt der Stadt anders gewesen wäre.« Die Mitglieder der jüdischen Gemeinde in Leer seien von den Behörden besonders schlimm schikaniert worden.

Der Richter verurteilte Drescher dann auch, wegen schwerer Brandstiftung in Tateinheit mit Zerstörung eines Bauwerkes, schwerer Freiheitsberaubung und schweren Landfriedensbruches. Straftaten, die eine mehrjährige Haftstrafe nach sich ziehen können. Der Richter verhängte aber nur ein Jahr und neun Monate. Die Strafe wurde zudem mit Dreschers Untersuchungshaft aufgerechnet und auch mit seiner Internierungshaft, mit der direkt nach der Befreiung hohe nationalsozialistische Funktionsträger durch die britische Besatzungsmacht bestraft worden waren.

Drescher ging als freier Mann aus dem Gerichtssaal.

Wut stieg in Albrecht und Friedel auf, als sie zum ersten Mal von diesem Urteil hörten. Es war diese zynische Art von Vergangenheitsverdrängung, die bei ihnen die Zweifel wachsen ließen, ob sich wirklich grundlegend etwas geändert hatte in Deutschland für Juden wie sie. Deshalb hatten sie 1985 auch so lange gezögert, die Einladung nach Leer anzunehmen, und nur langsam war damals die Anspannung in ihnen gewichen, als sie durch die Straßen ihrer Jugend liefen. Nach Rhauderfehn fuhren sie nicht, das verlorene Haus ihrer Eltern, sie wollten es lieber nicht sehen.

Im Juni 1985 aber waren sie mit einer jüdischen Besuchergruppe wieder dort, wo einmal die Synagoge stand, 47 Jahre, nachdem Albrecht seine Bar-Mizwa gefeiert hatte, die letzte Bar-Mizwa der Stadt. Der Bürgermeister Günther Boekhoff, ein Sozialdemokrat, fand mahnende Worte: »An dieser Stelle befand sich die Synagoge der Leeraner Juden. Es ist nur diese

Mahnstätte geblieben. In blindem Hass wurde Heiligtum einer Religion durch Verbrennung und Abriss vernichtet und unsere Leeraner Mitbürger verfolgt, gefoltert und zu Tode gequält. Wären der Widerstand, die Erkenntnis und der Mut der Deutschen gegen das verbrecherische Regime stärker gewesen, so hätten wir heute die 100-Jahr-Feier der Synagoge begehen können. Das haben menschliche Kräfte verhindert. So bleibt uns nur die Erinnerung. Und wenn auch manch einer heute sagt, man solle doch aufhören mit den alten Geschichten, so werden uns das das Ausland und die heutige Jugend nicht abnehmen und dennoch fragen, nicht nur, wie es gewesen ist, sondern auch, warum es so kommen konnte.«

Die Frage nach dem Warum, auf sie fand Albrecht auch später, auch nun, nach seiner Rückkehr in die alte Heimat im Jahr 2012, keine Antworten, die ihm genügten. Aber sie trieb ihn um, fast jeden Tag. »Deutschland«, wiederholte er immer wieder ungläubig, wenn er darüber sprach, mit Friedel, Gerda oder Schülerinnen und Schülern, »Deutschland war doch vor den Nazis keine *Banana Republic* gewesen, sondern ein hochzivilisiertes Land, mit Gesetzen, Bürgerrechten, mit Opern, Theatern, Universitäten.« Wie hatten all die zufälligen Umstände, eine skrupellose Person und die vorsätzliche Blindheit so vieler dieses Land und die Welt in einen unvorstellbaren Albtraum führen können?

Darauf schüttelte Albrecht immer den Kopf. »Warum nur, wollt ihr das wissen? Das versteht heute doch keiner mehr.«

Im Schrank in ihrem Zimmer im Seniorenheim bewahrten Friedel und Albrecht einen Gegenstand auf, den ihre Mutter vor Drescher und seinen Plünderern in jener Nacht im November 1938 hatte verbergen können. Ihre Halskette. Sie hatte sie 1920 zur Hochzeit geschenkt bekommen, ein schlichtes Schmuckstück, es imponierte nicht durch einen hohen Karatwert, auch kein Diamant, kein Edelstein schmückte die Kette.

Es war ihre Geschichte, die sie wertvoll machte.

Dazu die Tatsache, dass sie nicht in die Hände der SA-Männer gefallen war – es hätte sich damals für die Weinbergs so anfühlen können wie ein kleiner Triumph, wenn nur der Vater nach dieser schrecklichen Nacht bei ihnen geblieben wäre.

11

Papa fehlte. Ich weiß nicht, wie meine Mutter diese Tage und Wochen nach der »Reichskristallnacht« durchgestanden hat. Seit dieser Nacht wusste sie, dass nun nicht mehr nur unsere Position in der Gesellschaft in Gefahr war, sondern auch unser Leben. Sie hatte die Gewalt der SA-Männer gesehen, sie musste das Schlimmste fürchten für unseren Vater und sie fürchtete um uns Kinder, sie konnte sich nachts nicht mehr sicher sein in unserer Wohnung, jederzeit musste sie sich sorgen, dass wieder SA-Männer losgelassen werden würden.

Zur Schule gingen Friedel und ich nicht mehr. Auch nicht zu den Gottesdiensten, die einige versprengte Gemeindemitglieder im Klassenraum der Jüdischen Schule abhielten. Friedel und ich hatten so große Angst, dass wir bei jeder Kleinigkeit zitterten.

Keine Nachricht von unserem Vater, keine Auskunft der Polizei. Stattdessen waberten Gerüchte unter den jüdischen Frauen und Familien in Leer, denen man die Männer genommen hatte. In ein Konzentrationslager seien sie abtransportiert worden, hieß es, doch was das bedeutete und wann wir sie wiedersehen würden, konnten wir uns nicht ausmalen. Auch unser Onkel Bernhard aus Weener war verschwunden, man hatte ihn auf einen Lastwagen getrieben und nach Leer zum Schlachthof gefahren.

Bürgermeister und Gauleitung drängten die Frauen, alle Spuren des Pogroms so schnell wie möglich zu beseitigen, denn auch in Leer stand wie überall im Reich der Großteil der Bürger nicht hinter der Gewalt und den Plünderungen, die sollten deshalb keine Spuren im Stadtbild hinterlassen. Die jüdischen Frauen mussten die Straßen von Glasscherben reinigen, die Fenster mit Brettern vernageln und so schnell wie möglich ersetzen, besonders Familie Aron hatte damit viel Arbeit, in ihrem Geschäft hatte die SA hemmungslos gewütet. Hermann Göring hatte schon am 12. November 1938 eine Verordnung unterzeichnet, in der es hieß: »Alle Schäden, welche durch die Empörung des Volkes über die Hetze des internationalen Judentums gegen das nationalsozialistische Deutschland am 8., 9. und 10. November an jüdischen Gewerbebetrieben und Wohnungen entstanden sind, sind von dem jüdischen Inhaber oder jüdischen Gewerbetreibenden sofort zu beseitigen.«

Die Opfer zahlten für die Schäden der Täter. Auf Rechnung der Synagogengemeinde gab der Regierungspräsident schon wenige Tage nach der Pogromnacht den Abbruch der Synagoge in Auftrag, 7500 Mark veranschlagte man dafür, und weil die Gemeinde das Geld nicht hatte, zwang sie Bürgermeister Drescher, das Synagogengrundstück und die Jüdische Schule ein Jahr später weit unter Wert an die Stadt zu verkaufen.

Jahrelang hatten die Nazis schon versucht, uns in die Armut zu treiben, sie hatten meinen Vater aus dem Viehhandel gedrängt und ihm jegliche Arbeitsgrundlage genommen, nun hatten sie erreicht, was sie wollten und den meisten jüdischen Familien auch ihre letzten Rücklagen geraubt. Das alles habe ich damals nicht gewusst, ich war auch zu jung, um zu verstehen. Aber ich sah und fühlte, wie verzweifelt meine Mutter war in dieser Zeit.

Nach der Pogromnacht brachen alle Dämme. Die Nazis drehten den Schraubstock, in den sie uns Juden gepresst hatten, in den folgenden Wochen immer schneller, immer enger. »Die feindliche Haltung des Judentums gegenüber dem deutschen Volk und Reich, die auch vor feigen Mordtaten nicht zurückschreckt, erfordert entschiedene Abwehr und harte Sühne«, geiferte Göring in einer weiteren Verordnung, die Juden sollten als »Buße« eine Milliarde Reichsmark zahlen. Meine Tanten in Leer und Weener wurden zum Notar zitiert, wo sie Verkaufsurkunden für ihre Häuser unterzeichnen mussten, auch wenn sie darauf hinwiesen, nicht im Namen ihrer Männer handeln zu können. Geld erhielten sie bei dieser »Zwangsarisierung« nicht für ihre Häuser, die Verkaufssumme wurde direkt auf Sonderkonten für die sogenannte Wiedergutmachungszahlung gebucht.

Ende November durften wir Juden nur noch zu bestimmten Stunden bestimmte Straßen und Plätze betreten und den Julianenpark gar nicht mehr, Strafe bei Zuwiderhandlung: 150 Reichsmark oder bis zu sechs Wochen Haft.

Für meine Mutter wurde es immer schwerer, uns Kinder durchzubringen. Zehn Reichsmark hatte ihr die Stadt am 15. November zur Unterstützung ausgezahlt, Geld, dass von den beschlagnahmten Summen abgezweigt wurde, die den jüdischen Bürgern geraubt worden waren. Doch mit dem Geld konnte sie nicht viel kaufen, und die meisten Händler ließen sie auch erst gar nicht in ihre Geschäfte. Weigerten sich, Juden auch nur Brot zu verkaufen. Die Lage für die Frauen und Kinder in Leer war so schlimm, dass selbst der Regierungspräsident in Aurich anordnete, die Schilder zu entfernen und sicherzustellen, dass jüdischen Menschen der Einkauf von Lebensmitteln und die Befriedigung sonstiger Grundbedürfnisse ermöglicht werde. Das sei notwendig, weil es seit einiger Zeit keine jüdischen Geschäfte mehr für ihre Versorgung gäbe.

Die ersten Männer kamen Ende Dezember zurück, es waren die Alten, die sie zuerst gehen ließen. Sie erzählten nicht, was ihnen widerfahren war, das war auch nicht nötig, ein Blick in ihre Gesichter, in ihre Augen reichte.

Viele Juden in Leer und anderswo versuchten nun, das Deutsche Reich so schnell wie möglich zu verlassen, doch die Einreisebestimmungen blieben überall streng und die Wartelisten lang. Einige Länder aber hatten sich nun bereit erklärt, jüdische Kinder aufzunehmen, vor allem Großbritannien, aber auch die Niederlande, Belgien, Frankreich, die Schweiz und Schweden. Seligmann Hirschberg, mein letzter Lehrer an der Jüdischen Schule, schickte seinen siebzehnjährigen Sohn Walter nach London. Auch die verwitwete Johanne Pels schickte ihre Kinder nach England, Louis war sieben Jahre alt und Astrid gerade einmal fünf, ich kann nur erahnen, wie schlimm es für Frau Pels gewesen sein muss, ihre Kinder in die Fremde zu schicken, ohne zu wissen, ob sie einander jemals wiedersehen würden.

Nur noch wenige Leeraner Juden schafften die Flucht nach Holland. Die niederländische Regierung hatte bereits im Januar 1938 angeordnet, dass prinzipiell kein einziger Flüchtling mehr ins Land gelassen werden durfte. Jeder Geflüchtete galt von nun an als unerwünschter Ausländer, sofern es keinen Beweis dafür gab, dass er in Lebensgefahr war. Im Mai schloss die Regierung die Grenzen für deutsche Flüchtlinge komplett. Nach dem Novemberpogrom erlaubte sie gerade einmal die Einreise von siebentausend Menschen.

Friedel und ich wissen nicht, ob meine Mutter darüber

nachdachte, uns auf die Wartelisten für die Kindertransporte zu setzen, wir können uns nicht daran erinnern, ob sie mit uns darüber gesprochen hat. Friedel glaubte später, dass unsere Mutter noch immer versuchte, die Familie zusammenzuhalten, sie hoffte vielleicht darauf, gemeinsam mit uns nach Holland zu gehen, wahrscheinlich aber war sie verzweifelt, weil wir keine Ersparnisse hatten, um im Ausland zu leben. Gedanken an Flucht müssen sie geplagt haben in den Tagen und Nächten, in denen sie darauf wartete, dass mein Vater wiederkam.

Der Mann, der im Februar unsere Wohnung betrat, war kaum wiederzuerkennen. Mein Vater hatte immer so viel Wert auf sein akkurates Äußeres gelegt, jetzt stand er im Flur, sein heller Mantel zerknittert und zerzaust. Kahlrasiert war sein Kopf, bleich sein Gesicht, die Wangen eingefallen. Ein Fingernagel fehlte ihm, den hatte man ihm mit der Kneifzange rausgezogen, als der sich entzündet hatte, erzählte er. Den Mantel hätten sie ihm ruiniert, als sie ihn in eine Trommel zur Entlausung gesteckt hätten.

Danach sagte er nicht mehr viel.

Wir Kinder konnten nur manchmal Gesprächsfetzen aufschnappen, wenn er mit unserer Mutter redete, wir hörten von engen Baracken, von Schikanen und Schlägen der SS-Wachmänner, doch er blieb vage in seinen Erzählungen, auch wenn er redete, schien er kaum etwas zu sagen.

Ich sollte erst Jahrzehnte später erfahren, was ihm und den anderen Männern widerfahren war. Und zwar von Karl Polak, dem Sohn unseres damaligen Vermieters. Karl war damals zweiundzwanzig Jahre alt, neun Jahre älter als ich, als er mit seinen Eltern und uns zusammen die Bremer Straße hinunter Richtung Viehmarkt getrieben wurde. Karl Polak berichtete von den Viehwaggons, in die die Männer mit Schlägen getrieben wurden, wie Tiere, in Oldenburg wurden immer neue Waggons an den Zug gekoppelt, die Wachen brüllten. Er erinnerte sich an die stundenlange Fahrt dieses endlosen Zuges Richtung Osten, Flucht war unmöglich, die Wachen waren bewaffnet. Irgendwo bei Berlin: Brutal wurden die Türen aufgerissen, SS-Leute rannten auf sie zu, sie hatten Reitpeitschen und Hunde bei sich. Einige brüllten: »Kommt raus, ihr dreckigen Judenschweine, los, lauft! Beeilung!« Die Älteren stolperten beim Sprung aus dem Waggon, SS-Leute schlugen auf sie ein, hetzten ihre Hunde auf sie, befahlen: »Zubeißen!« Ein alter Mann fiel tot um. Die anderen liefen, immer von den SS-Leuten getrieben, in ein Barackenlager, das von einem elektrisch geladenen Stacheldrahtzaun umfasst war; das Konzentrationslager Sachsenhausen. Über dem Eingangstor die Worte: »Arbeit macht frei!« Dort mussten sie auf einem großen Platz in Fünferreihen antreten, zwanzig Stunden lang. Männer brachen zusammen und blieben leblos am Boden liegen. Die SS-Männer fragten jeden Einzelnen nach seinem Beruf.

»Bist du Rabbiner?«, brüllte ein SS-Mann.

»Nein, ich bin Lehrer«, antwortete der Angesprochene.

»Ein stinkiger Jude bist du!«, brüllte der SS-Mann zurück. Dann schlug er zu und zwang den Mann, mit lauter Stimme mehrmals zu wiederholen: »Ich bin ein stinkiger Jude.« Ein alter Mann fiel in Ohnmacht. Ein SS-Mann versetzte ihm einige Stiefeltritte und sagte: »Steh' auf, du bist hier nicht im Sanatorium!« Nach einer Stunde wurde der Alte auf einer Bahre fortgetragen.

Ihnen wurden die Haare geschoren, die persönlichen Sachen abgenommen. Dann erhielten sie Gefangenenkleider mit einer aufgenähten Zahl. Morgens wurden – nach endlosen Zählappellen – die Arbeitsfähigen an den Arbeitsplatz gebracht. Karl Polak musste in einer Hafenanlage Kähne entladen, die mit Steinen, Zementsäcken und Ziegelsteinen beladen waren. Wer sich ungeschickt anstellte oder zu schwach war, wurde von der

SS-Wache in den Kanal geworfen und musste anschließend den ganzen Tag in der Kälte in den nassen Kleidern arbeiten. Viele wurden dabei schwer krank und starben. Auch innerhalb des Lagers gab es Werkstätten, in denen Häftlinge eingesetzt wurden, und auch hier schikanierten die SS-Männer die jüdischen Männer, Karl Polaks Vater erlitt Erfrierungen an Händen und Füßen.

»Wer das Lager verließ, musste sich bei der politischen Abteilung durch Unterschrift verpflichten, nichts von dem zu enthüllen, was er gesehen, gehört oder erlitten hatte. Mir persönlich wurde bei der Entlassung bedeutet, dass ein Bruch dieses Verbots eine mehrjährige Haftstrafe zur Folge haben würde. Man kann sich vorstellen, mit welcher Vorsicht wir uns bewegen mussten, als wir wieder zu Hause waren«, erinnerte sich Karl Polak.

Jetzt wusste ich es. Mein Vater sprach damals nicht, weil er Todesangst hatte. Sondern weil so viel in ihm zerbrochen war in Sachsenhausen, dass er keine Worte mehr fand. Er hatte alles verloren. Sein Vertrauen in sein Vaterland. Die Hoffnung, dass es wieder besser für uns werden würde. Den Glauben daran, dass er als Bürger und Frontkämpfer des Ersten Weltkriegs noch Rechte habe in diesem Land.

Aber er hatte noch meine Mutter, Friedel und mich. Er musste uns durchbringen, von Tag zu Tag. Ich erinnere mich, wie er Schnee schippte in den Straßen von Leer, er hatte keine andere Wahl, alle arbeitslosen Juden hatten sich zur Zwangsarbeit melden müssen, ihnen wurden die anstrengendsten Arbeiten aufgetragen. Dafür bekam er ein wenig Geld von der Wohlfahrt, es reichte kaum, um Essen für uns zu kaufen.

Wir waren eingesperrt im eigenen Land. Juden durften keine Geschäfte mehr betreiben, ihnen wurden die Ersparnisse geraubt. Es war paradox, denn gleichzeitig sollten wir doch am besten das Land verlassen. Aber wie hätten wir das jetzt noch anstellen sollen, völlig mittellos? Leer hatte noch sechs Jahre zuvor gut dreihundert jüdische Einwohnerinnen und Einwohner gezählt. Weniger als die Hälfte waren von ihnen übrig. Zurück blieb ein gebrochener Rest.

Ich werde nie erfahren können, was mein Vater und meine Mutter empfanden in diesen Wochen. Ob sie nach Wegen suchten, Dieter, Friedel und mich in Sicherheit zu bringen, ob sie vielleicht sogar mit dem Gedanken spielten, sich mit uns illegal über die Grenze nach Holland zu machen. Ich kann mir vorstellen, dass mein Vater über seine Kontakte aus dem nun aufgelösten Reichsbund jüdischer Frontsoldaten versucht hat, uns Kinder aus Leer herauszubringen, bestimmt aber hat er sich an die »Reichsvertretung der Deutschen Juden« gewandt.

Ich erinnere mich nicht daran, wie Friedel und ich nach Breslau kamen. Ich weiß nur noch, wie wir vom Bahnhof abgeholt und zu dem Gutshof gebracht wurden, er sah für uns aus wie ein Schloss. Ich erinnere mich nicht daran, wie wir uns von unseren Eltern in Leer verabschiedeten. Ob sie am Bahngleis standen, ob meine Mutter weinte, ob mein Vater uns über die Köpfe strich, bevor wir in den Zug stiegen, ob Friedel große Angst oder Hoffnung hatte, ob sie mich tröstete oder ich sie.

Ich habe nur ein Stück Papier, es stammt vom Internationalen Suchdienst in Bad Arolsen, den *Arolsen Archives,* der mir in den fünfziger Jahren schrieb. Darauf steht, dass wir im Mai 1939 »verhaftet« und in das Zentrale Arbeitslager Groß Breesen »eingeliefert« worden seien. Dabei waren wir nicht »verhaftet« worden, denn Groß Breesen war zu diesem Zeitpunkt noch kein Arbeitslager – und ich bin mir sicher, dass wir schon im April dort ankamen.

12

Friedel und ich wurden also durch einen wunderschönen Park zu dem Gutshof geführt, der uns wie ein Schloss vorkam – und so nannten wir ihn auch. Friedel kam in den Mädchentrakt, ich in eines der neun Gruppenzimmer des Jungentrakts, das Zimmer der »Babys«, wie die anderen Jungs es nannten, weil hier die jüngsten Lehrlinge untergebracht waren.

»Wie heißt du?«, wurde ich von einem gefragt, nachdem man mir ein Platz in einem Hochbett zugewiesen hatte.

»Albrecht«, sagte ich.

Die Jungs, fast alle älter als ich, sahen mich an: klein, blass und schmächtig, gerade einmal vierzehn Jahre alt. »Du bist ab jetzt Krümel«, entschieden sie.

So bekam ich meinen neuen Namen, und es kam mir so vor, als wäre ich in eine neue Welt eingetreten. Als hätte ich eine rettende Insel im Nazi-Meer erreicht. Friedel und ich lebten plötzlich in diesem hochherrschaftlichen Gutshaus mit allem modernen Komfort, mit elektrischem Licht, Zentralheizung, einem Badezimmer mit Duschen, sogar mit warmem Wasser. Eine eingeschworene Gemeinschaft von gut hundert jüdischen Jugendlichen, und obwohl hier die Arbeit hart war, kam es uns so vor, als würden wir endlich frei leben können, die Welt der Nazis schien plötzlich weit entfernt. Wir waren unter uns, zusammengewürfelt und zusammengeschweißt in eine Gemeinschaft aus Not, und wir waren so froh darüber, dass hier fast alle glücklich waren und die Sehnsucht nach unseren Eltern erträglich wurde.

Friedel und ich lachten wieder. Als zum Beispiel ein Neuankömmling ins Zimmer der »Babys« aufgenommen wurde: »Wie heißt du?«, fragten wir.

»Arthur Wolff«, sagte er, »aber *Abu* genügt«.

»Gut, dann bist du ab jetzt Abu Genügt«, sagten wir und fanden das unglaublich komisch.

Das jüdische Lehrgut in Groß Breesen war 1936 von der »Reichsvertretung der Deutschen Juden« gegründet worden, es lag gut vierzig Kilometer nördlich von Breslau und sollte jüdischen Mädchen und Jungen eine landwirtschaftliche und handwerkliche Ausbildung vermitteln, um sie auf eine Auswanderung in die USA, Südamerika, Kenia, Australien oder auch Palästina vorzubereiten. Denn solch eine Ausbildung konnte die Chancen steigern, eine Einreisegenehmigung zu bekommen, die Bedingungen waren in vielen Ländern trotz unserer Not immer strenger geworden, besonders in den USA.

Es gab viele solcher Ausbildungslager in jenen Jahren. Die meisten wurden von zionistischen Organisationen getragen, in deren Hachschara-Kursen bereiteten sie die jüdischen Jugendlichen auf die Besiedlung Palästinas vor, »Hachschara« bedeutet »Vorbereitung« oder »Tauglichmachung« auf Hebräisch. Groß Breesen war ausdrücklich nicht zionistisch, Religionsunterricht spielte keine Rolle, unter uns waren nicht nur Juden, sondern auch Jugendliche, bei denen nur ein Elternteil jüdisch war, die im Rassenwahn der Nazis als »Halbjuden« galten, viele von ihnen hatten noch nie eine Synagoge von innen gesehen.

Jahrzehnte später habe ich von einer Broschüre erfahren, sie war 1938 von der »Reichsvertretung der Juden in Deutschland« herausgegeben worden: »Vor der Berufswahl. Ein Wegweiser für jüdische Eltern und Kinder«. Man wolle, heißt es darin »einer Generation, die aus dem Gefühl der Sicherheit aufgerüttelt ist und das uralte jüdische Schicksal des Wanderns in einer politisch und wirtschaftlich veränderten Welt mit aller Schärfe spürt, die Fragen, um die es sich bei der Berufswahl heute handelt, mit allem Ernst und aller Deutlichkeit vor Augen führen«. In der Broschüre wurden meist handwerkliche Berufe vorgestellt, und vor allem wurde beschrieben, in welchen Ländern diese Berufe nachgefragt wurden. Die Herausgeber erhofften sich, »das ausländische Verbindungen, besonders auch bereits ausgewanderte Angehörige, vielleicht den Weg zu ihm [dem Beruf] ungeachtet aller Schwierigkeiten ermöglichen«.

Vielleicht hatten meine Eltern diese Broschüre gesehen, vielleicht hatten auch sie gehofft, dass ihre Kinder einen Weg ins sichere Ausland finden würden, wenn sie nur ein Ausbildungslager besucht hätten. In der Broschüre fand sich auch die Israelitische Gartenbauschule in Ahlem bei Hannover, in der Dieter seine Ausbildung zum Gärtner machte.

Auf dem Lehrgut Groß Breesen hatten wir alle großen Respekt und manchmal auch ein wenig Angst vor dem Ausbildungsleiter Curt Bondy. Seine graublauen Augen schienen einen regelrecht zu durchdringen. Er war Professor in Göttingen gewesen, ehe ihn die Nazis wie alle Juden von der Universität gedrängt hatten; ein herausragender Pädagoge und Psychologe, er hatte lange mit Jugendlichen gearbeitet, auch mit jugendlichen Häftlingen als Leiter der Jugendstrafanstalt Hahnöfersand, und neue erzieherische Ansätze erarbeitet. Bondy war ein Mann, der an die Kraft der Pädagogik glaubte, aber auch ein Mann von Autorität und Prinzipien.

Samstagvormittags bestellte er alle, die nicht gerade irgendwo im Kuh- oder Pferdestall Dienst hatten, auf die Veranda des Guts und hielt Referate. »Lebenskunden« nannte er seine Ausführungen, in denen er uns Werte vermitteln wollte, die uns in dieser feindlichen Welt überleben helfen sollten. Er redete mitreißend über Ehrlichkeit, Verantwortungsbewusstsein, Aufrichtigkeit und »Bewusstmachung« des eigenen Benehmens, gerne gab er diesen Lektionen hochtrabende Titel wie »Technik der geistigen Arbeit« oder »Reden und Schweigen«. Unterstützt wurde er von Ernst Cramer, der nicht viel älter war als wir, aber die Gemeinschaft zusammenhielt, auch noch lange nach dem Untergang von Groß Breesen, im Nachkriegsdeutschland wurde er Herausgeber der *Welt* und die rechte Hand von Axel Springer.

Viel verstand ich nicht von Bondys Referaten. In der Jüdischen Schule in Leer hatte ich in dem überfüllten Klassenraum zwischen all den unterschiedlichen Jahrgängen ziemlich wenig gelernt, in der Dorfschule in Westrhauderfehn hatten Rechnen und Schreiben auf dem Stundenplan gestanden, unseren Lehrern war Disziplin wichtiger gewesen als geistige Höhenflüge, dieses freie Reden und Diskutieren überforderte mich. Deshalb saß ich, der kleine »Krümel«, bei solchen Versammlungen am Rand der Gruppe und versuchte nicht aufzufallen; mich schüchterten sie in den ersten Wochen ein, all die hochgebildeten Gymnasiasten, die Töchter und Söhne von Juristen, Ärzten und Professoren.

Meine älteren Kameraden von Groß Breesen aber erzählten noch Jahrzehnte später, wie Curt Bondy in den zwei Jahren ihrer Ausbildungszeit ihr Leben für immer prägte. Stets habe er sie dazu ermuntert, an ihrer eigenen Person zu arbeiten, bewusst und kritisch auf ihr Benehmen und ihre Reaktionen anderen Menschen gegenüber zu achten und sie notfalls zu korrigieren. Erst Jahre später begriff ich, dass Bondy uns auf diese Weise so gut wie möglich eine Grundlage schaffen wollte, mit der wir uns zu charakterfesten und zielbewussten Menschen entwickeln sollten, ganz gleich, wo oder unter welchen Umständen.

Ich erinnere mich vor allem daran, wie wir ihn mit Herzklopfen erwarteten, wenn er sonntagvormittags durch die Gruppenzimmer schritt, »Inspektion« nannte er das. Dann fuhr er auf der Suche nach Staub mit der Hand über die Heizungsrohre und Fensterbänke, setzte seinen eisigen Blick auf und kontrollierte die Fächer unserer Blechspinde. Unterwäsche, Hemden, Taschentücher hatten genau auf Kante gestapelt zu sein, die Strümpfe aufgereiht vor der Unterwäsche zu liegen. Bondy hatte es im Ersten Weltkrieg zum Feldwebel gebracht, den Feldwebel hatte er aus dem Krieg mitgenommen, das bekamen wir zu spüren, wenn er mit der Ordnung in unseren Spinden nicht zufrieden war. Dann fegte er mit wütenden Handgriffen den gesamten Inhalt eines Schrankes auf den Boden, wenn er die Gruppenzimmer verließ, sahen sie immer aus wie das reinste Chaos.

Unser Arbeitstag begann auch militärisch mit einem Appell. Danach gingen wir zu unseren Ausbildungsplätzen, alle vier Wochen verrichteten wir eine andere landwirtschaftliche Arbeit. Ich wurde gleich mit sechs anderen Jungs in den Kuhstall abkommandiert. Unser Ausbilder war ein Tyrann, er war für uns nur der »Schweizer«, so nannte man auf Gutshöfen die Arbeiter in der Molkerei. Doch ich kannte mich gut mit den schwarz-weißen Kühen aus, den Tieren meiner ostfriesischen Heimat. Wir bekamen jeden Tag ein paar Kühe zugeteilt, die wir melken sollten. Ich band mir einen einbeinigen Melkschemel um und versuchte mit ein wenig Stroh und Wasser die Euter vom Dreck zu reinigen. Während ich melkte, hörte ich immer wieder ein Scheppern und dann das Brüllen unseres

Ausbildungsleiters. Wieder einmal hatte sich dann einer meiner Lehrgangsteilnehmer ungeschickt angestellt, die Kuh hatte vor Schmerz mit dem Hinterbein nach dem Melker getreten und dabei den Eimer getroffen und umgeworfen. Manchmal gab es Schläge für meine neuen Freunde, die meisten waren Stadtkinder und völlig überfordert. Ich aber bekam ein Lob, als der »Schweizer« den Schaum auf der Milch sah, die ich gemolken hatte, ich hatte es ja zu Hause von meinem Vater gelernt. Das zahlte sich jetzt aus, denn ich musste nie wieder den Stall ausmisten. Hin und wieder aber fiel auch in meinen Milcheimer beim Melken Kuhscheiße vom Fell der Kuh hinein. Glücklicherweise legten wir ein Tuch auf die Milchkanne, wenn wir die Milch aus dem Eimer eingossen, da blieb der Dreck hängen.

So ging das vier Wochen, dann folgte die nächste Station. Ich, der schmächtige »Krümel«, führte ein Ochsengespann über die Felder, ich erinnere mich noch an den mächtigsten Ochsen, allein schon sein Name wirkte gewaltig auf mich: »Vierkant«. Später schürte ich das Feuer in der Schmiede und schnitzte Stifte für hölzerne Rechen in der Tischlerei. Friedel und die anderen Mädchen lernten in der Gutsküche kochen, Gemüseanbau in der Gärtnerei, sie kümmerte sich um die Hühnerzucht und melkte später Kühe.

Die Arbeit war hart und anstrengend. Aber für uns Jugendliche war das Gut ein Paradies. Das »Dritte Reich« schien für uns auf einem anderen Planeten zu liegen. Manchmal sahen wir wochenlang keine Uniformen, keine Hakenkreuzfahnen, keine »Stürmerkästen«, keine grölenden SA-Leute. Wir waren hier zusammen mit Gleichaltrigen, keiner von ihnen beschimpfte uns, keiner grenzte uns aus, keiner redete von Rasse oder Religion.

Wie surreal unser Leben in Groß Breesen war! Da lebten gut

hundert jüdische Lehrgangsteilnehmer in einem Gutshaus, darunter wir. Und hinter dem Zaun des Gutshauses hausten über den Kuh- und Pferdeställen die »arischen« Gutsarbeiter, ohne elektrisches Licht, Toiletten oder fließend Wasser. Die Reichsvertretung der Juden hatte sie übernommen, als sie das Gut 1936 gepachtet hatte. Natürlich war das heikel, wir hackten mit ihnen zusammen Unkraut auf den Kartoffel- und Rübenfeldern, wir plagten uns auf den Äckern bei der Ernte. Und doch stand zwischen uns eine unsichtbare Mauer, so arbeiteten wir nebeneinander auf den Feldern, aber nicht miteinander, das war strengstens untersagt.

Friedel und ich erlebten wunderbare Monate auf dem Gut. Es war, als holten wir unsere verlorene Jugend nach. Knüpften Freundschaften, erlebten zum ersten Mal eine Gemeinschaft, gingen auf in dem unbedingten Zusammenhalt, in der Geborgenheit von Groß Breesen. Wir teilten hier alles, auch die Pakete von Eltern. Viele Jugendliche kamen aus wohlhabenden Elternhäusern, ihnen wurde manchmal Schokolade und Kuchen geschickt, das teilten sie mit jedem im Zimmer – der gesamte Inhalt des Paketes wurde auf dem Tisch ausgebreitet und an alle Zimmergenossen gerecht verteilt, Ehrensache. Auch an Friedel und mich, obwohl wir uns nicht revanchieren konnten, denn unsere Eltern hatten kein Geld für Pakete, erst recht nicht für Kuchen und Schokolade.

Wir genossen dieses Paradies und merkten dabei nicht, dass es kurz vorm Untergang stand. Dabei hatte sich auch über Groß Breesen bereits ein Schatten gelegt, gerade einmal ein knappes halbes Jahr vor unserer Ankunft. In der »Reichskristallnacht« hatten SS-Leute zusammen mit Landarbeitern das Gut verwüstet, Fensterscheiben zerschmissen, Schränke, Tische umgestoßen und den Flügel im Musikzimmer zerhackt.

Die SS-Männer hatten alle männlichen Lehrgangsteilnehmer, die Erzieher und Curt Bondy ins Konzentrationslager Buchenwald verschleppt. Als sie sechs Wochen später entlassen wurden, mussten sie sich verpflichten, so schnell wie möglich zu emigrieren. Curt Bondy erlebte ich deshalb nur wenige Wochen in Groß Breesen. Ihm gelang die Ausreise über England in die USA, dort versuchte er mit einigen älteren Teilnehmern, Groß Breesen im amerikanischen Exil in Virginia fortzusetzen.

Doch das Leben auf dem Gut ging auch nach Bondys Abreise für uns weiter, beinahe so unbeschwert wie bisher. Im Sommer 1939 stieß ein Neuankömmling zu uns, ein »Otto«, wie wir »alten Hasen« sie nannten. Er war auch erst vierzehn Jahre alt, sprach Plattdeutsch und konnte so gut melken wie ich. Berni Wallheimer stammte aus Aurich, sein Vater war Viehhändler gewesen wie mein Vater. Friedel und ich freundeten uns schnell mit ihm an und lachten über seine plattdeutschen Scherze, die kaum ein anderer von unseren Freunden hier verstehen konnte, erst recht nicht Günter Richowski, ein Junge aus Berlin, dessen »Berliner Schnauze« wir wiederum exotisch fanden. Günter war nach Nazikriterien ein »Mischling«, weil sein Vater Jude war, die Mutter Christin, aber das interessierte uns nicht auf dem Gut. Eher interessierten wir uns dafür, was der andere Günter, Günter Hirschfeld aus dem nahen Breslau, von seinen Heimreisen an Naschereien und Witzen mitbrachte.

Und wie ich mich erst freute, als mein Cousin August aus Leer nach Groß Breesen und zu mir ins »Babyzimmer« kam! Doch August wirkte eingeschüchtert und traurig, er vermisste seine Eltern. Mir sei das auch so gegangen, versuchte ich ihn zu trösten. Ich machte Witze, lachte darüber, wie wir damals die Jüdische Schule geschwänzt und uns auf dem Viehmarkt rumgetrieben hatten. Doch August blieb traurig. Ich musste einsehen, dass ich gegen sein Heimweh nicht anreden konnte, nach wenigen Wochen kehrte er nach Leer zurück. Ich wünsche mir bis heute, ich hätte ihn aufhalten können.

Der Krieg brach unvermittelt über Groß Breesen herein. Zu Beginn, im September 1939, schien er uns noch fern. Dabei lag die polnische Grenze nur eine Autostunde vom Gut entfernt und das Dröhnen von Kampfflugzeugen war häufig zu hören. Im Schloss verdunkelten nun nachts schwarze Vorhänge alle Fenster. Einmal hörten wir in der Nacht ein Flugzeug abstürzen, der Motor dröhnte und jaulte, dann gab es einen dumpfen Knall. Wir durften am nächsten Tag nicht danach suchen und fanden nie heraus, ob es ein deutsches oder polnisches Flugzeug war.

Der Krieg hatte begonnen und wir mussten länger arbeiten, unsere Ausbildung und Freizeit wurden stark beschnitten. Wir spürten nun, was es bedeutete, dass nicht mehr die »Reichsvertretung der Deutschen Juden« Groß Breesen führte, die als jüdische Selbsthilfeorganisation nach der Machtergreifung gegründet worden war (ihre Nachfolgeorganisation musste sich »Reichsvereinigung der Juden in Deutschland« nennen), die Gestapo übte nun zusammen mit dem Reichssicherheitshauptamt die wirkliche Kontrolle aus – damit auch über die letzten jüdischen Ausbildungsstätten. Manchmal wurden nun kleine Gruppen von uns zum Forsteinsatz abkommandiert, die Zwangsarbeit begann so schleichend, dass wir es zunächst nicht bemerkten. Wir spielten immer noch Tischtennis, ich lernte Skifahren, und wir trafen uns weiterhin zu Diskussionen und Musikabenden, besonders gerne lauschten wir dem gutmütigen Walter Gutmann aus Schlesien und seinem Schifferklavier. Auf den Fotos, die über die Zeit gerettet werden konnten, sind die schönsten Stunden unserer Jugend konserviert. Da drängen wir Jungs aus dem »Babyzimmer« uns grinsend und gekämmt auf einem Hochbett und lassen dabei die Füße lässig herunterbaumeln. Da hockt Friedel auf einem Schemel im Stall, melkt Ziegen und lächelt dabei, da posiert sie mit ihrer Freundin Ruth Kalliner auf der Treppe zum Eingang des Gutshauses, als wäre sie ein Mannequin in einer Illustrierten. Da sieht man Vierkant, diesen Koloss von einem Ochsen, und dahinter kaum noch mich, ein Knirps noch, ein »Krümel« eben. Da halte ich einen Dackel im Arm, der gehörte dem nationalsozialistischen Oberinspektor Dingethal aus Breslau, wir hatten Angst vor ihm und blickten immer schnell zu Boden, wenn er seine Kontrollbesuche machte, doch sein Dackel verfolgte mich auf Schritt und Tritt, deshalb scherzte ich immer, wenn wir unter uns waren: »Wenigstens der Dackel ist kein Antisemit.« Und noch heute kann ich mich an die Zeilen erinnern, die ich für unsere Aufführung von Shakespeares *Ein Sommernachtstraum* auswendig lernte. Wir haben viel Spaß dabei gehabt, das Stück auf unsere Lebenswelt in Groß Breesen umzudichten, ich sang:

»Schweizer, Schweizer, es ist ein Graus,
ich kriege keinen Tropfen raus,
die Kuh hält nicht still, die Kuh hält nicht still,
die will nicht so, wie ich es will.«

Viele hatten sich regelrecht in die Proben für das Theaterstück gestürzt. Eva Landecker schrieb ihren Eltern in einem Brief, sie hätte sich entschieden, im Herbst nicht mit ihrer Familie nach Chile auszuwandern. Evas Eltern hatten monatelang um Visa gekämpft und ihr erleichtert mitgeteilt, dass sie endlich Erfolg gehabt hatten. Eva war gerade einmal fünfzehn Jahre alt, vielleicht kann man es also mit ihrer Jugend erklären, dass sie den Eltern voller Überzeugung schrieb, sie könne nicht mit, sie müsse schließlich die Hermia bei unserer Aufführung spielen. Eva war bei uns auf dem Gut richtig glücklich, nachdem sie schlimme Schuljahre voller Hass und Beschimpfungen in Nordenburg in Ostpreußen durchlebt hatte. Zum Glück setzten sich ihre Eltern durch und wir zogen die Aufführung vor, schließlich wollten wir nicht auf Hermia verzichten. Noch am Abend unserer großen Vorstellung, gleich nachdem sich Eva ein letztes Mal zum Applaus verbeugt hatte, brachte sie eine Kutsche zum Bahnhof. Von Berlin aus erreichte sie mit ihrer Familie in Genua das Schiff nach Chile.

Wir, die blieben, konnten die Welt da draußen trotz Theater und Tischtennis nicht völlig verdrängen. Die Schrecken, die wir schon durchlebt hatten, waren zu groß, um zu vergessen. Seit Kriegsbeginn konnten wir kaum noch ernsthaft auf eine Auswanderung hoffen. Manchmal fühlten wir uns verloren. Trotzdem aber glaubten wir fest daran, dass der Spuk schon irgendwann zu Ende sein würde.

Wir waren eben jung.

Unsere Mutter schrieb uns hin und wieder Karten. In denen stand, dass alles in Ordnung sei, aber wir ahnten, dass die Wahrheit zwischen den Zeilen anders war. Eine Karte hatte Friedel einmal ausgehändigt bekommen, als sie in den Ziegenstall zum Melken musste, sie setzte sich gerade auf den Melkschemel, da schnappte eine Ziege nach der Karte und fraß sie auf.

Mit der Zeit kamen Mamas Karten immer seltener.

Dann gar nicht mehr.

13

Der Mai brach an und damit der dritte Monat von Albrechts und Friedels Rückkehr nach Deutschland. Albrecht und Gerda schien es so, als verließe Friedel mit der Kraft langsam auch der Mut. Nur noch selten sahen sie Friedel lächeln, und wenn Albrecht dabei half, Friedel aus dem Bett zu heben, merkte er, dass sie immer weniger wurde. Nur noch selten schob er seine Schwester durch den kleinen Park des Seniorenheims. Die Logopädin hatte aufgegeben, sie kam nicht mehr zu Friedel ans Bett. Wenn Gerda nach Dienstschluss im Zimmer der Geschwister vorbeikam, schaute sie immer besorgter nach Friedel. Sonst hatte Friedel immer gelächelt, wenn sie Gerda gesehen hatte, jetzt blickte sie sie nur noch mit gequältem Blick an.

Friedel wollte kaum noch essen. Das Essen war für sie zu einem täglichen Kampf geworden, sie verschluckte sich ständig und bekam daraufhin Angst vor jedem Bissen. Sie saß mit Albrecht nicht mehr im Speisesaal des Seniorenheims, sie blieben auf ihrem Zimmer, wo Gerda oder eine ihrer Kolleginnen Friedel langsam fütterte.

Friedel brauche eine Magensonde, sagte der Arzt. Gerda rief im Kreiskrankenhaus an: »Wir brauchen ein Doppelzimmer, der Bruder muss permanent bei ihr bleiben, sie kann nicht allein sein, sie fürchtet sich und schreit nach ihrem Bruder, wenn er nicht bei ihr ist.«

»Das ist nicht möglich. Wir haben keinen Platz.«

»Die beiden sind Holocaust-Überlebende. Die Schwester *muss* bei ihrem Bruder sein, sonst schreit sie den ganzen Krankenhausflur zusammen, sie ist schwer traumatisiert«, erwiderte Gerda.

»Aber dann muss er auch bezahlen.«

Albrecht zog mit Friedel in ein Doppelzimmer ins Krankenhaus. Gerda hatte eigentlich Urlaub, doch sie schaute im Krankenhaus nach dem Rechten; fand die Geschwister auf der Station für Verunfallte und nicht auf der Inneren, hier hätte Friedel eigentlich liegen müssen, schließlich sollte sie doch die Magensonde bekommen. Die Innere sei überbelegt, deshalb habe man die Weinbergs erst einmal hier untergebracht, erklärte ihr eine Krankenschwester. Gerda verstand schnell, dass Friedel nicht gut aufgehoben war. Sie wurde nicht gewickelt, niemand schien sich für sie zuständig zu fühlen. Die Ärztinnen und Ärzte hetzten an ihrem Zimmer vorbei.

Gerda nahm die Krankenschwestern und Pfleger beiseite: »Wissen Sie eigentlich, was das für Leute sind? Sie waren in Auschwitz.« Doch das änderte nichts, einige schienen sogar gar nichts über Auschwitz zu wissen.

Albrecht sah seine Schwester leiden. Ihr Gesicht, ihre Arme und Beine waren übersät mit einem Ausschlag und Pickeln, eine Reaktion auf die Medikamente, die sie ihr hier gaben, doch das schien niemanden zu stören, überhaupt schien sich hier niemand für Friedel zu interessieren, nicht für ihre Schmerzen, ihre Angst, ihre Verzweiflung. Warum kümmerte sich nur niemand um seine Schwester, warum operierte man sie nicht endlich, sah man denn nicht, dass sie hier dem Tod entgegen vegetierte?

Seine Friedel. Sie war doch eine survivor. Die schon so viel überlebt hatte. Sie hatte ihm nur wenig von den Lagern erzählt. Aber von den Selektionen in Auschwitz und dem Wunder, dass sie davongekommen war. Dreimal hatte sie vor Josef Mengele und seinen Ärzten nackt vorbeilaufen müssen. Sie wusste, seine Todesurteile sprach Mengele nach einem Blick, in Sekunden. Entdeckte er Krätze oder Geschwüre oder meinte, dass ein Mensch schwach und kränklich erschien, schickte er ihn ins Gas. Dreimal hatte Friedel diese Selektionen überlebt. Dann bekam sie Diphtherie und wurde ins Krankenrevier geschickt, sie wusste, die anstehende Selektion würde ihren Tod bedeuten. Doch als sie wieder halbwegs genesen erschien, holte sie ihre Aufseherin zurück, gerade noch rechtzeitig entkam sie so der nächsten Aussonderung. Auch den »Todesmarsch« im Januar 1945, sie hatte ihn überstanden.

Sie hatte den Hunger, den Durst, die Verzweiflung überlebt. Jetzt lag sie hier im Krankenhaus ohne Hoffnung, ohne Hilfe, Albrecht ertrug es nicht, sie so zu sehen. Am sechsten Tag im Krankenhaus bebte er vor Wut und rief in seiner Ohnmacht Gerda an. Die kam darauf gleich morgens ins Krankenhaus und blieb den ganzen Tag. Sie kümmerte sich um Friedel, fütterte sie, wickelte sie. Am Abend verkündete sie Albrecht, dass es an der Zeit sei, auf den Putz zu hauen. Sie erschien auch am nächsten Morgen früh im Krankenhaus, machte den Chefarzt ausfindig und beschwerte sich: »Frau Weinberg liegt seit Tagen bei Ihnen, ohne dass etwas passiert, ihr Zustand verschlechtert sich. Wenn es bei Ihnen so lange dauert, hätte sie bis zur OP auch im Heim bleiben können«, sagte sie.

»So geht das aber nicht«, gab der Arzt zurück. »Sind Sie überhaupt Familie? Sind Sie berechtigt, für Frau Weinberg zu sprechen?«.

Gerda, außer sich vor Zorn, erwiderte: »Wenn Sie hier nichts tun, dann lasse ich sie wieder ins Seniorenheim bringen. Es ist ein Skandal, wie Sie Holocaust-Überlebende behandeln!«

Am Tag darauf wurde Friedel endlich operiert. Eine Ärztin kam mit einem Klemmbrett, sie musste noch einmal draufschauen, denn sie kannte Friedels Namen nicht. Sie sagte, Friedel solle noch drei Tage nach der OP im Krankenhaus bleiben. Gerda setzte durch, dass sie schon am zweiten Tag zurück ins Seniorenheim kam.

Albrecht und Gerda hofften, dass sich Friedel nun wieder zurückkämpfen würde ins Leben; dass Albrecht sie wieder durch den Park schieben, dass Gerda sie mit in ihren Garten nehmen könnte, an den Karpfenteich und unter die Linde. Sie hofften, auch wenn sie wussten, dass es nicht mehr viel Hoffnung gab.

Albrecht kannte das nur zu gut.

14

Wann Friedel und ich aus unserem Traum auf Gut Groß Breesen erwachten, weiß ich nicht mehr. Ich staune heute noch, wie lange wir uns sicher und geborgen fühlten. Wie wenig wir fürchteten und wie viel wir hofften, auch in diesen Monaten noch, nachdem der Krieg im September 1939 begonnen hatte und schleichend alles zerstörte.

Wir hofften, dass es unseren Eltern gut ging in Leer. Wir hofften, dass unsere Mutter uns bald wieder schreiben würde, dass die Post endlich ihre Karten zustellen würde, die ja irgendwo hängen geblieben sein mussten. Wir hofften, dass wir uns bald alle wiedersehen würden, die ganze Familie, unsere Eltern, Dieter, Friedel und ich. Wir hofften, dass dann unser Leben endlich weitergehen und der Schrecken enden würde. Wir hofften und hofften und hofften.

Frau Bernstein, die Frau unseres neuen Ausbildungsleiters, fuhr jede Woche mit den Essensrationskarten für die gesamte Gemeinschaft in die Stadt. Die sorbischen Ladenbesitzer fügten den Rationen heimlich immer ein wenig mehr hinzu, und Frau Bernstein verzog keine Miene, damit es nicht auffiel, denn wer Rationen größer portionierte, beging eine Straftat. Früher, auf dem Gut, hatten wir fünf Mahlzeiten am Tag bekommen, sogar eine Teestunde mit Brot und Marmelade hatte es gegeben, nun lebten wir von Kartoffeln und Kohl.

Doch das störte Friedel und mich nicht, wir hatten uns und unsere Freunde. Das half uns auch darüber hinweg, dass unsere Ausbildungsschule sich immer mehr in ein Arbeitslager verwandelte. Wir hatten unsere Ausweispapiere bei uns zu tragen, darin war ein großes »J« gestempelt und ein Profilfoto geklebt, ich musste den Ausweis mit einem neuen zweiten Vornamen unterzeichnen, den ich jetzt zu tragen hatte, »Israel«. Aus Friedel Weinberg wurde Friedel Sarah Weinberg, man konnte an unseren Unterschriften förmlich sehen, wie widerwillig wir diese Namen schrieben, sie gehörten nicht zu uns, sie würden es nie tun.

Im Mai 1940 lebten wir mit noch etwa 110 Auszubildenden auf dem Gut. Fast genauso vielen war es im Jahr zuvor gelungen auszuwandern, nach Australien, nach Kenia und in die USA, einige hatten es nach Südamerika oder China geschafft. Und obwohl wir immer länger arbeiten mussten und die Gestapo nun wöchentlich ihre Kontrollgänge machte, hatten wir immer noch nicht die Hoffnung aufgegeben, Deutschland verlassen zu können. Wir wussten von den Bemühungen von Curt Bondy und anderen, uns in den USA auf seiner Farm anzusiedeln, einige bekamen Briefe von Verwandten, die es schon ins Ausland geschafft hatten und versprachen, dort nach Visa zu fragen.

Wir glaubten noch immer fest daran, dass wir ausreisen würden, denn dazu war unser Ausbildungsgut ja da. Noch im Januar 1941 schrieb unser Freund Günter Marcuse, er war sechzehn Jahre alt und aus Berlin, an seine Familie im Londoner Exil, er habe nun einen »reichen Fundus an theoretischem und praktischem Wissen«, mit dem er sich Curt Bondy und den anderen in den Vereinigten Staaten hoffentlich bald anschließen könne.

Acht Monate später wurde in Auschwitz die Leichenhalle des Krematoriums zur ersten Gaskammer umgebaut, es folgten bald weitere, die mehr Menschen aufnehmen und diese mit größerer Effizienz töten sollten als die in Treblinka.

Am 22. Juni 1941 hatte Deutschland Russland angegriffen, und damit begann das planvolle Massenmorden. Nur einen Tag später wurden kurz hinter der sowjetischen Grenze über zweihundert jüdische Bewohner von einem Polizeikommando erschossen. Sie hatten zuvor ihren Besitz abgeben und ihre Gräber selbst ausheben müssen. Einen Tag später ermordete das Polizeikommando weitere Juden, Männer, Frauen und Kinder. Das war erst der Anfang.

Davon wussten wir in Groß Breesen nichts. Wir waren beschäftigt, die Ernte einzubringen. Wir arbeiteten hart auf den Feldern und in den Ställen, und je härter wir arbeiteten, desto mehr hofften wir auf Einreisegenehmigungen in all die Länder, von denen wir nur aus Erzählungen derer gehört hatten, die es geschafft hatten. Wir verdrängten wahrscheinlich, wie unmöglich die Ausreise jetzt war, mitten im Krieg.

Günter Marcuses Traum von Amerika sollte leider niemals Wirklichkeit werden. Und als Friedel und ich Groß Breesen verließen, ging unsere Reise auch nicht in die weite Welt, sondern in einen kleinen Ort vor Berlin.

Die Gestapo erschien ohne Vorwarnung, wir konnten gerade noch unsere wenigen Habseligkeiten in unsere Rucksäcke packen, dann brachten sie Friedel, mich und so viele von uns weg von den Freunden, weg aus dieser Sicherheit unseres Traumschlosses, die nur eine Illusion gewesen war.

Nur 43 von uns blieben in Groß Breesen zurück, darunter auch »Abu Genügt«. Sie blieben auch noch einige Monate, nachdem am 31. August 1941 der Gestapo-Befehl 11 B4–1937/41 ausging, der anordnete, dass Groß Breesen als Ausbildungszentrum aufgelöst und in ein Arbeitslager umgewandelt werden sollte, dessen Erzeugnisse für die Versorgung der Wehrmacht bestimmt waren. Sie wurden aus dem Gutshaus getrieben und mussten über den Ställen hausen, vorbei war der Unterricht, vorbei die Konzerte im Musikzimmer.

Wir hatten geglaubt, unsere landwirtschaftliche Ausbildung würde uns zu begehrten Arbeitskräften im Ausland machen, uns damit ein Leben in Freiheit sichern. Wir erfuhren nun, dass wir begehrte Arbeitskräfte für die Nazis waren, sie sperrten uns in Landgüter und Forstlager. Wir waren keine Auszubildenden mehr, keine Auswanderer in spe. Wir waren Zwangsarbeiter und Zwangsarbeiterinnen.

So erging es allen arbeitsfähigen Jüdinnen und Juden. Als die NS-Führung ihre Vertreibungspläne wegen des Kriegsbeginns stoppen musste, zwang sie bald immer mehr Jüdinnen und Juden im Reich und in den eroberten Gebieten zur Zwangsarbeit, ihre Vordenker hatten sich berauscht an der Idee, dass man so auf bis zu 200 000 Arbeitskräfte Zugriff hätte. Jüdinnen und Juden wurden ausgebeutet in Fabriken, in Arbeitskolonnen beim Straßenbau oder bei der Erntehilfe.

Friedel und ich fanden uns mit einigen anderen Groß Breesenern in Hangelsberg wieder. Der Ort liegt bei Fürstenwalde, idyllisch an der Spree und so nah an Berlin, dass wir an Wochenenden aus der Entfernung manchmal Ausflügler beim Pilzesammeln beobachten konnten. Doch wir hatten keine Augen für die Schönheiten des Ortes. Unser Leben war Schwerstarbeit.

Das »Jüdische Forsteinsatzlager in Hangelsberg-Wulkow« lag auf einem alten Gutshof. Wir waren um die fünfzehn Jungen und Männer und fünf Mädchen, am Eingang befand sich ein kleines Haus, das wohl in früheren Zeiten einmal dem Wirtschafter des Gutes gehört hatte, wir Jungen und Männer schliefen auf Strohsäcken im feuchten Keller. Friedel und die Mädchen wurden in eine kleine Gartenlaube gepfercht, und dabei war Friedel noch froh, denn die Mädchen waren wie wir aus Groß Breesen hierhergebracht worden, sie waren Friedels Freundinnen. Abgeschieden im Hof stand eine Kiste, sie diente uns als Toilette.

Förster Braun diktierte von nun an unser Leben. Wir sahen ihn nie ohne seine lange Pfeife, er brüllte nicht, beleidigte uns nicht, er war keiner dieser Menschenschinder, denen wir später noch begegnen sollten. Aber er schonte uns auch nicht, unsere Arbeitstage dauerten oft zwölf Stunden. Morgens teilte er uns zur Arbeit ein, wies uns die Bereiche der Schonung zu, in der wir Bäume fällen sollten, er hatte sie mit Axtschlägen markiert. Unter der strengen Aufsicht von zwei Waldarbeiten verbrachten wir unsere Tage im Wald, manchmal sägten wir auch Grubenholz für den Bergbau zurecht, die Mädchen rissen das Unkraut aus den Fugen der Schonung, und in der Mittagspause starrten wir gierig auf die Stullen der beiden Waldarbeiter, denn wir bekamen mittags nichts, von unseren Essensrationen schienen sich unsere Vorgesetzten immer etwas abzuzweigen. Einmal fand ich inmitten von Kiefern einen einsamen Birnbaum, er half uns über den Herbst, doch der Hunger zehrte uns aus, ihn stillten auch die Birnen nicht.

In den *Arolsen Archives* ist eine Lohnliste erhalten, unterzeichnet vom Bürgermeister der Gemeinde Hangelsberg, sie muss aus meinen ersten Tagen dort stammen. Fein säuberlich ist darauf vermerkt, dass »Weinberg, Albrecht Israel« in der Woche vom 28. Juli bis zum 6. August 1941 einen Verdienst von 22 Reichsmark erarbeitet habe und davon 2,44 Reichsmark in die Krankenkasse abgeführt wurden seien. 50 Pfennig bekam ich für eine Stunde Knochenarbeit, der Tariflohn für Hilfsarbeiter. Doch selbst von diesem Hungerlohn sah ich nur ein Taschengeld. Der Großteil meines Lohnes, so hieß es, würde als Beitrag zu den Lagerkosten verwandt. Es musste ein teurer Strohsack gewesen sein, auf dem ich schlief.

Förster Braun war ein Beamter, der es in manchen Dingen genau nahm, immerhin. Er stellte Anträge auf Gummistiefel und Zulagekarten für Schwerstarbeiter für uns, mit denen wir größere Essensrationen bekommen konnten, da »diese Juden zur Erreichung der Umlage an Holz im Holzeinschlag eingesetzt werden müssen«, nicht ohne zu versichern: »Sollten einzelne Juden aus dem Holzeinschlag abgezogen werden, wird dies sofort Herrn Bürgermeister mitgeteilt.« Ich kann mich nicht erinnern, ob wir damals wirklich mehr zu essen bekamen. In meinen Körper aber hat sich seit dieser Zeit die Erinnerung an Hunger eingeschrieben.

Manchmal wurden wir zum Kohlenschleppen eingeteilt, der Händler wohnte gleich um die Ecke. Wir hassten diese Arbeit, sie raubte uns die letzte Kraft. Hundert Briketts auf einmal trugen wir in Holzrahmen, hundert Pfund schleppten wir mit einer Ladung in die Keller der Umgebung. Nur manchmal, da hatten wir Glück und die Schlepperei zahlte sich aus. Dann entdeckten wir in den Kellern der Häuser die Gläser mit Eingemachtem und andere Vorräte und hatten einen unbeobachteten Moment. Wir drehten den Holzrahmen mit dem blechernen Boden nach vorn und versteckten so unsere Beute. Unser größtes Glück aber war, wenn wir Kohle ins Kolonialwarengeschäft lieferten, die Besitzerin hatte Mitleid mit uns ausgemergelten Gestalten und reichte uns immer einen Teller Erbsensuppe.

Das waren unsere einzigen Kontakte zur Außenwelt.

Eines Tages bekam jeder von uns vom jüdischen Verwalter des Forsteinsatzlagers, der Förster Braun unterstand, vier gelbe Stofffetzen in Form von Sternen ausgehändigt. »Jude« stand darauf, die Nazis hatten ihren Spaß daran gefunden, eine Schriftart zu verwenden, die ans Hebräische erinnerte. Und sie ließen uns zehn Pfennige zahlen für den Aufnäher und eine Empfangsbestätigung unterzeichnen, in der wir uns verpflichteten, sorgfältig und pfleglich mit dem »Kennzeichen« umzugehen. Selbst bei der Arbeit im Wald sollten wir den »Judenstern« tragen, er wurde auf der linken Brustseite gut sichtbar angebracht und auf jedes Hemd, jeden Pullover, jede Jacke aufgenäht; es drohte eine strenge Strafe, wenn man versuchte, ihn zu verstecken.

Wir verstanden schnell, was der Stern aller Welt zeigte. Wir waren nicht nur rechtlos. Wir gehörten endgültig nicht mehr dazu, zum deutschen Alltag, zum deutschen Leben. Wir waren die Arbeitssklaven in einer Schattenwelt. Wir waren die Rechtlosen und für jedermann erkennbar. Wir fühlten uns von nun an immer beobachtet und lebten in ständiger Angst, einfach von der Straße weg verhaftet zu werden.

Denn manchmal verschwanden welche von uns. Zwei Brüder, Gerhard und Ernst Jacobi aus Oppeln, der jüngere war so alt wie ich. Vielleicht war es die Angst, vielleicht hatte er Probleme mit der Blase, er konnte seinen Harndrang nicht kontrollieren, sein Strohsack verfaulte und stank wie ein Misthaufen. Ich verstand mich gut mit den beiden, eines Abends kamen die Brüder nicht von der Arbeit zurück.

Ich glaube, dass Friedel und ich in Hangelsberg ahnten, dass wir von nun an um unser Überleben kämpfen mussten. Wir lernten von den Älteren. Einmal, beim Holzschlagen im Wald, es war klirrender Winter und wir spürten unsere Finger nicht mehr, da zeigte mir einer meiner Kollegen, dass man selbst mit nassem Kiefernholz ein Feuer entfachen kann, denn das Harz der Kiefern brennt hervorragend.

Immer, wenn ich in der Schonung im Wald arbeitete und einen Zug kommen hörte, hielt ich inne und blickte zum Bahngleis, es war nah genug, um die Soldaten zu sehen, einige ließen ihre Beine aus den Waggons baumeln. Einmal las ich die Aufschrift auf einem Waggon, jemand hatte einen dicken Pinsel genommen und mit weißer Farbe geschrieben: »Wir fahren nach Polen, um den Juden den Arsch zu versohlen«. Ich weiß nicht, warum, aber ich habe dieses Bild bis heute im Kopf. Lieber würde ich mich an einen anderen Moment dieser Zeit besser erinnern, ich weiß beispielsweise nicht mehr, ob Dieter herausbekommen hatte, dass Friedel und ich nach Hangelsberg gekommen waren, oder wie dieses Wunder sonst zustande gekommen war. Eines Tages jedenfalls lagen wir uns endlich wieder in den Armen – Mama und Papa hatten uns gefunden.

15

Grau waren ihre Gesichter und mager. Meine Mutter war nun 55 Jahre alt, mein Vater 52 Jahre. Zwei Jahre hatten Friedel und ich sie seit unserer Abfahrt nach Groß Breesen nicht gesehen, doch unsere Eltern erschienen uns so sehr gealtert, als seien wir zehn Jahre getrennt gewesen.

Mama wirkte nervös. Papa ausgezehrt.

Sie waren an unserem freien Sonntag gekommen, wir zogen uns in einen Geräteschuppen auf dem Gut zurück. Unsere Eltern riskierten viel, um uns Kinder in die Arme zu schließen. Sie trugen keinen »Judenstern«, sie waren mit der Bahn nach Hangelsberg gekommen, obwohl seit September 1941 die Polizeiverordnung galt: »Die Benutzung der öffentlichen Verkehrsmittel durch Juden ist aufs Äußerste zu beschränken.«

Wir freuten uns so sehr, dass alle zusammen waren, jeder von uns strengte sich verzweifelt an, diesen Moment festzuhalten, jeder von uns versuchte, fröhlich zu sein und zu lachen, als gäbe es diese Welt um uns herum nicht. Wir gaben uns Mühe, so zu tun, als sei alles so wie früher, als säßen wir auf der Chaiselongue mit den piksenden Sprungfedern in der guten Stube in unserem Haus in Westrhauderfehn.

Unsere Eltern waren gleich zweimal vertrieben worden. Erst aus unserer Wohnung in Leer bei Polaks, kurz nachdem Friedel und ich im Frühjahr 1939 in Groß Breesen angekommen waren. Stattdessen war ihnen ein Zimmer zugewiesen worden im Haus von Tante Angelica und Onkel Philipp Grünberg, das zum »Judenhaus« erklärt worden war. Weniger als hundert Juden lebten nur noch in Leer, verarmt und beengt, auf behördliche Anordnung mussten sie wie überall im Reich zusammengepfercht in »Judenhäusern« leben, manchmal drängten sich mehrere Familien in einem Raum.

Dann, im Januar 1940, erklärte die Gestapo-Leitstelle in Wilhelmshaven, Ostfriesland sei als »Grenzgebiet zum Feindesland« von »subversiven Kräften« und potenziellen Spionen zu säubern, zu denen in der wahnwitzigen Logik der Nazis Juden per se gehörten. Ostfriesland solle, so die von der obersten Führung ausgegebene Devise, bis Mitte März 1940 »judenrein« sein. Alle Juden hatten sich einen neuen Wohnsitz anderswo in Deutschland zu suchen, und wer wie meine Eltern keine neue Wohnung fand, wurde mit organisierten Transporten nach Berlin deportiert.

Sie bekamen einen Zettel, sie hatten sich am 15. Februar 1940 um 6 Uhr auf dem Leeraner Bahnhof einzufinden. Vielleicht hatten auch sie sich ein paar Reichsmarkscheine in ihr Unterhemd eingenäht, wie eine Bekannte, als Notgroschen. Als der Zug einfuhr, sahen sie in den Abteilen schon einige Juden aus Norden und Emden, die Polizeibeamten scheuchten sie zu ihnen in die Waggons, hinter der Kurve verschwand der Bahnhof, bald darauf Leer, bald Ostfriesland.

Meine Eltern waren noch nie in Berlin gewesen. Sie kannten hier niemanden. Ihnen wurde ein Zimmer zugewiesen in einem »Judenhaus« in Alt-Moabit, Kirchstraße 22. Das Haus war völlig überfüllt, jeder hier kämpfte um Lebensmittelmarken oder einen Bissen Brot, denn Juden bekamen deutlich kleinere Rationen als Nichtjuden, die sie zum Hungern verdammten. Meine Eltern fühlten sich verloren in der fremden Großstadt, es gab keine Nachbarn wir die Plögers in Leer, die ihnen manchmal etwas zugesteckt hatten. »Wir haben zu wenig zum Leben und zu viel zum Sterben«, sagte meine Mutter.

Sie schrieb Briefe an Ruth Zimmermann, die Nachbarin meiner Oma in Weener, sie hatten sich immer gut verstanden, meine Mutter, die gläubige Jüdin, und Frau Zimmermann, die gläubige reformierte Christin, ihre Gläubigkeit schien sie zu verbinden. Tapfer klang meine Mutter in den Briefen, sie erkundigte sich nach der Gesundheit der Kinder von Frau Zimmermann; doch zwischen den Zeilen ließ sich die Verzweiflung meiner Mutter herauslesen und das Flehen um Lebensmittelkarten und Lebensmittelpakete.

Ein Hagel von immer neuen Reglementierungen und Schikanen prasselte auf meine Eltern nieder, während wir erst in Groß Breesen und nun hier in Hangelsberg davon nur wenig mitbekamen. Es waren so viele, dass kein Jude, keine Jüdin im Reich genau wusste, was für sie noch erlaubt und was bereits verboten war. Sie hatten im Winter ab 20 Uhr zu Hause zu sein, im Sommer ab 21 Uhr. Sie durften keine Radios, keine Fahrräder mehr besitzen, im Januar 1942 hatten sie ihre Woll- und Pelzmäntel abzugeben. Im Juli 1940 hatte der Polizeipräsident von Berlin eine Verordnung erlassen, mit der die Einkaufszeit für Juden auf eine Stunde pro Tag von 16 bis 17 Uhr beschränkt wurde. Meine Mutter erzählte, dass sie in vielen Läden selbst dann nicht bedient wurde.

Wir saßen nur wenige Stunden zusammen, meine Eltern wollten nicht riskieren, nach der Sperrstunde noch unterwegs zu sein. Wir wollten uns so bald wie möglich wiedersehen, und meine Mutter sprach zum Abschied die Hoffnung aus, dass wir alle bald wieder zusammen sein würden. Es sollte der letzte große Wunsch ihres Lebens sein.

Daran dachte ich, wenn ich im Wald oder im Obstgarten von Förster Braun schuftete, wenn ich Raupen vom Gemüse las, Bäume fällte, Kirschen pflückte oder Kohlen schleppte. Manchmal, wenn sich wieder Parteigrößen aus Berlin angesagt hatten, kommandierte Braun mich als Treiber ab, an solchen Tagen bangte ich um mein Leben, ich fürchtete die Schüsse der Jäger und die Geweihe, wenn die Rehböcke auf mich zustürmten.

Friedel und ich vermissten unsere Eltern sehr. Wir riskierten viel, ja vielleicht alles, um sie zu sehen. Friedel hatte Angst. Doch ich sagte ihr: »Was soll uns denn noch Schlimmeres passieren, als hier in Hangelsberg zu hungern?«.

An einem arbeitsfreien Tag, es muss im Jahr 1942 gewesen sein, gingen wir frühmorgens zum Bahnhof, ich weiß nicht, woher wir den Mut nahmen, ich erinnere mich nur noch, wie mein Herz so heftig klopfte, dass mir fast der Kopf zersprang, als wir am Schalter die Fahrkarten kauften. Wie ich Angst hatte, dass der Mann am Schalter nach Ausweisen fragen oder irgendwie bemerken würde, dass wir unsere Jacken nach links gedreht hatten und so den »Judenstern« versteckten. Mit der Bahn fuhren wir erst in diese große, unbekannte Stadt hinein, für die wir keine Augen hatten, weil wir uns die ganze Zeit verstohlen nach Polizisten umsahen. Wir stiegen in die S-Bahn, und als wir an der Station Bellevue ausstiegen, sagte Friedel: »Ich muss pinkeln, ganz dringend.«

»Halt es auf, wir dürfen nicht auffallen«, sagte ich.

»Es geht nicht«, antwortete Friedel.

Schnell liefen wir also durch die Straßen, Friedel entdeckte einen Hauseingang, ich stand Wache, ein Rinnsal floss den Bürgersteig hinunter, und ich weiß noch genau, wie mich der Schreck durchfuhr und ich mich hastig umblickte – wir durften doch auf keinen Fall auffallen. Der Schreck löste sich erst, als wir im Zimmer meiner Eltern ankamen, und dort konnten wir endlich auch wieder Dieter in unsere Arme schließen. Die Nazis hatten die Israelitische Gartenbauschule Ahlem geschlossen und ihn zur Zwangsarbeit bei einem Bauunternehmer in Berlin abkommandiert, Dieter wohnte nun bei meinen Eltern mit im Zimmer. Es war ein ärmlicher Raum, meine Eltern besaßen keine Möbel, wir saßen auf dem Boden, als wir unser Wiedersehen feierten.

Dass Dieter da war, tat uns allen gut. Selbst meine Mutter wirkte ruhiger. Dieter unterhielt uns mit seinen Geschichten aus der Gartenbauschule und vom Bau in Berlin, erzählte von den Leuten, die er traf und mit denen er sich angefreundet hatte, nur schwer war es, seinem Charme zu widerstehen. Dieter hatte immer Ideen, wo man etwas zu Essen auftreiben oder wie er aus Sperrmüll etwas zusammenbauen könnte, er war handwerklich unglaublich geschickt. Vor allem aber: Dieter ließ sich nie unterkriegen. Nicht von den Nazis, nicht von den Umständen, nicht vom Hungern. Dieter, dieser unverbesserliche Optimist, er schien niemals die Hoffnung zu verlieren. Dieter war so mitreißend, dass wir damals, alle zusammen, auch auf bessere Zeiten zu hoffen wagten.

Es gibt ein Foto aus seiner Zeit in der Gartenbauschule, es zeigt die Lehrlinge aufgereiht zum Gruppenbild, sie posieren wahrscheinlich in einer Arbeitspause vor Bäumen, es muss ein heißer Tag gewesen sein, einige tragen Hemden, andere nur Unterhemden. Und Dieter? Dieter fällt aus dem Rahmen, wieder einmal. Er posiert mit nacktem Oberkörper, die linke

Hand lässig an die Hüfte gestützt, mit der rechten hält er eine Glasflasche am Mund, um zu trinken, aber vor allem auch, um seine Muskeln zu zeigen, so sieht es jedenfalls aus.

So war Dieter.

Er erzählte eine Geschichte, um Friedel und mich aufzuheitern. Meiner Mutter gefiel die Geschichte eigentlich nicht, aber sie schmunzelte mit uns, schließlich waren wir alle zusammen, über diesen Moment sollte sich kein Schatten legen. Dieter erzählte von einem Bekannten, der ihm anvertraut hatte, er könne ein Schwein auftreiben, ob er beim Schlachten helfen könne. Natürlich war Dieter sofort dabei, sie trafen sich in einem Keller in Erkner bei Berlin, konspirativ, denn Schwarzschlachten stand unter Todesstrafe, nicht nur für Juden, auch für »Arier«. Mit einem Stück Fleisch im Rucksack fuhr Dieter mit der Bahn den ganzen Weg nach Hause – ich hätte das niemals fertiggebracht. Meine Mutter, strenggläubig, wie sie war, hätte das früher niemals getan, aber der Hunger und die Not waren nun beinahe so groß wie ihr Glaube, sodass sie sich überwand und das Schweinefleisch für Papa und Dieter briet. Sie selbst rührte keinen Bissen davon an, ihre Gottesfurcht war noch immer stärker als ihr Hunger.

Oder Dieter erzählte, wie er Blumenkohl und anderes Gemüse organisiert hatte, denn Dieter organisierte andauernd etwas. Er hatte ein Rieselfeld neben einer Kläranlage entdeckt, worauf es wuchs, darauf wurden Fäkalien verrieselt. Dieter wusch es mit Wasser und schwor, dass das Gemüse köstlich sei.

Er erzählte, wie er sich mit einem Matrosen der Kriegsmarine in Uniform getroffen habe und wie er mit ihm Seite an Seite über den Kudamm flaniert sei, den »Judenstern« an seiner Jacke unterm Kragen versteckt. Der Matrose hieß Erwin Eden, mein Bruder hatte sich mit ihm in Hannover angefreundet. Damals hatte Dieter ihm in der Gartenschule Obstbäume verkauft, sie verstanden sich prächtig, so prächtig, dass der Wehrmachtssoldat sich noch jetzt heimlich mit seinem jüdischen Freund traf, und dass trotz aller Gefahr. Denn im Oktober 1941 hatte das Reichssicherheitshauptamt angeordnet, dass jeder Deutsche zu verhaften sei, der in der Öffentlichkeit »freundschaftliche Beziehungen zu Juden erkennen« ließe; in schweren Fällen sollte der »arische Täter« für mindestens drei Monate in ein Konzentrationslager eingeliefert werden, dem Juden drohte in jedem Fall das Lager.

Dieter brachte uns zurück zum Bahnhof. Auf diesem Weg war es, wo er in einer Seitenstraße seine Jacke mit dem »Judenstern« auszog und uns aufforderte, es ihm gleichzutun: »Kommt, wir machen ein Foto!«

Ich danke für dieses Wunder, dass ich das Foto heute noch in den Händen halten kann.

Der Ausflug nach Berlin war einer der seltenen Kontakte zur Außenwelt für Friedel und mich. Die Bewohner von Hangelsberg redeten nicht mit uns, alle taten so, als wären wir nicht da, wenn wir durch den Ort gingen, als hätten wir nichts zu suchen in ihrer Welt.

Ich hatte ein altes Fahrrad ergattert, ein Zwangsarbeiter hatte es in Hangelsberg zurückgelassen, ich ahnte schnell, warum. Es klapperte, der Mantel hatte Risse und die Kette sprang andauernd raus. Und doch war es für mich ein Luxus. Ein Luxus, der in der Nazibürokratie viel Papierarbeit nach sich zog. Eine Fahrradbescheinigung musste ausgestellt werden, die ich während meiner Fahrten mitzuführen hatte. »Dem Albrecht Weinberg wird bescheinigt, dass er zu seiner Arbeitsstelle im Forstamt Hangelsberg täglich einen Hin- und Rückweg von insgesamt über 10 km zurückzulegen hat. Er ist berechtigt, zu diesem Zwecke ein Fahrrad zu benutzen.«

Bei ihrem Besuch hatten unsere Eltern eine Flasche Öl dabei. Mein Vater war zur Zwangsarbeit in einer Fabrik für Lacke und Farben eingeteilt worden. Die Firma Warnecke & Böhm in Berlin-Weißensee suchte viele Arbeiter in diesen Jahren, sie war zu einem führenden Lieferanten von Schutzanstrichen für die Rüstungsindustrie des Deutschen Reiches geworden, vor allem für Flugzeuge und U-Boote. Mein Vater verrichtete hier mit anderen Zwangsarbeitern Hilfsarbeiten, es gab für sie gerade einmal 83 Pfennige und weniger die Stunde, die Betriebsleitung zog ihnen sogar fünf Reichsmark vom Lohn dafür ab, dass man eine Genehmigung vom Arbeitsamt eingeholt hatte, um sie zu beschäftigen. Mein Vater und die anderen Zwangsarbeiter bekamen keine Milchration, die alle nichtjüdischen Beschäftigten der Firma erhielten, um die giftigen Dämpfe von Methanol, Butanol oder Toluol aus ihrem Körper zu spülen, ja, noch nicht einmal die von den anderen Beschäftigten weggegossene Milch ließ man ihnen. Wer krank wurde oder seine Norm nicht schaffte, wurde meist in ein Konzentrationslager geschickt.

Mein Vater schien mit jedem Tag in der Fabrik einen Monat zu altern. Er war nur noch ein grauer Schatten seiner selbst, die giftigen Dämpfe ruinierten seine Gesundheit, er kam mit der Geschwindigkeit und den Schikanen immer schlechter zurecht, er erzählte aber, dass einige seiner Kollegen ihm helfen würden, das Soll zu erfüllen. Kollegen, die ihm auch zeigten, wie man in der Fabrik etwas abzweigen konnte zum Überleben. Öl zum Braten, zum Beispiel. Wenn sie Ölfarben ansetzten, rührten sie so lange im Behälter, bis die gewünschte Emulsion erreicht war. Wenn man nun die Farben ein wenig stehen ließ, sammelte sich nach einiger Zeit das Öl oben, in unbeobachteten Momenten schöpften sie und seine Kollegen manchmal davon einen Teil ab.

Davon hatte er uns eine kostbare Flasche mitgebracht.

Meine Mutter ging zugrunde daran, dass sie von Friedel und mir getrennt war, dass sie von Tag zu Tag in Unsicherheit lebte, so einsam, verloren und ohne Hoffnung in dem schäbigen Zimmer in der fremden Stadt. Sie musste mit ansehen, wie ab Oktober 1941 Menschen aus dem »Judenhaus« verschwanden und in den Osten abtransportiert wurden, sie verzweifelte und versuchte, unser Schicksal zu verstehen.

Ich weiß nicht, wie viel sie in diesen Tagen wusste über das, was mit den Juden im Osten geschah. Sehr viele Menschen im ganzen Reich wussten damals schon von den Massenmorden, Soldaten schrieben darüber in ihren Briefen nach Hause, Beamte in Ministerien kannten die Berichte. Auch der Nazigegner Helmuth von Moltke. Er arbeitete zu dieser Zeit für den Nachrichtendienst der Wehrmacht und schrieb im Oktober 1941 an seine Frau: »Seit Sonnabend werden die Berliner Juden zusammengetrieben; abends um 21.15 werden sie abgeholt und über Nacht in eine Synagoge gesperrt. Dann geht es mit dem, was sie in der Hand tragen können, ab nach Litzmannstadt und Smolensk. Man will es uns ersparen zu sehen, dass man sie einfach in Hunger und Kälte verrecken lässt und tut das daher in Litzmannstadt und Smolensk.« Einen Monat später schrieb er: »Gestern habe ich mich von einem früher berühmten jüdischen Anwalt verabschiedet, der das Eiserne Kreuz 1. Klasse und 2. Klasse, den Hohenzollernschen Hausorden, das goldene Verwundetenabzeichen hat und sich mit seiner Frau heute umbringen wird, weil er heute abgeholt werden soll.«

Ich kann mir vorstellen, dass meine Eltern schon schnell sehr viel wussten, dennoch hatten sie noch nicht allen Lebensmut verloren. Sie erzählten uns, dass sie hofften, dass wir alle zusammen nach Theresienstadt kommen würden, falls sie uns irgendwann auch einmal zur Deportation kommandieren würden. Theresienstadt hatten die Nazis in ihrer zynischen Propaganda als ein »Vorzugslager für privilegierte Juden« ausgemalt, sie verkauften an vermögende Juden sogar Heimplätze mit ärztlicher Betreuung auf Lebenszeit, und erst im Lager erfuhren die Menschen, dass es so etwas in Theresienstadt nicht gab und niemals geben würde. Meine Eltern hatten gehört, dass auch mit Auszeichnungen versehene Kriegsveteranen in Theresienstadt aufgenommen werden würden, und weil mein Vater einer war, machten sie sich Hoffnungen, dass wir alle immerhin an diesen Ort kommen würden, wenn es uns erwischen würde.

Das alles erzählten sie uns damals bei unserem kurzen Treffen, ich weiß nicht, ob sie es auch wirklich glaubten.

16

Nachdem wir uns an diesem Nachmittag von unseren Eltern verabschiedet hatten, gingen Friedel und ich gerade über den Hof zu unseren Unterkünften, als uns die Frau des Verwalters entgegenkam. Sie sah in meiner Hand die Flasche, die uns mein Vater geschenkt hatte.

»Was ist das?«

»Öl zum Braten«, sagte ich.

Sie schnappte mir die Flasche aus der Hand und ging davon. Ich sagte nichts, ich protestierte nicht, ich war so eingeschüchtert, dass ich nicht einmal daran dachte, Widerworte zu geben. Dieter hätte das bestimmt getan.

Während Friedel und ich im Wald bei Hangelsberg schufteten, schrieb meine Mutter in Berlin Briefe.

Ihr war in ihrer Verzweiflung nur die Post geblieben. Briefe, die sie zurückholten in die Heimat und bessere Zeiten. Päckchen mit Nahrungsmitteln, die Dieter, meinem Vater und ihr wenigstens für ein, zwei Tage den Hunger nahmen. Viele Briefe und Päckchen kamen von Ruth Zimmermann aus Weener. Meine Mutter hatte sich immer gut mit ihr verstanden und in ihrer Not an sie gewandt. Vielleicht, weil sie niemanden sonst mehr wusste, vielleicht auch, weil sie glaubte, dass die fromme Frau Zimmermann das Gebot der Nächstenliebe achten würde. Meine Mutter hatte sich nicht in ihr getäuscht, immer wieder zweigte Frau Zimmermann ein paar Abschnitte ihrer Lebensmittelkarten ab und schickte sie meiner Mutter. Diese bedankte sich bei ihr voller Überschwang, noch heute tut es mir weh, die Zeilen meiner Mutter zu lesen und ihre Verzweiflung darin zu spüren, obwohl sie doch so tapfer klingen wollte.

»Meine liebe Familie Zimmermann!

Freudestrahlend erhalte ich soeben Ihren Brief und danke recht herzlich dafür. Der Mensch denkt und Gott lenkt. Sie können es sich gar nicht vorstellen, wie man sich danach sehnt, weil es bei uns sehr angebracht ist, weil bedürftig. Sind alle sehr mager geworden. Der Herr wird Sie dafür belohnen. Wir sind doch alle nur sterbliche Menschen.

(...) Ich kenne Ihr gütiges Herz ganz genau. Mündlich könnte ich Ihnen viel erzählen. Hoffe, dass es auch Ihren lieben Kindern nach Wunsch geht. Ich denke über alles oft nach. Es war doch schön in der Heimat.

Sollte das Paket per Post kommen, genügt die Adresse, sonst Bahnhof Friedrichstraße, Friedrichstraße.«

Darunter schrieb sie: »Grüß Stürwatt von mir.« Ein Code, sie kannte niemanden, der »Stürwatt« hieß. »Stüren« ist Plattdeutsch, es bedeutet: »schicken«. Schicke etwas. Meine Mutter verschlüsselte ihren Hilferuf, um Ruth Zimmermann und sich zu schützen, sie muss gewusst haben, dass die Gestapo Briefe kontrollierte, deshalb bedankte sie sich bei Frau Zimmermann manchmal auch für die »Bildchen«, wenn sie eigentlich Lebensmittelmarken meinte.

Immer verzweifelter, immer bitterer klangen mit der Zeit die Worte meiner Mutter, sie schrieb Frau Zimmermann, es muss wahrscheinlich im November 1941 gewesen sein:

»Meine liebe Gute!

In Beantwortung der letzten Zeilen, geht es uns gut. Wir schicken uns, müssen uns mit unserm Glauben helfen, können es doch nicht, es hat keiner mehr, wie der andere. Aber es sind auch solche da, wie Sie Gute es sind, die an andere denken. Aushalten möchten wir schon, auf dass wir mit unseren Kindern zusammenbleiben; es kann doch auch ein Wunder geschehen. Es wäre doch zu schrecklich, wenn wir auseinandergerissen würden. Das hielt ich nicht aus, Sonntag waren wir alle 5 zusammen. Das ist ja eben das Schlimmste, keiner kann und darf schreiben. Frau B. Arends + Frl. M. sind mit Schwester R. mit einem Transport nach Theresienstadt gekommen. Da kommen alle Alten hin. Und Familie B. W. sind mit S. de J. mit einem Transport verreist. Die kleine Rosel wird wohl von ihrer Mutter getrennt worden sein, so wird es gemacht.

Aber die Stunde ist noch nicht da. Die Zeit der Erlösung kommt, nur wer übersteht? Alte v. Vries sind auch schon lange fort. Der schöne Haushalt ist ganz auseinandergerissen, ein Jammer. Ihre trostreichen Worte taten mir gut, und danke herzlich dafür. Sollten noch mal paar Bildchen da sein.

Innige Grüße, Ihre F. W.«

Ich muss heute noch über diesen Satz meiner Mutter nachdenken: »Die Zeit der Erlösung kommt, nur wer übersteht?« Was dachte sie in diesen Tagen, was ahnte sie, was gab ihr Mut?

Über die Abkürzungen eines Namens in ihrem Brief musste ich nicht lange rätseln. »Familie B. W.« werden mein Onkel Bernhard Weinberg und meine Tante Rahel gewesen sein, ihre Tochter Karoline und die kleine Rosel, sechs Jahre alt war sie zu diesem Zeitpunkt. Ich werde sie immer in Erinnerung behalten als das neugierige, niedliche kleine Mädchen, mit dem Friedel und ich bei unseren Besuchen in Weener immer gespielt haben. Sie sieht für mich für immer so aus wie auf dem einzigen Foto, das von ihr geblieben ist. Onkel Max hat es in Weener gemacht, es muss 1938 gewesen sein, Rosel ist damals drei Jahre alt. Ein prächtiger Lockenkopf, große dunkle Augen und ein rundes Gesicht. Ein Kleidchen trägt sie, eine Puppe hält sie im Arm, fast halb so groß wie sie.

Als die Nazis Ostfriesland 1940 »judenrein« machten, fanden Rosel, ihre Mutter und ihre Großeltern eine Unterkunft in Bremen bei Familie Spingelt. Frau Spingelt war Jüdin, Herr Spingelt galt den Nazis als »Arier«, ihre Söhne mussten als »Mischlinge« Zwangsarbeit leisten. Das lokale Parteibüro der NSDAP lag gleich neben dem Haus der Spingelts und doch ließen sich einige Nachbarn den Kontakt zu den Weinbergs nicht verbieten. Rosel hatte eine Freundin in der Straße, die bewunderte immer Rosels Puppenbett, Onkel Bernhard hatte es aus alten Matratzenfedern gebaut, manchmal, so erinnerte die Freundin sich später, erlaubte Rosel, ihr damit zu spielen.

Als Rosel eines Tages plötzlich weg war, wollte dem Mädchen niemand sagen, wohin sie gegangen war.

Dabei hatten es die Bremer genau sehen können. Gut 440 Juden hatten sich am 18. November zwischen sechs und sieben Uhr morgens zu sammeln, sie wurden von Uniformierten zum Lloydbahnhof eskortiert. Am Abend vor dem Abtransport hatte meine Tante Rahel im Schutz der Dunkelheit bei einem Nachbarn ans Fenster geklopft und um etwas Warmes zum Anziehen gebeten, denn Kleiderkarten für den Kauf von Textilien gab es für Juden nicht. Der Nachbar gab ihr zwei warme Strickjacken. Kurze Zeit später klopfte sie noch einmal ans Fenster und überreichte ihm sechs silberne Teelöffel mit Monogramm als Dank.

Der Zug verließ Bremen um 8:40 Uhr. Onkel Bernhard, Tante Rahel und meine Cousinen Karoline und die kleine Rosel, sie wurden zu Transportnummern in der bürokratischen Vernichtungsmaschinerie der Nazis. 406, 407, 408, 409. Wahrscheinlich rechneten sie damit, irgendwo in den besetzten russischen Gebieten in einem Arbeitslager angesiedelt zu werden, vielleicht hörten sie auch andere Gerüchte, aber dass sie ins Ghetto nach Minsk deportiert werden sollten, sagte ihnen niemand.

Ich kann heute nicht mehr sagen, wie sehr Friedel und ich damals die Deportation fürchteten. Wir hatten auf jeden Fall wenig Zeit und wenig Kraft, uns darüber Gedanken zu machen. Der Winter 1941/1942 war bitterkalt, der Frost und die harte Arbeit in den Schonungen um Hangelsberg zehrten an unseren Körpern, sodass wir abends einfach auf unsere Strohsäcke fielen, nur damit uns der Frost bald wieder aus unserem kurzen Schlaf riss.

Während wir gegen die Kälte ankämpften, beschlossen im Januar 1942 in einer Villa in Berlin-Wannsee die Völkermörder unter Vorsitz von SS-Obergruppenführer Reinhard Heydrich die »Endlösung der Judenfrage«. Juden in Minsk wurden erschossen und im polnischen Belzec wurden im März 1942 zum ersten Mal die 150 PS-Motoren angeworfen, die Abgase in Baracken drückten, in denen die Menschen panisch schrien und dann starben. In Hangelsberg schrieb Förster Braun einen Bittbrief. Nicht nur meine Mutter, auch er sah Hitlers Pläne mit

Schrecken, alle Juden aus dem Reich in den Osten zu deportieren. Ich glaube allerdings nicht, dass es ihm um unser Überleben ging, sondern eher darum, dass er billige Arbeitskräfte verlieren würde. Er schrieb am 20. März 1942 an den »Herrn Landesforstmeister« in Frankfurt/Oder:

> *»Der Lagerleiter des Jüdischen Forsteinsatzlagers in Hangelsberg-Wulkow meldete mir heute, dass ihm von der Geheimen Staatspolizei Abtlg. II B in Frankfurt/Oder mitgeteilt wurde, dass aus diesem Forsteinsatzlager vorerst 8 Arbeitskräfte, und zwar 6 männliche und 2 weibliche, abgezogen werden sollen, um an anderer Stelle eingesetzt zu werden. Außerdem soll angedeutet worden sein, dass noch weitere Juden abgezogen werden sollen. Sollten nun die angeforderten Juden, die alle im Holzeinschlag beschäftigt sind, wirklich abgezogen werden, dann ist die Aufbringung der Holzumlage, insbesondere der Grubenholzumlage, nicht mehr möglich, da die Juden gerade in schwächeren Hölzern eingesetzt sind und sich schon eine hinlängliche Fähigkeit in der Holzhauerei erworben haben, sodass ihr Einsatz für die Umlageaufbringung von allerhöchster Bedeutung ist. Ein Ersatz durch andere, wahrscheinlich ungeübte, alte Juden, kann nicht in Frage kommen, da diesen die Übung fehlen würde und da außerdem eine Neueinschulung und Beaufsichtigung durch das ohnehin zahlenmäßig geringe Forstpersonal unmöglich ist. Ich erwähne nebenbei, dass die Juden, die sich freiwillig zum Holzeinschlag gemeldet hatten, seit Dezember 1941 auch während der strengen Fröste im Holzeinschlag gearbeitet haben. Ich bitte bei der Geheimen Staatspolizei vorstellig zu werden und eine Abziehung der Juden zu verhindern.«*

Förster Brauns Hilferuf schien zunächst erhört worden zu sein. Die meisten von uns blieben vorerst im Forstlager, auch Friedel und ihre Freundinnen aus Groß Breesen. Ein Glücksfall, nicht nur für den Förster, sondern auch für uns. Wir konnten unsere Eltern und Dieter sehen. Meine Mutter war nervös, mein Vater still, selbst Dieter merkte man an, dass nur noch wenig von seinem Optimismus geblieben war. Er hatte einmal seinen Freund Erwin Eden mit in das ärmliche Zimmer meiner Eltern gebracht. Der Matrose sagte unserer Mutter, sie könne ihm ihren Schmuck anvertrauen, er würde ihn für sie aufbewahren und in besseren Zeiten wiedergeben. Er muss sehr vertrauenswürdig auf meine Mutter gewirkt haben. Mama gab ihm jedenfalls alles, was ihr geblieben war. Der Schmuck, den sie zur Hochzeit bekommen hatte und den sie vor den Nazis in der Pogromnacht hatte retten können. Ein Ring, eine Brosche, eine Kette. Erwin Eden hatte eine Schuhcremedose dabei, ich kann mir gut vorstellen, dass das Versteck Dieters Idee gewesen war. Sie kratzten die Creme aus der Dose, legten den Schmuck hinein, erhitzten die Schuhcreme, bis sie flüssig wurde, und gossen sie zurück in die Dose, und als die Creme hart geworden war, sah die Dose wieder aus wie eine gewöhnliche nagelneue Schuhcremedose. Ein perfektes Versteck, wenn man Erwin Eden trauen konnte, und das konnte man, aber das würde meine Mutter leider nie erfahren.

Sie lebte in ständiger Angst vor der Deportation. Sie sprach davon, wen sie abkommandiert hatten, wer den Brief zum Abtransport bekommen hatte, sie hatte Gerüchte gehört, dass die Kinder von ihren Eltern getrennt würden, das war ihre große Angst, das ließ ihr keine Ruhe. Dazu der Hunger und die Schikanen. Radioverbot, Telefonverbot, Theater-, Kino-, Konzertverbot, Verbot, Zeitschriften zu kaufen, Verbot, Zigarren zu kaufen, Verbot, Blumen zu kaufen, Entziehung der Milchkarte,

Zwangsablieferung von Pelzen und Wolldecken, von Fahrrädern, Verbot, Vorräte an Esswaren im Haus zu haben, Verbot, Restaurants zu betreten.

Und doch hatte Mama all ihren Mut zusammengenommen und trotz aller Verbote ein kleines Wunder vollbracht. Sie hatte sich einen Mantel angezogen, auf den kein »Judenstern« genäht war, und war zu einer Versteigerung des Fundbüros an einem S-Bahnhof gegangen. Dort hatte sie inmitten der Mäntel, Regenschirme und Koffer auch feste Lederschuhe gesehen, sie hatte nicht gewusst, ob sie die richtige Größe hatten, aber sie waren so günstig, dass Mama sie einfach kaufen musste, von dem wenigen Geld, das sie vom mickrigen Zwangsarbeiterlohn meines Vaters abgezweigt hatten. Friedel freute sich sehr, als Mama ihr die Schuhe schenkte. Sie passten gut. Die Schuhe sollten ihr später dabei helfen, zu überleben.

Dieter traf es zuerst.

Es geschah an einem Sonnabend, dem 27. Februar 1943, er verabschiedete sich von unseren Eltern, ging morgens in seiner zerschlissenen Arbeitskleidung aus der Wohnung und machte sich auf den Weg zur Baustelle. Am Abend kam er nicht wieder, auch nicht an den folgenden Abenden und Tagen. Dieter blieb verschwunden.

Polizei und SS-Männer hatten eine regelrechte Jagd auf die restlichen Juden gemacht, hatten mehr als 8000 Juden verhaftet, auf offener Straße, bei Behördengängen, die meisten dort, wo sie zur Zwangsarbeit gezwungen wurden, deshalb sprach man von der »Fabrikaktion«. Sie wurden in Sammellager gepfercht. Reichspropagandaminister Joseph Goebbels, der auch Gauleiter von Berlin war, hatte der Aktion schon Tage zuvor in seinem Tagebuch entgegengefiebert, doch davon erfuhr die Welt erst Jahrzehnte später. Er schrieb, dass »die Juden

Berlins nun endgültig abgeschoben werden. Mit dem Stichtag des 28. Februar sollen sie zuerst einmal alle in Lagern zusammengefasst werden und dann schubweise, Tag für Tag bis zu 2000, zur Abschiebung kommen. Ich habe mir zum Ziel gesetzt, bis Mitte, spätestens Ende März Berlin gänzlich judenfrei zu machen.«

Natürlich kannten meine Eltern Goebbels Tagebucheintrag nicht. Aber sie hatten mitbekommen, was in den Straßen geschehen war, sie teilten die Verzweiflung mit den Jüdinnen und Juden, die noch einmal davongekommen waren, und ahnten, dass ihre Lage ausweglos war. Einige harrten ihrem Schicksal entgegen, andere tauchten unter, wieder andere begingen Selbstmord, um der Deportation zu entgehen.

Unsere Eltern stiegen in den Zug nach Hangelsberg, um Friedel und mich noch einmal zu sehen.

Wir saßen zusammen im Geräteschuppen, die Eltern noch grauer, dünner und kraftloser als je zuvor. Meine Mutter schrieb einen Brief an Frau Zimmermann, als sie bei uns war an diesem Tag, sie fürchtete, ihr bliebe, zurück in Berlin, keine Gelegenheit mehr dazu.

»Meine liebe Ruth. Die Bildchen waren sehr angebracht. Leider wird es wohl vorerst das letzte Mal sein, wie mein Herz klopft und mein Mann und ich zu Mute sind, können Sie sich nicht vorstellen. Eines guten Tages wird wohl auch unsere Stunde schlagen, bei uns im Hause ist alles kaputt, die Fensterrahmen hängen raus, uns gegenüber viele Tote, man macht schon was durch. Und dazu unser Schicksal. Unser Dieter ging Sonnabend früh zur Arbeit, er kam nicht wieder zurück, so von der Arbeit abgeholt zu werden, und schon mit einem Transport fort, ohne Abschied, ohne Zeug, nur das Schlechteste, was er zur Arbeit trägt, es ist

nicht mehr auszuhalten, und wissen nicht, wohin und ob wir uns wiedersehen. Mein Mann und ich sind hier bei den Kindern, haben ein paar unerlaubte schöne Stunden gehabt. Kommen wir nach Hause, vielleicht werden wir schon in Empfang genommen und mit. Sollte uns das Schicksal treffen, dann schreiben wir Ihnen, wenn wir können, auch haben wir dieses mit unseren Kindern verabredet, damit wir wissen, wie wir uns mal treffen können. Leben Sie wohl, Ihre N. N.«

Als wir uns an diesem Märztag 1943 verabschiedeten, sah uns Mama in die Augen und sagte: »Wenn alles vorbei ist, treffen wir uns wieder in Berlin.«

Dieser Satz hat sich in meine Erinnerungen eingebrannt, es vergeht kein Tag, an dem ich ihn Mama nicht in meinem Kopf sagen höre. Leider kann ich mich nicht mehr erinnern, wie wir uns an jenem Tag verabschiedeten, ob wir uns umarmten, ob sie Friedel und mir einen Kuss gab, ob wir uns alle noch einmal in den Armen lagen. Ich wünschte, es wäre anders und ich weiß auch nicht warum, aber mein Gedächtnis ist da wie eine weiße Seite Papier.

Mir ist dieser Satz aus ihrem Brief geblieben, er ist kein Trost, doch er bedeutet mir sehr viel: »Mein Mann und ich sind hier bei den Kindern, haben ein paar unerlaubte schöne Stunden gehabt«, hatte sie Ruth Zimmermann geschrieben.

17

Friedel schlief.

Albrecht saß neben ihrem Bett im Altenheim und beobachtete seine Schwester. Friedlich sah sie aus. Keine Albträume rissen sie aus dem Schlaf, kein Zucken an ihren Mundwinkeln verriet eine innere Unruhe, sie lag einfach ruhig da. Die Ärzte im Krankenhaus in Leer hatten gesagt, die Magensondenoperation sei geglückt, doch es werde sich erst in den nächsten Wochen zeigen, wie Friedel sie überstanden hatte.

Gleich zwei Tage nach der Operation hatten Friedel und Albrecht das Leeraner Krankenhaus verlassen und waren zurückgekehrt in ihr Zimmer im Seniorenheim. Albrecht hatte zusammen mit Gerda so lange insistiert, bis die Ärzte zugestimmt hatten. Er hatte doch gesehen, dass das Krankenhaus Friedel nicht guttat. Ruhiger war es hier im Heim, hier hatte er Friedel zuletzt lächeln gesehen, er hoffte, dass sie es bald wieder tun würde.

Leider hoffte er vergebens.

Friedel schlief viel in diesen Tagen und Albrecht war bald froh darum. Denn wenn sie wach war, schien das Leben ein Kampf für sie zu sein. Manchmal rang sie verzweifelt nach Luft, er saß auf einem Stuhl an ihrem Bett, drückte ihre Hand, hilflos, was konnte er auch tun? Er begrüßte sie immer mit

»*Good morning*«, doch Friedel antwortete nicht mehr. Bleich war ihre Haut, trübe ihre Augen. Und Gerda, die jeden Tag nach den beiden sah und sich nach Dienstschluss immer noch für eine Stunde zu Friedel ans Bett setzte und mit Albrecht redete, spürte als erfahrene Altenpflegerin schnell, dass es Friedel von Tag zu Tag schlechter ging. Sie hatte gerade den Spätdienst beendet und war in das Zimmer der Geschwister gegangen, es war kurz nach 20 Uhr, am 17. Mai 2012, da genügte ihr ein kurzer Blick auf Friedel und sie wusste, was zu tun war. Sie ging aus dem Zimmer und rief ihren Mann an: »Ich komme heute Nacht nicht nach Hause, ich glaube, es geht mit Friedel zu Ende, ich bleibe hier, solange es nötig ist.«

Sie saßen an Friedels Bett, Albrecht an der einen Seite, Gerda an der anderen. Gerda konnte Albrecht nicht allein am Sterbebett seiner Schwester sitzen lassen, sie fühlte sich verpflichtet den Geschwistern gegenüber, schließlich waren sie hier fremd in ihrer eigenen Heimat, hatten niemanden mehr, der sich um sie sorgte. Sie kannte Albrecht und Friedel erst wenige Wochen – und doch schien sie mehr über die beiden zu wissen als über so manche ihrer Kolleginnen und Kollegen, mit denen sie schon seit Jahren zusammenarbeitete. Die Geschwister Weinberg, sie waren ihr ans Herz gewachsen. Und Albrecht war froh, Gerda in dieser Nacht an seiner Seite zu wissen, sie schien ihn zu verstehen, ganz intuitiv, auch, wie ihn das Holocaust-Syndrom manchmal ganz meschugge im Kopf machte, wie er ihr einmal anvertraut hatte.

Still saßen beide an Friedels Bett. Nach einiger Zeit begann Albrecht zu reden. Über Friedel. Und damit auch über sich. In seinem ganzen Leben war er nie von Friedel getrennt gewesen, niemals. Wie sie zusammengewohnt hatten, erzählte er, Friedel und er, die Wohnungen waren größer geworden mit der Zeit, die Möbel kostspieliger, aber es blieb immer dabei: Er ein Zimmer, sie ein Zimmer. Nicht, dass es immer so geplant gewesen war. Friedel hatte in den fünfziger Jahren einen Mann kennengelernt, Ludwig hieß er, sie gingen eine Weile aus, es war etwas Ernstes. Vielleicht hätten sie sich sogar verlobt. Doch dann eröffnete Friedel Albrecht: »Ludwig will nicht mehr in New York bleiben, er will nach Kalifornien.« Er hätte sie niemals aufgehalten, doch Friedel überlegte nicht lange. Sie blieb in New York und bei ihm, und erst viel später einmal sagte sie zu Albrecht: »Ich wollte nicht, dass du allein bist.« Es war kein Vorwurf in ihrer Stimme, es war eine Feststellung.

Egal, was kam, sie blieben immer zusammen, wie sie sich geschworen hatten, damals, mit gerade einmal Anfang zwanzig, gleich nach der Befreiung. Nie hatte er daran gedacht, allein zu wohnen, nie hätte er Friedel allein gelassen, nie stritten Friedel und er sich.

So waren sie immer zusammen gewesen. Seit seiner Geburt. 87 Jahre lang, beinahe. Wenn nur Auschwitz nicht gewesen wäre.

Was Friedel dort genau widerfahren war, sie hatte es ihm nie erzählt und er hatte sie nicht danach gefragt. Sie hatte immer Kontakt gehalten zu einigen Frauen aus Auschwitz, einige waren auch nach New York gezogen, wie sie. Manchmal, wenn sie mit ihnen im Park picknickten, dann hörte er sie reden über diese Zeit, Bruchstück um Bruchstück puzzelte er sich aus den Erinnerungen der Frauen ein Bild ihres Schreckens von Auschwitz zusammen, doch auch jetzt noch, nach all den Jahrzehnten, war es lückenhaft, denn sie, die *survivors*, hatten viel zu lange mehr darüber geschwiegen als geredet. »Man kann das alles nicht verstehen, wenn man nicht dabei war«, sagte er immer. Und er wusste, die Wahrheit war: selbst dann nicht.

Als es Mitternacht wurde, merkten Albrecht und Gerda, dass Friedel immer langsamer atmete. Albrecht strich Friedel über den Arm. Gerda tupfte ihren Mund trocken. Sie sagte Albrecht, er habe richtig entschieden, als er Friedels Operation zugestimmt hatte, niemand hätte wissen können, dass es mit Friedel so schnell zu Ende gehen würde.

»Ich habe das Gefühl, dass sie gerne wieder zurück nach Deutschland gekommen ist. Sie war glücklich, wieder hier zu sein. Denk nur daran, wie sie vor Freude geweint hat, als eure Bekannten euch in Florida abholen kamen. Sie wollte in ihrer Heimat begraben werden.«

»Und wie sie sich gefreut hat, hier zu sein. Fast jeden Tag hat sie mir das gesagt, solange sie sprechen konnte«, sagte Albrecht leise.

Friedel atmete immer langsamer, jeder Atemzug begleitet von einem rasselnden Geräusch. Albrecht und Gerda legten ihre Hände auf Friedels. Es war kurz nach ein Uhr nachts, am 18. Mai 2012, als Friedel ihren letzten Atemzug tat im Seniorenheim in Leer, weniger als 20 Kilometer von dem Haus entfernt, in dem sie 88 Jahre zuvor geboren worden war.

Albrecht sprach unter Tränen das Kaddisch, das jüdische Totengebet.

> *»Erhoben und geheiligt werde sein großer Name auf der Welt, die nach seinem Willen von Ihm erschaffen wurde – sein Reich soll in eurem Leben in den eurigen Tagen und im Leben des ganzen Hauses Israel schnell und in nächster Zeit erstehen. Und wir sprechen: Amen!*
> *Sein großer Name sei gepriesen in Ewigkeit und Ewigkeit der Ewigkeiten. Gepriesen sei und gerühmt, verherrlicht, erhoben, erhöht, gefeiert, hocherhoben*

Ernst blicken Albrecht, Dieter und Friedel auf dem letzten Foto, das alle Weinberg-Geschwister zusammen zeigt. Sie posierten dafür 1942 in einem Fotogeschäft in Berlin. Albrecht erinnert sich noch heute daran, wie heftig damals sein Herz schlug. Aus Angst, der Fotograf könnte ihre »Judensterne« entdecken.

Albrechts Vater Alfred war stolz, für sein Vaterland gekämpft zu haben. Hier steht er neben seinem Bruder Jakob, das Bild entstand während des Ersten Weltkriegs.

Albrechts Mutter Flora war eine waschechte jüdische Ostfriesin. Sie hatte neun Geschwister, hier sitzt sie als junge Frau zusammen mit ihrer Schwester Caroline für den Fotografen still.

Erschöpfte, aber stolze Eltern: Flora und Alfred Weinberg mit ihrem ersten Sohn Dieter, der im August 1922 geboren wurde. Ein »strammer Junge«, hatten sie in der Geburtsannonce in der Lokalzeitung geschrieben.

Ein prächtiger Lockenkopf, große dunkle Augen und eine Puppe im Arm, fast halb so groß wie sie: Albrecht ist nur dieses Foto seiner Großcousine Rosel geblieben, mit der er so gern spielte. Sie wurde 1942 im Ghetto von Minsk ermordet, da war sie gerade einmal sechs Jahre alt.

Dieses Klassenfoto der Jüdischen Schule in Leer wurde vermutlich 1935 aufgenommen, ein Jahr später gingen auch Albrecht und Friedel hier zur Schule, nachdem sie von ihrer Schule in Rhauderfehn verwiesen worden waren. Viele ihrer Mitschülerinnen und Mitschüler wurden wenige Jahre später ermordet.

Nachgeholte Jugend: Friedel und eine Freundin scherzen auf der Treppe des jüdischen Lehrgutes Groß Breesen in der Nähe von Breslau, das sie und ihr Bruder Albrecht vom Frühjahr 1939 bis Sommer 1941 besuchten.

Eingeschworene Gemeinschaft: Albrecht (rechts oben auf dem Bett liegend) erinnert die zwei Jahre im jüdischen Lehrgut in Groß Breesen als eine paradiesische Atempause fernab vom Nazi-Wahn. Auf eine Auswanderung sollten hier die Jugendlichen vorbereitet werden. Doch für Albrecht und die meisten Jungen auf diesem Foto war es zu spät.

Die landwirtschaftliche Ausbildung war hart in Groß Breesen. Doch der kleine Albrecht, den seine Freunde nur »Krümel« nannten, hatte selbst vor dem mächtigen Ochsen »Vierkant« keine Scheu – schließlich hatte er den Umgang mit Tieren von seinem Vater und auf dem Viehmarkt von Leer gelernt.

Friedel (links) schält mit anderen Lehrgangsteilnehmerinnen in Groß Breesen Kartoffeln. Einige ihrer Freundinnen und Freunde aus dieser Zeit treffen sie und Albrecht noch Jahrzehnte später in New York wieder, untereinander sprechen sie dann über die Freude von Groß Breesen und die Schrecken der Lager.

Unbeschwerte Momente: Friedel Anfang der fünfziger Jahre in einem Ferienhaus im Umland von New York.

In Amerika lernten sie einen neuen Ausdruck: *enjoy yourself*. Sie versuchten es. Und machten Urlaub.

Seltener Moment der Ruhe: Albrecht versucht eine lockere Pose im Central Park 1958. Sechs Tage in der Woche aber stand Albrecht in seinem Fleischergeschäft.

Der Fleischerladen »Jack & Al's Meat Market« in Harlem war klein, aber Albrechts Leben. Zusammen mit einem Kompagnon eröffnete er ihn 1954, fast ein Vierteljahrhundert stand er hinter dem Tresen. Für dieses Foto mit einem Vertreter, entstanden wohl um 1960, hat Albrecht ausnahmsweise seinen angestammten Platz verlassen.

Ilse Polak trafen Albrecht und Gerda in New York wieder. Zusammen waren sie auf die Jüdische Schule in Leer gegangen, Ilse hatte das KZ Stutthof bei Danzig überlebt. Zusammen machten sie sich nun auf Reisen. Noch heute telefoniert Albrecht mit Ilse, sie wohnt noch immer am Central Park.

Als sie es sich leisten konnten, zog es Albrecht und Friedel ab den siebziger Jahren regelmäßig aus dem eisigen New Yorker Winter in die Sonne und an die Strände Floridas. Später zogen sie nach Fort Lauderdale.

Ausgehfein sitzt Friedel in den sechziger Jahren in ihrer Wohnung in New York. Albrecht und sie haben immer zusammengelebt. Rechts vorne auf dem Tisch steht das Hochzeitsfoto ihrer Eltern, die in Auschwitz ermordet wurden. Das Foto begleitete die Geschwister in jede ihrer Wohnungen.

Alfred Weinberg und Flora Grünberg heirateten am 11. Januar 1920. Das Hochzeitsfoto hängt heute an einem Ehrenplatz neben Albrechts Bett.

Albrecht und Friedel als Rentner in Florida. Viele Jahre hatte Friedel jeden Morgen versucht, die Nummer aus Auschwitz auf ihrem Arm mit Schminke zu überdecken.

Bei seinen Vorträgen in Schulen hat Albrecht immer einen »Judenstern« dabei – es ist ein Original aus Theresienstadt, von einer Cousine.

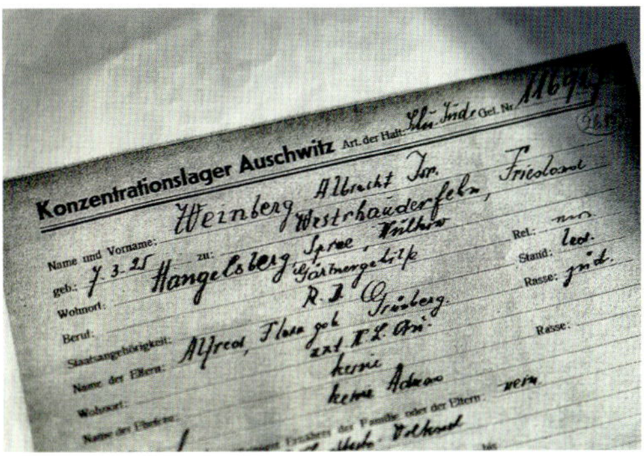

Ein Dokument seiner schlimmsten Zeit: Albrechts Häftlingskarte aus Auschwitz.

Kein Grab haben seine Eltern. Keinen Ort zum Trauern hat er als ihr Sohn. Deshalb hat Albrecht eine Gedenkplatte für sie auf dem jüdischen Friedhof in Leer legen lassen – auch im Namen seiner Geschwister.

Es ist Albrecht wichtig, auf dem jüdischen Friedhof seiner verstorbenen Familie zu gedenken. Einen Stein legt er dann auf die Grabplatte, dann spricht er das Kaddisch, das jüdische Totengebet.

Mit dem Holocaust-Überlebenden Tswi Herschel verbindet Albrecht eine Freundschaft, hier feiern sie im Herbst 2022 das »Sukkot«, das Laubhüttenfest, in Tswis Haus bei Tel Aviv.

Sie beide waren zur gleichen Zeit im KZ Mittelbau-Dora im Harz. Wenn sich Albrecht und Jerry Wartski treffen, feiern sie ihr Überleben.

Vor Albrechts ehemaligen Elternhaus in Rhauderfehn liegen heute Stolpersteine zum Andenken an seine Familie.

Ein 97-Jähriger auf Klassenfahrt: Im Herbst 2022 begleitet Albrecht Schülerinnen und Schüler aus Rhauderfehn auf ihrer Abschlussreise nach Israel. In der Holocaust-Gedenkstätte Yad Vashem erzählt Albrecht von seinen Eltern.

Fragen an Albrecht auf ihrer Israelreise. Längst sind sie so eng mit ihm, dass sie zusammen seinen Geburtstag feiern. Sogar ihre Schule haben sie nach ihm benannt: Albrecht-Weinberg-Gymnasium Rhauderfehn.

Langsam fährt Albrecht mit den Fingern über die steinerne Gebotstafel. Heute hängt sie in der Ichud-Shivat-Zion-Synagoge in Tel Aviv. Die Tafel zierte einst das Portal der Synagoge in Leer, er feierte in ihr seine Bar-Mizwa. Es war die letzte Bar-Mizwa dieser Synagoge. Bald darauf, in der Nacht vom 9. auf den 10. November 1938, brannten die Nazis sie nieder.

Die Schülerinnen und Schüler des Albrecht-Weinberg-Gymnasiums mit ihrem Namensgeber in Jerusalem. Es ist keine leichte Reise für Albrecht. Und doch lässt er das die Schülerinnen und Schüler kaum merken. Er will nicht, dass die Erinnerung in Betroffenheit erstarrt.

Reisende der Holocaust-Erinnerung: Gerda und Albrecht treffen einen Holocaust-Überlebenden aus der Ukraine bei der Gedenkstunde des Deutschen Bundestages für die Opfer des Nationalsozialismus am 27. Januar 2023.

Albrecht Weinberg, der israelische Botschafter Ron Prosor und Bundesjustizminister Marco Buschmann zünden 2023 bei der Gedenkstunde des Bundesjustizministeriums Kerzen an in Erinnerung an die Opfer des Nationalsozialismus.

Ostfriesen beim Tee: Seit Sommer 2020 wohnt Albrecht mit seiner ehemaligen Altenpflegerin Gerda Dänekas in einer WG in Leer zusammen. Es hat beider Leben verändert.

Morgenritual Nummer eins: »Ich setz' dir mal die Ohren ein!«, sagt Gerda und hilft Albrecht beim Einsetzen des Hörgeräts.

Morgenritual Nummer zwei: Nach dem Frühstück reden sie über die Nachrichten aus der Welt, die Gerda Albrecht aus der Zeitung vorgelesen hat.

»Mir geht es dank Gerda so gut wie nie«, sagt Albrecht Weinberg nach dem Guten-Morgen-Kuss.

und gepriesen sei der Name des Heiligen, gelobt sei er, hoch über jedem Lob und Gesang, Verherrlichung und Trostverheißung, die je in der Welt gesprochen wurde, sprechet Amen! Fülle des Friedens und Leben möge vom Himmel herab uns und ganz Israel zuteilwerden, sprechet Amen.
Der Frieden stiftet in seinen Himmelshöhen, stifte Frieden unter uns und ganz Israel,
sprechet Amen.«

Albrecht sprach das Gebet auf Hebräisch, so wie er es von seiner Mutter gelernt hatte. Auschwitz hatte ihm den Glauben an Gott genommen, aber die Erinnerung an das Gebet geschärft. Gerda wartete einige Augenblicke, dann sprach sie das Vaterunser.

Die Nacht hatte etwas Besonderes mit Albrecht und Gerda gemacht, sagen sie heute. Für Albrecht war da plötzlich und unverhofft ein Vertrauen zu einem Menschen gewachsen, wie er es bisher nur Friedel gegenüber gehabt hatte. Und Gerda spürte das Bedürfnis, Albrecht zu helfen. Der Gedanke schoss ihr in dieser Nacht durch den Kopf: Sie würde von nun an ein Ziel verfolgen und alles daransetzen, dass Albrecht hier in seiner alten Heimat wertgeschätzt werden würde, dass die Menschen ihm die Anerkennung zollen würden, die er in seiner Kindheit und Jugend hier nie bekommen hatte. Gerda würde dafür sorgen, dass Albrecht es nicht bereuen würde, wieder nach Deutschland zurückgekehrt zu sein, er würde vielleicht sogar glücklich damit sein können, dass er seinen Schwur gebrochen hatte und wieder hier lebte, unter seinen Landsleuten.

Das war Gerdas Ziel, sie wusste noch nicht, wie es ihr Leben durcheinanderwirbeln würde.

Doch mit Friedels Tod schien auch ein Teil von Albrecht gestorben zu sein. Abwesend, wie gelähmt wirkte er auf Gerda in den Tagen danach. Sie versprach ihm, sich um die Beerdigung zu kümmern. Doch wie sah eine jüdische Beerdigung überhaupt aus? Woher sollte sie einen Rabbiner nehmen, in Ostfriesland fand sich keiner weit und breit? Sie fragte schließlich einen Pastor, der Albrecht und Friedel kannte von früheren Treffen der ehemaligen jüdischen Einwohner mit den Bürgern und Bürgerinnen der Stadt Leer, er erklärte sich bereit, eine kurze Trauerrede zu halten.

Gerda las alles, was sie über jüdische Beerdigungen finden konnte. Nach jüdischer Tradition würden Verstorbene in einem Leinentuch beerdigt, las Gerda, in Israel folge man meist dieser Tradition, jüdische Gemeinden in Deutschland beerdigten ihre Toten traditionell jedoch in einem Holzsarg, weil in Deutschland lange die Sargpflicht galt, erst langsam werde sie in einigen Bundesländern gelockert. Gerda machte dem Bestatter klar, dass sie einen schlichten rechteckigen Holzsarg bräuchten, ohne Verzierungen, ohne Beschläge, ohne Lasur oder Lacke, um die Verrottung nicht hinauszuzögern, damit die Tote, wie der jüdische Glaube es verheißt, »zu den Vätern versammelt« würde. Kein Metall dürfe an dem Sarg sein, erklärte Gerda dem Bestatter, weil Metall als Symbol für Krieg und Gewalt gelte im Judentum.

Am Tag der Beerdigung bat Albrecht Gerda, neben ihm hinter dem Sarg auf den jüdischen Friedhof von Leer zu gehen, hinter ihnen folgte die Trauergemeinde. Albrecht hatte ein Gebetbuch auf Friedels Sarg gelegt, es war ein kostbares Gebetbuch mit Goldschnitt, Friedel hatte es damals in New York an ihrem letzten Arbeitstag vor der Rente als Sekretärin bei der Wohltätigkeitsorganisation *Foundation for Jewish Philanthropies* bekommen.

Langsam wurde der Sarg hinabgelassen, und weil es im Judentum Aufgabe der männlichen Angehörigen ist, das Grab zuzuschütten, griff Albrecht nach einem Spaten. Er schaufelte erst hastig, dann wie von Sinnen Erde in Friedels Grab. Gerda machte sich schon Sorgen, Albrecht würde zusammenbrechen oder ins Grab hineinstürzen. Sie ging langsam zu ihm hin, legte ihm die Hand auf die Schulter und zog ihn behutsam weg.

18

Am Tag, als ich Friedel zum ersten Mal verlor, hörten wir die Schreie und das Trampeln der Stiefel, schon bevor der Zug endgültig zum Stehen kam. Schreckerstarrt harrten wir aus im Halbdunkel des Waggons, niemand sagte etwas, in meiner Erinnerung schrie auch kein Baby mehr in diesem Moment. Die Alten und Schwachen, sie lagen auf dem Boden des Waggons, manche übereinander, doch wir hatten keine Kraft mehr, uns in diesem Wahnsinn um irgendetwas anderes zu kümmern als um unser eigenes Überleben.

Auf unseren Waggon hatte jemand mit weißer Kreide die Zahl 76 geschrieben, das hatte ich noch gesehen, als sie uns in den Waggon hineingetrieben hatten. 76 Menschen in einem Güterwagen, eine Zelle von wohl acht Metern Länge und drei Metern Breite, wahrscheinlich hatten sie die Kleinkinder auf den Armen ihrer Mütter nicht mitgezählt.

Friedel muss neben mir gestanden haben während der Fahrt, aber meine Erinnerung ist überschrieben von dem Wahnsinn, der losbrach, als sie die Tür unseres Waggons aufrissen, und plötzlich blendete meine Augen das Licht.

»Raus, ihr Schweine!«

»Schneller!«

»Ab!«

Ich sah brüllende Gestalten in verlumpten gestreiften Arbeitsanzügen, eine runde Häftlingskappe auf dem Kopf und ein Brett in der Hand, ich hatte noch nie Menschen in solch einem Aufzug gesehen. Da waren auch SS-Leute mit Karabinern in der Hand und auch welche mit bellenden Hunden, sie konnten sie kaum an den Leinen halten. Ich war in einer Irrenanstalt gelandet, dachte ich.

»Raus, ihr Schweine!«

Im Waggon ein einziges Schieben und Schubsen und Ziehen, alle drängten panisch in Richtung Tür. Alte stürzten, Kriegsversehrte lagen draußen am Boden, wir sprangen oder trampelten über sie, überall waren plötzlich Menschen, Hunderte, sie schienen endlos aus den Waggons zu fallen, zu stolpern und zu hetzen. Männer in gestreiften Arbeitsanzügen brüllten, schlugen und befahlen, Koffer und Taschen auf dem Bahnsteig liegen zu lassen. Menschen brachen zusammen, Menschen rappelten sich auf, Menschen blieben regungslos liegen.

Stiefeltritte und Hiebe mit Gewehrkolben trieben mich voran, und erst, als ich in einer Menschenschlange stand und mein erster Schock nachließ, wagte ich, mich umzublicken, mit jeder Sekunde verzweifelter.

Wo war Friedel?

Vor ein paar Wochen noch waren wir alle zusammen gewesen, meine Eltern, Friedel und ich. Auch nach dem Besuch unserer Eltern waren Friedel und ich im Forstlager zusammengeblieben. Nur Gerüchte hatten wir gehört von dem, was nach dem 27. Februar 1943 in Berlin und anderswo passiert war. »Das große Inferno«, als das es Jahrzehnte später der ostdeutsche Landesrabbiner Martin Riesenburger bezeichnen würde, als die Berliner Gestapo mit Hilfe der SS brutal Tausende Menschen aus mehr als einhundert Betrieben geholt und sie in Sammellager zur Deportation gesperrt hatte – dieses Inferno schien erst einmal an uns vorbeigezogen zu sein.

Wir schufteten den März hindurch im Forst in Hangelsberg, ich hauste mit den Jungen und Männern im Keller, Friedel mit den Mädchen in der Laube, unsere Tage verliefen wie bisher. Nur unsere Essensrationen wurden immer kärglicher, unser Hunger immer unerträglicher. Friedel hatte Angst um unsere Eltern, wir hatten nach unserem verbotenen Treffen nichts mehr von ihnen gehört. Wir ahnten, dass das passiert war, was unsere Mutter befürchtet hatte. Man hatte sie uns endgültig weggenommen. Hatte sie mit einem Transport fortgebracht in den Osten. Wir hofften, dass sie wenigstens nach Theresienstadt gebracht worden waren, unser Vater hatte uns ja davon erzählt, dass er als Veteran des Ersten Weltkrieges eine Sonderbehandlung bekommen würde. Wir hatten keine Vorstellung davon, was in den Lagern im Osten vor sich ging.

Friedel und ich dachten, wir kämen in ein anderes Arbeitslager, als Förster Braun uns befahl, unser Schlaflager im Keller und in der Laube auf dem Gutshof zu räumen. Zum Bahnhof nach Fürstenwalde sollten wir uns aufmachen, sagte er noch, und wir sahen ihn nie wieder.

In Fürstenwalde zogen sie alle Jugendlichen zusammen, die noch Zwangsarbeit leisten mussten in Forsten oder in der Landwirtschaft. Friedel und ich sahen dort einige unserer Freunde aus Groß Breesen wieder, doch Zeit zum Plaudern hatten wir nicht. Die Gestapo scheuchte uns herum, war beschäftigt damit, »Mischlinge« ausfindig zu machen. Die konnten erst einmal in Fürstenwalde bleiben. Wir aber sollten weg, sofort. Alle Arbeitslager seien nun aufgelöst, erfuhren wir von den Wachen. Sie schoben uns in einen Zug nach Erkner, östlich von Berlin, dort brüllten sie: »Raus, Raus!« Sie hetzten uns an einen anderen Bahnsteig, dort stand die S-Bahn: »Schneller, schneller!«

Mir fiel gerade noch auf, dass ich unter dem Gebrüll und Geschubse meinen Rucksack vergessen hatte, ich rannte zurück, die Wachen brüllten mich an, einer zog mich von der Waggontür weg, in letzter Sekunde steckte ich den Arm durch den Lederriemen und zog den Rucksack mit mir. Darin hatte ich nur noch ein wenig zerschlissene Kleidung, sie war kein ausgeblasenes Ei wert, und doch, der Rucksack war meiner, ich hatte zu diesem Zeitpunkt noch so etwas wie Besitz, und den holte ich mir, auch wenn die Wachen brüllten, denn er stand mir zu.

Wir fuhren nach Berlin hinein, ich erkannte einige Straßenzüge und Häuser wieder, wir hatten sie ängstlich bestaunt, als wir heimlich unsere Eltern besucht hatten. Friedel und ich staunten nun nicht mehr, doch die Angst war geblieben. An einem Bahnhof brüllten unsere Wächter wieder: »Raus!«. Zu Fuß trieben sie uns in die Jüdische Schule in der Großen Hamburger Straße, dichtgedrängt kauerten wir uns drinnen auf den Boden.

Plötzlich stand ein SS-Hauptsturmführer vor mir, befahl: »Mitkommen!« Dann blickte er sich um, suchte noch drei weitere Jungen aus und führte uns auf den Friedhof vor der Schule. Er zeigte auf ein Grab, auf dem Stein las ich »Moses Mendelssohn«. Ich hatte den Namen noch nie gehört. Er zeigte auf Spaten, die auf dem Boden lagen, kommandierte: »Ausheben!« Wir fragten nicht, warum, wir hatten Todesangst. Wir gruben, bis wir die Gebeine von Moses Mendelssohn in den Händen hielten, wir legten sie neben die Grube, dann scheuchte uns der SS-Mann zurück in das Sammellager.

Später habe ich gelesen, dass die SS damals Flakstellungen auf diesem Friedhof errichtete. Ich habe auch erfahren, dass die Gebäude in der Großen Hamburger Straße, in der sie die letzten Juden Berlins zusammengetrieben hatten, noch wenige Monate zuvor stolze Zeugnisse jüdischen Lebens in Deutschland gewesen waren. In der Großen Hamburger Straße 26 hatte sich seit Mitte des 19. Jahrhunderts das Altenheim der Jüdischen Gemeinde zu Berlin befunden; dahinter lag der erste neuzeitliche jüdische Friedhof, auf ihm war Moses Mendelssohn begraben, der Philosoph der Aufklärung, dem Gotthold Ephraim Lessing mit seinem Drama *Nathan der Weise* ein literarisches Denkmal gesetzt hatte. Gleich daneben lag die Jüdische Oberschule, in der, ganz im aufklärerischen Geiste Mendelssohns, schon im 18. Jahrhundert neben der Bibel und dem Talmud auch Mathematik, Biologie, Physik, Deutsch und Französisch studiert wurde.

Davon war im April 1943 nichts mehr übrig. Tische und Stühle hatten Mitarbeiter der Jüdischen Gemeinde heraustragen müssen, um Platz für über Tausend Menschen zu schaffen, die Fenster waren auf Befehl des Eichmann-Vertrauten Alois Brunner vergittert und Scheinwerfer davor angebracht worden. »Häftlinge« nannten sie uns, und sie behandelten uns auch so.

Aus Schule und Altenheim war also ein Sammellager geworden, die Nazis sprachen beschönigend von »Ausschleusung« der Juden in den Osten, dabei war die Große Hamburger Straße seit Herbst 1942 ein Teil in der Vernichtungsmaschinerie der Lager im Osten, ein Massensammellager für die Abfertigung von Tausenden Kindern, Frauen und Männern nach Theresienstadt, Lodz und Auschwitz. Doch das waren nur Ortsnamen für Friedel und mich. Wir konnten doch nicht ahnen, was uns dort erwarten würde. Wir dachten an ein weiteres Arbeitslager wie in Hangelsberg, nur viel weiter im Osten. Wir hörten die Gerüchte, die sich die Menschen hier zuflüsterten, einige meinten, wir müssten an der Front Schützengräben ausheben, andere, sie würden uns in die Rüstungsfabriken nach Polen bringen. Wir sprachen über Zwangsarbeit, nicht über den beinahe sicheren Tod.

So hockten und standen wir dicht zusammengedrängt mit tausend anderen Menschen in ehemaligen Klassen- und Altenzimmern. Einige Alte lagen auf dem blanken Fußboden. Wir harrten aus. Wir hatten Durst. Wir hatten Hunger, aber niemand gab uns zu essen. Ich weiß nicht, wie lange wir hier gefangen waren. Unsere Namen hatten beflissene Bürokraten schon in eine Liste eingetragen, für den »37. Osttransport«, gut 700 Personen fanden sich auf dieser Liste. Unter Nummer 622 stand mein Name, »Weinberg, Albrecht Israel; geboren am: 7. 3. 25; Ort: Westrhauderfehn; Wohnung: Wulkow, Forsteinsatz; Bemerkungen: von Wulkow, Krs. Lebus«. Friedel fand sich in der Liste gleich unter meinem Namen, Nummer 623.

Wir und alle Jüdinnen und Juden um uns herum mussten eine »Vermögenserklärung« abgeben. Auf die deutsche Bürokratie war Verlass, auch bei der Organisation eines Massenmordes. 16 Seiten hatten wir auszufüllen. Nach Immobilien, Wertpapieren, Schmuck, Rentenansprüchen wurde gefragt, den vollständigen Hausrat musste jede Jüdin, jeder Jude angeben, selbst Nachthemden oder Gabeln. Mit diesen Listen gingen die Beamten nach der Deportation in die Wohnungen und schätzen den Wert. Anfangs wurde der Hausrat danach direkt in den Wohnungen versteigert, Nachbarn freuten sich. Ein reibungslos organisierter Raub.

Falls wir diese Liste hier oder schon einmal in Wulkow

ausgefüllt hatten, es dürfte uns nicht viel Zeit gekostet haben. Denn das war der Besitz von Friedel und mir: unsere Rucksäcke und die wenigen Kleidungsstücke darin.

Am nächsten Tag trieben uns die Wächter in einen Möbelwagen. Sie trieben so viele von uns hinein, dass wir kaum noch Luft bekamen, es war stockdunkel, in den Kurven drückten wir aneinander, Friedel und ich standen beisammen, ich weiß nicht mehr, was wir fühlten, ich weiß nur, dass wir nicht wussten, wohin uns der Möbelwagen bringen würde und wie sehr ich hoffte, endlich aus der Enge herauszukommen.

Als sich die Klappe des Möbelwagens endlich wieder öffnete, waren wir am Bahnhof Grunewald angekommen, damals ein Güterbahnhof. Später sollte ich *survivors* treffen, die mir erzählten, wie sie von der Großen Hamburger Straße zu Fuß quer durch die Stadt zum Bahnhof Grunewald getrieben wurden, vorbeigingen an den Berlinern, natürlich bekamen diese mit, was mit uns Jüdinnen und Juden geschah.

Ich sah dort, an Gleis 17, auch nur einen Güterzug stehen und verstand erst nicht, dass wir alle dorthinein sollten. Ich begriff genauso wenig, wieso die Alten, die Mütter mit Kindern und die Kriegsversehrten bei uns waren auf dem Weg ins nächste Arbeitslager. Doch schon führten die Wachen uns zu den Güterwaggons, zum Glück schafften es Friedel und ich, zusammenzubleiben im hektischen Chaos. Männer von der SS und der Gestapo trieben uns in die Waggons als seien wir Vieh auf dem Leeraner Viehmarkt, allerdings brüllten sie hier lauter, keiner von uns leistete Widerstand, jeder wusste, dass es hoffnungslos war. Schnell halfen Friedel und ich einigen Alten und Gehbehinderten dabei, in den Waggon hinaufzusteigen, einige hievten noch ihre Koffer und Rucksäcke mit hinein, andere ließen ihr Gepäck am Bahnsteig stehen in der Panik.

Dann pressten Friedel und ich uns selbst in diesen rollenden Kerker, und hinter uns drängen und stießen immer weitere Menschen in den Waggon hinein und die Wachen schubsten und traten, und ich musste daran denken, dass die Kühe, die ich manchmal mittwochs in die Waggons am Bahnhof von Leer getrieben hatte, deutlich mehr Platz gehabt hatten als wir. Wir waren für die Nazis nun weniger als Vieh.

Dann schob ein Wachsoldat die Schiebetür zu, wir hörten den Riegel und das Rasseln der Kette. Die Enge wurde unerträglich, schon bevor der Zug sich in Bewegung setzte. An den Seiten des Waggons waren Lüftungsluken angebracht, ich kannte solche Viehwaggons vom Viehmarkt, nur eine Sache hatten sie geändert für den Personentransport: Über die Luken war Stacheldraht gespannt worden.

Der Zug fuhr langsam, manchmal standen wir auf einem Nebengleis, das Warten darauf, dass es endlich weiterging, es zermürbte uns, es gab nichts zu essen und zu trinken, wir wollten nur noch raus.

Ein wenig Licht fiel durch die Lüftungsluken, im Halbschatten machte ich einige meiner Mitgefangenen aus, und je länger die Fahrt dauerte, desto mehr sah ich in ihnen nur noch Schatten. Unter den Schattenwesen im Waggon war eine Mutter mit einem kleinen Kind, das irgendwann anfing zu schreien, es hörte einfach nicht mehr auf, nach Stunden verließ es die Kraft, aber das Wimmern und das tröstende, hilflose Flüstern der Mutter hörten wir noch lange, irgendwann verstummte es, und wir atmeten auf, als nur noch der Rhythmus der Räder blieb; das Rattern der Räder, das Knarren der Wagenwände, es hat sich in die Erinnerungen vieler *survivors* geschrieben, auch ich meine es heute noch hören zu können.

Da war ein Weltkriegsveteran mit einem Holzbein, der sich bald kaum noch auf den Beinen halten konnte, da war die alte

Frau, die anfing, ununterbrochen Gebete zu murmeln und die immer nach Wasser rief, wenn der Zug wieder einmal zum Stehen kam. Wir alle standen zusammengepresst zu einer Masse in diesem Waggon, der niemandem Platz ließ zum Sitzen. Wir schwankten in dieser menschlichen Masse hin und her, wenn der Zug über Weichen ruckelte oder die Fahrt sich verlangsamte, wenn er durch Bahnhöfe fuhr, wir stützen einander und fielen aufeinander in den Kurven, irgendwann hatten wir alle Mühe, noch aufrecht stehen zu bleiben, doch wir hatten keine Wahl, inmitten der Masse der Körper zu sein, machte uns unfähig, uns darin eigenständig zu bewegen.

Glücklich waren die, die an den Lüftungsluken standen. Nach Schweiß und Angst roch es im Waggon, dazu der beißende Gestank aus dem Kübel, der in einer Ecke stand, unsere Toilette, bald war sie voll, und mit jeder Kurve schwappte der Kübel über und sein Inhalt verteilte sich über den Boden, irgendwann schämte sich keiner mehr dafür, wenn er sich in die Hose machte.

Ich kann mich nicht erinnern, dass Friedel und ich viel gesprochen hätten während der Fahrt. Je länger wir fuhren, desto stiller wurde es im Waggon. Wir schauten die meiste Zeit auf den Boden, versuchten, wegzudämmern, die Angst, den Stress, den Durst und den Hunger zu verdrängen und einander nicht in die angsterfüllten Augen zu sehen. Mit der Nacht wuchs die Erschöpfung, die Alten und Verwundeten konnten sich kaum noch aufrecht halten, ihr Stöhnen und Jammern wurde lauter, einige sackten zusammen und blieben am Boden liegen. Ich erinnere mich an die verzweifelten Schreie der Mütter, als ihre Babys starben. Dann verschwammen in meinem Kopf die Schatten im Waggon, ich weiß nicht mehr, woran ich dachte, ich hatte mich abgekoppelt von der Wirklichkeit.

Der nächste Morgen brachte keine Erlösung. Immer noch fuhren wir, immer weiter, öfter standen wir jetzt auch, irgendwann rief uns einer von der Lüftungsluke aus zu, wir seien in Polen. Doch wir sagten dazu nichts, wir wussten ja nicht, was das bedeutete, wie lange wir noch fahren würden und wohin. Wir dachten nur daran, dass wir raus wollten aus dieser tödlichen Enge. Dass wir trinken wollten und essen.

Wir fuhren durch den Bahnhof von Kattowitz, als ich für eine kurze Zeit an der Lüftungsluke stand. Ich sah den Bahnhofswärter am Gleis. Er blickte in meine Richtung und fuhr sich mit dem Zeigefinger über den Hals, er wollte wohl damit sagen, dass wir in den Waggons in unseren sicheren Tod fuhren. Ich habe seine Geste damals nicht verstanden. Ich wusste ja nicht, was Auschwitz war. Ich ahnte nicht, dass es Kammern gab, in denen man massenhaft Menschen mit Giftgas tötete. Ich ahnte nicht, wozu Menschen fähig waren.

Dann endlich wurde der Zug langsamer und hielt an, ich hörte, wie der Riegel weggeschoben wurde. Es war der 20. April, Hitlers Geburtstag, als wir im größten aller Todeslager ankamen. Das Geschenk vom Führer an uns, wie wir später scherzten, als uns nur noch der Zynismus blieb. Friedel und ich waren zusammen mit der panischen Masse aus dem Waggon über die am Boden liegenden Toten gestolpert. Überall Schreie, Männer hierhin, Frauen dorthin. Es ging alles so schnell. Dann aber, als ich in einer Menschenschlange stand und der erste Schock nachließ, blickte ich mich um, mit jeder Sekunde verzweifelter versuchte ich, sie in der hastenden Menge auszumachen.

Friedel war weg. Ich hatte meine Schwester verloren.

19

»Links! Rechts! Links! Links! Rechts!« Das waren die Kommandos, die der uniformierte Mann mit den polierten, kniehohen Stiefeln gab. Der Mann brüllte nicht, er war schnell und effizient, redete wenig, manchmal blickte er einen von uns etwas genauer an, doch meist schwenkte er nur seinen Stock in die jeweilige Richtung, wenn er »links« oder »rechts« sagte.

Ich verstand in diesem Moment nicht, was das bedeutete, alles war so unbegreiflich, so irrsinnig. Die SS-Wachen, die Männer mit den gestreiften Sträflingskleidern und den geschorenen Köpfen unter ihren Häftlingskappen, die Schläge, das Durcheinander, die Hetze und dazu diese Befehle, einfach nur »rechts« oder »links«.

Der uniformierte Mann zögerte nicht lange, als er mich sah: »Rechts.«

Erst später erfuhr ich, dass ich in diesem Moment die erste Selektion überstanden hatte. Oft wurde sie vom Lagerarzt Josef Mengele persönlich durchgeführt. Aber ich wusste damals nicht, wie er aussah, so kann ich nicht mit Gewissheit sagen, ob er es war, der den Herrscher über Leben und Tod an diesem Tag spielte mit uns, den verschreckten Insassen des 37. Osttransportes aus Berlin-Grunewald.

Etwa tausend Juden und Jüdinnen waren mit mir angekommen, geht aus dem Lagerbuch hervor, wahrscheinlich waren auf der Fahrtroute noch weitere Waggons an den Transport angehängt worden. Ich habe mir die Transportliste später genau angesehen. Immer wieder habe ich sie studiert, als könne ich darin eine Antwort finden auf all meine Fragen. 299 Männer und 158 Frauen schickte der Mann mit mir nach »rechts«, wir galten als »arbeitsfähig« und durften vorerst leben. Über die Übrigen wurde das Urteil »links« gesprochen. Ich erfuhr erst später, was das bedeutete. Die Mutter mit dem weinenden Kleinkind, die alte Frau, die Gebete gemurmelt hatte, der Mann mit dem Holzbein, sie wurden auf Lastwagen gebracht, 543 Menschen wurden sofort vergast.

Friedel konnte ich nicht finden. Gleich nach der Selektion wurde ich mit einigen jungen Männern zu einer Kiste getrieben, in die wir unsere Wertsachen werfen mussten, doch ich hatte nur noch die Kleidung an meinem Körper, dann trieben sie uns auf einen Lastwagen, unsere Wächter hatten es eilig.

Auf der Kommandantur war viel Betrieb an jenem Tag, Historiker haben ihn genau rekonstruiert. Zwei Direktoren der Krupp AG kamen und erkundigten sich, wie die Vorarbeiten für eine Verlegung von Werksteilen in die Nähe des Lagers vorankamen. Kommandant Höß fürchtete die Verbreitung einer Flecktyphusepidemie und ordnete deshalb an, dass alle zum Häftlingstransport eingesetzten Fahrzeuge unverzüglich zu desinfizieren seien. Ein SS-Unterscharführer erhielt zusammen mit zehn SS-Angehörigen der 2. Wachkompanie eine Belobigung, weil er zwei Häftlinge gefasst hatte, die geflohen waren und sich im Wald an der Weichsel versteckt hatten. Außerdem war ja der Geburtstag des Führers. Traditionell wurden zur Feier Orden an SS-Männer vergeben. So erhielten Unterscharführer Josef Klehr und Oberscharführer Herbert

Scherpe das Kriegsverdienstkreuz 2. Klasse mit Schwertern. Die Aufgabe der Sanitäter: Sie töteten Häftlinge mit Spritzen direkt ins Herz. In die Leichenhalle des Lagers wurden an diesem Tag die Leichen von zwanzig Häftlingen eingeliefert, sechs der Toten stammten aus dem Auschwitz-Nebenlager Buna. Dorthin brachte mich der Lastwagen.

Die Fahrt dauerte kaum zwanzig Minuten, in denen wir versuchten, nicht vom schaukelnden Anhänger zu fallen. Wir hielten vor einem großen Tor, darüber die Schrift: »Arbeit macht frei«.

Man brachte uns in einen großen Raum.

»Ausziehen!«

Wir mussten unsere Kleidung zusammenbündeln. Die Wachen verlangten, dass wir unsere Schuhe in eine Ecke stellten und keiner protestierte, das hier war eine andere Welt, in der keine Regeln mehr galten, die wir kannten. Wir gehorchten. Einer der Männer in den gestreiften Hemden fegte die Schuhe zusammen, zu einem riesigen Haufen. Alle Paare lagen nun durcheinander, ich verstand nicht, warum.

Schon trieben sie uns in einen Duschraum, schmissen uns, noch klitschnass, Häftlingskleidung aus verschlissenem Drillich zu. Meine war schon einmal von einem Häftling getragen worden, sie war schmutzig und verlaust. Dazu bekam ich Latschen mit Holzsohle in die Hand gedrückt. Alles ging so schnell. Ich hatte keine Zeit, etwas zu begreifen. Schon kamen Männer mit Rasiermessern, Pinseln und Schermaschinen. Auch sie trugen gestreifte Jacken und an der Brust eine angenähte Nummer. Sie rasierten uns am ganzen Körper. Dann scheuchten sie uns in die nächste Schlange. Erst bemerkte ich ihn nicht, so wie wir da standen, nackt und ohne Haare auf dem Kopf. Dann trafen sich unsere Blicke, es dauerte einige Sekunden, bis wir uns erkannten. Berni Wallheimer stand hinter mir, der Sohn des Viehhändlers aus Aurich. Mein Freund aus Groß Breesen. Kräftiger waren wir gewesen, als wir uns in Groß Breesen verabschieden mussten. Zwei Jahre waren seitdem vergangen, als uns die schönste Zeit unserer Jugend genommen wurde. Jetzt stand Berni hinter mir vor dem Tätowierer. Die schlimmste Zeit unseres Lebens begann.

Berni und ich sahen uns an. Erst verblüfft, dann amüsiert. Wir konnten nicht anders. Wir lachten kurz auf, beide gleichzeitig.

»Euch wird das Lachen schon vergehen!«, blaffte der Tätowierer, packte meinen Arm und stach dann aber nicht besonders fest zu, als meine er es doch gut mit mir. Als er die verwischten Ziffern nachgestochen hatte, scheuchten sie mich weiter. Ich hätte Berni so gerne an meiner Seite gehabt. Aber ich habe ihn im Lager nie wieder gesehen.

Eine Schreibkraft notierte ein letztes Mal im Aufnahmebogen meinen Namen, ehe ich endgültig zu der Nummer wurde, die sie mir auf den Arm tätowiert hatten. 116 927. Ich lernte, dass ich ein Häftling war. Grund der Haft: Jude. Beruf: Gärtnergehilfe. Wohnort: keine Adresse. Größe: 150. Nase: normal. Haare: blond. Gestalt: schlank. Mund: klein. Bart: keiner. Gesicht: oval. Ohren: normal. Augen: braun. Zähne: gut. Ansteckende Krankheit oder Gebrechen: keine.

Ich unterzeichnete den Bogen in fein säuberlicher Schreibschrift, vergaß auch nicht, »Israel« hinter meinen Vornamen zu setzen. Man brachte mich in den Quarantäneblock, in dem alle Neuzugänge für die ersten Wochen untergebracht wurden. Eng war der Raum, jeweils drei Männer teilten sich eine verlauste Pritsche.

Ein Häftling war freundlich, er sagte: »Zieh dir niemals die Jacke aus, sie wird dir sonst geklaut.«

Ich fragte ihn, wo ich war.

»In Monowitz, nicht weit weg von Auschwitz.« Das Lager sei ein sogenanntes Arbeitslager, erklärten mir ältere Häftlinge. Um die zehntausend Gefangene gebe es hier. Wir alle müssten an der Errichtung einer Gummifabrik arbeiten, die Buna hieße. Deshalb heiße auch das Lager Buna.

Buna, erfuhr ich später, war ein enorm ehrgeiziges Projekt im Zweiten Weltkrieg von einem der größten Konzerne des Dritten Reiches, der IG Farben. Das Werk, etwa sieben Kilometer vom Konzentrationslager Auschwitz entfernt, sollte zur Produktion von Buna dienen, einem künstlich aus Kalk und Kohle hergestellten Gummi für die Kriegswirtschaft.

Nicht nur der Aufsichtsrat der IG Farben, auch Heinrich Himmler sah große Chancen in der Fabrik. Seit Mitte der dreißiger Jahre hatte der Reichsführer SS alles darangesetzt, die Arbeitskraft von Konzentrationslagerhäftlingen für die Rüstungswirtschaft in Steinbrüchen, Ziegelwerken und Kiesgruben auszubeuten, um der SS wirtschaftliche Macht zu sichern und in den Lagern eine eigene Rüstungsproduktion aufzubauen. Zusammen mit der IG Farben sah er die Gelegenheit: 1941 wies er dem IG-Farben-Konzern zehntausend Häftlinge zu. Anfangs mussten die Häftlinge noch jeden Tag zu Fuß den Weg vom Konzentrationslager zur Baustelle zurücklegen, den Arbeitstag hatten sie deshalb um drei Uhr morgens zu beginnen. Als die IG Farben registrierte, dass viele Häftlinge nach dem langen Marsch entkräftet ankamen und ihre Arbeitsleistung nicht genügte, entschied sie sich, das neue Lager zu errichten. Dreihundert Meter von der Fabrikbaustelle entfernt, dort, wo man erst die Bevölkerung vertrieben und dann das Dorf abgetragen hatte: in Monowitz.

Ich fand mich also wieder im ersten von einem Privatunternehmen finanzierten Konzentrationslager. Dabei war die Versorgung, die Ernährung und das, was sie »Gesundheitspflege« nannten, Sache der IG Farben. Die SS überwachte und befehligte das Lager, es sah aus wie alle anderen staatlichen Konzentrationslager. Es gab Wachtürme, einen mit Stacheldraht gesicherten Maschendrahtzaun und dazu eine weitere Umzäunung, sie war nachts beleuchtet und mit Starkstrom gesichert.

Für die Führungsriege von Buna waren wir Häftlinge in Buna nur Zahlen in ihren Bilanzen. Sie hatten prognostiziert, dass ein Häftling ungefähr 75 Prozent an Arbeitsleistung eines freien deutschen Arbeiters erbringen würde. Doch die Zahlenunmenschen der IG Farben mussten bald erkennen, dass sie sich verrechnet hatten. Verglichen mit der Leistungskraft eines freien Arbeiters lag die der Häftlinge weit unter 50 Prozent, manchmal sogar gerade einmal bei 20 Prozent.

Die Produktivität blieb trotz aller Schikanen hinter den Erwartungen der Führungsriege. Die Häftlingsarbeit erwies sich als Minusgeschäft. Die Arbeiten im Buna-Werk verzögerten sich. Doch die Führungskräfte waren ehrgeizig, skrupellos – und nervös. Sie wollten nicht wahrhaben, dass sie sich verkalkuliert hatten und ihr großer Plan zum Scheitern bestimmt war. Sie trieben uns an, schlugen uns, drohten uns jüdischen Häftlingen mit dem Abtransport in die Gaskammern von Birkenau. Und sie beließen es nicht bei den Drohungen, wenn Häftlinge zu schwach oder zu krank waren zum Arbeiten.

Die durchschnittliche Lebenserwartung unter den Lagerinsassen lag in Monowitz bei drei Monaten. Sie sollte sich auf wenige Wochen verringern, während ich im Lager war.

Wie lange ich überleben würde, hinge davon ab, in welches Arbeitskommando ich käme, wussten Häftlinge, die schon länger hier waren. Es gab gute und schlechte Kommandos, lernte ich. Und es gab weniger gute Kommandos als schlechte, das machte die Chancen geringer. Kommando 4 käme einem

Todesurteil gleich: Im »Zementkommando« müsse man im Laufschritt Zementsäcke aus den Eisenbahnwaggons laden und in den ersten oder zweiten Stock eines Lagergebäudes auf der Baustelle schleppen. Ein Zementsack wog fünfzig Kilogramm. Oft mehr als die Häftlinge, die bei dieser Arbeit so schnell zugrunde gingen, dass man hier in Buna nur von »Mordkommando 4« sprach. Kommando 2 sei nicht besser. Mit bloßen Händen müsse man hier Ziegel aus den Waggons entladen und schwere Eisenteile schleppen. Hierhin schickte die IG Farben alle, die man für Bummelanten hielt. Die Arbeit musste ebenso im Laufschritt erledigt werden, der Kapo, der Funktionshäftling, der die anderen Häftlinge beaufsichtigte, soff und prügelte brutal. Kommando 127 überlebe kaum einer länger als ein paar Wochen. Hier müssten die Menschen Steine tragen, die IG Farben wollte Treibstoff für Lastwagen sparen. Noch schlimmer sei das »Holzträgerkommando«, wo man Baumstämme oft Hunderte Meter weit über die Baustelle tragen müsse. Erträglich hingegen sei das Kommando 43, das »Zimmermannkommando«. Man arbeite drinnen, geschützt vor Regen und Schnee, an der Verschalung der Gebäude. Auch das »Schweißkommando« sei auszuhalten. Oder das »Chemiekommando«, aber dazu müsse man Chemiker sein. Und dann gab es noch Kommando 3. Das »Kabelkommando«. Oder »Todeskommando«, wie die Häftlinge es nannten. Hier müsse man schwere Kabel verlegen, eine Arbeit, so anstrengend, der zuständige Ingenieur der IG Farben so brutal, dass manchmal drei Menschen an einem Tag vor Erschöpfung starben.

Ich kam in Kommando 3.

20

Albrecht hängte keine Tücher vor den Spiegel im Zimmer des Altenheims nach Friedels Beerdigung. Er saß auch nicht eine Woche lang auf niedrigen Hockern. Er hielt sich nicht daran, sich einen Monat lang nicht zu rasieren oder die Kleidung nicht zu wechseln. Er hielt sich nicht an die jüdischen Bräuche in einem Trauerhaus, die ihn seine Mutter gelehrt hatte.

»Aber ich habe getrauert«, sagt Albrecht. Er tippt sich mit seinem knochigen Zeigefinger an die Stirn. »Ich habe getrauert, hier oben drin. So wie ich um meine Eltern getrauert habe. So wie ich bis heute trauere, selbst in meinen Träumen.«

Friedels Tod hatte ihren Lebenspakt auseinandergerissen. Albrecht war zum ersten Mal seit Jahrzehnten allein. Allein in einem Land, in das er niemals zurückgekehrt wäre, wenn Friedel gesund geblieben wäre. Allein mit sich und den Erinnerungen. Das Leben, es war ihm geglückt, weil Friedel und er zusammengeblieben waren. Zwei Geschwister, die sich wie mit einem unsichtbaren Band aneinandergebunden hatten. Die einander die gebrochenen Seelen beschirmten.

Albrecht konnte sich kaum noch an ein Leben ohne Friedel erinnern. Er war allein, zum ersten Mal seit beinahe 67 Jahren, zum ersten Mal seit Auschwitz.

Allein in der Stadt, in der die Schrecken über sie gekommen waren. Leer hatte sich gewandelt in all den Jahrzehnten, in denen er den Ort gemieden hatte. Manche Gegenden erkannte er kaum wieder. Der Bahnhofsplatz war herausgeputzt, es stank auch nicht mehr mittwochs in den Straßen, denn kein Vieh wurde mehr zum Viehmarkt getrieben. Häuser waren verschwunden und an ihrer Stelle waren neue gebaut worden. Vom Leben seiner Familie, vom Leben der jüdischen Gemeinde war nur noch jene Plakette geblieben an einer verrotteten Tankstelle: »Den Lebenden zur ständigen Mahnung.«

Aber nicht alles hatte sich geändert in Leer. Die roten Backsteinhäuser waren noch immer da, sie trotzten offenbar unverwüstlich der Zeit, standen so, wie er sie in Erinnerung hatte. Das Haus in der Bremer Straße 70, wo Tante Marie und Onkel Willy gelebt hatten, und das in der Bremer Straße 14 von Tante Henny und Onkel Wilhelm. In der Reimersstraße 6, direkt am Bahnhof, war auch das Haus von Onkel Philipp und Tante Angelica erhalten geblieben. Und in Rhauderfehn stand noch immer sein Elternhaus. Fünf Stolpersteine zur Erinnerung an seine Familie waren davor eingelassen, der Leeraner Journalist Bernd-Volker Brahms hatte sich dafür eingesetzt und Albrecht und Friedel zur Stolpersteinverlegung im Herbst 2011 eingeladen, aber da lag Friedel schon im Krankenhaus.

Albrecht sah die Häuser und dachte an die Toten. Er war umgeben von schmerzenden Erinnerungen in Leer.

Er hatte gehört, welche Wunden eine Rückkehr nach Leer aufreißen konnte. Karl Polak hatte ihm davon erzählt. »Kiek, de Jööden sünd dor ok weer«, hatten die Leeraner gesagt, als er nach der Befreiung nach Leer zurückgekehrt war. »Guck, die Juden sind wieder da.« Welch eine schamlose Übertreibung! Mit Karl Polak waren nur zwei weitere jüdische Bürger zurückgekehrt. Die allermeisten waren umgebracht worden. Als Karl Polak zum Haus seiner Eltern in der Bremer Straße ging, stand dort der neue Besitzer in der Tür und blaffte: »Ausgerechnet der musste zurückkommen!«

Die meisten der ehemaligen Nachbarn, berichtete Karl Polak, seien ihm in den Nachkriegsjahren aus dem Weg gegangen. Selten grüßte ihn jemand. Kaum, dass auch nur flüchtig gefragt wurde, was mit seinen Eltern geschehen war. Alle wussten darum, dass es ihnen schrecklich ergangen war, dass sie ermordet worden waren im Konzentrationslager. Doch niemand sprach ihn darauf an. »Es bestand ein dumpfes, lauerndes Misstrauen, das nicht einmal ein unverfängliches Gespräch über das Wetter oder die Ereignisse des Tages zustande kommen ließ«, schreibt Polak in seinen Erinnerungen.

Doch Karl Polak ließ sich nicht aus seiner Heimatstadt vertreiben. Auch nicht, als der Arzt seinen Sohn nach der Geburt als »Mischling« registrierte. Oder ein Bürger ans Amt schrieb, weil Karl Polak sich ein kleines Auto für sein Geschäft zugelegt hatte: »Wir ehemaligen deutschen Offiziere, die ihre Knochen für das Vaterland hingehalten haben, bekommen keine Fahrerlaubnis. Es ist mir unverständlich, dass ein gewisser Polak ein Auto fährt.«

Karl Polak zeigte dem Antisemitismus trotzig die Stirn. Albrecht Weinberg sagt, er bewundere seine Furchtlosigkeit und Kraft, denn »es gehörte viel Mut dazu, in Deutschland zu bleiben«.

Verstanden hatte er Karl Polaks Entscheidung aber nicht.

Nun war auch Albrecht zurückgekehrt. War es ein Fehler gewesen, dass Friedel und er vor drei Monaten das Angebot angenommen hatten? Friedel war hier nicht gesund geworden. Er war allein in der alten Heimat mit den düsteren Erinnerungen.

Und mit einer düsteren Gegenwart. Zwei Monate nach Friedels Tod hatten Unbekannte nachts alle zehn Stolpersteine in Rhauderfehn mit brauner Farbe übergossen. Auch die fünf Stolpersteine vor seinem Elternhaus, in Erinnerung an ihn, Friedel, Dieter und seine Eltern, waren besudelt. Die Zeitung schrieb von einer rechtsextremistisch motivierten Gesinnungstat. Sie zitierte eine Studie des Bundesinnenministeriums, nach der gut 20 Prozent der Deutschen antijüdische Ressentiments hegen würden. Der Farbanschlag traf Albrecht im Innersten. Gerda hatte ihn noch nie so aufgewühlt erlebt. »Es geht wieder los«, sagte er. »Es hat sich nichts geändert in Deutschland.«

Gerda holte ihn aus dem Heim ab und fuhr mit ihm zu einer Mahnwache in Rhauderfehn. Ihr war wichtig, dass er das andere Deutschland sah. Die Evangelische Kirche hatte die Mahnwache spontan organisiert, mehr als achtzig Menschen waren gekommen. Sie legten Blumen auf die Stolpersteine. Der Bürgermeister sagte: »Wir bedauern, was geschehen ist und fühlen mit allen, die dadurch verletzt wurden.« Man könne die Stolpersteine mit Farbe übertünchen, schloss er, aber man könne nicht übertünchen, was geschehen sei. Geschäftsleute lobten 1750 Euro Belohnung zur Ermittlung der Täter aus.

Albrecht rührte die Unterstützung. Und doch.

Und doch waren da die Bilder in seinem Kopf. Von den Nazis, die beinahe achtzig Jahre zuvor an genau dieser Stelle gestanden hatten, wo die Stolpersteine heute lagen. Die seine Familie beschimpft, gedemütigt, bedroht hatten. Die Vergangenheit lebt fort, dachte Albrecht, nicht nur in meinen Träumen. Er zog sich zurück in sein Zimmer im Seniorenheim und grübelte in jenen Wochen. Gerda schaute in jeder freien Minute nach ihm. An den Wochenenden ertrug sie es nicht, Albrecht allein in seinem Zimmer sitzend zu wissen, jeden Sonntag stieg sie deshalb ins Auto und holte ihn ab, zu sich nach Hause Mittagessen. »Wieso opferst du so viel Freizeit für Herrn Weinberg?«, fragten Kollegen. Und ihre Mutter, die sie bei sich zu Hause pflegte, beschwerte sich: »Warum holst du uns einen Juden ins Haus?«

Da lud Gerda Albrecht noch häufiger ein.

Albrecht erkannte bald: Eine Rückkehr nach Florida kam nicht infrage. New York und Florida waren nur seine Heimat geworden, weil er mit Friedel dort gewesen war. Jetzt lag seine Schwester auf dem jüdischen Friedhof in Leer begraben. »Den jüdischen Friedhof in Weener, wo meine Oma begraben wurde, haben die Nazis zerstört. Die Grabsteine haben sie abgeschliffen und auf den christlichen Friedhof gestellt«, sagte Albrecht. »Den Friedhof in Leer haben die Nazis nicht zerstört, nicht einmal geschändet. Wenn das nicht ein Zeichen ist.«

Albrecht würde bei Friedel bleiben. Er reservierte die Grabstelle neben ihrem Grab. Und ließ sich zwei Grabplaketten aus Amerika schicken, sie zeigen einen gebrochenen Davidstern aus Stacheldraht, darin die Aufschrift: »Holocaust Survivor«.

Eine Plakette für Friedel. Eine für sich.

21

Einige Erinnerungen an Auschwitz-Monowitz haben sich tief in mir eingegraben. Da war der Morgen, wenn der Albtraum aufs Neue begann. Mein Tag fing um halb fünf Uhr an. Ich hob Kabelschächte für die elektrischen Versorgungsleitungen aus. Rollte Hunderte Meter Bleikabel ab, das armdicke Kabel trug ich über der Schulter, es drückte mich beinahe zu Boden, so schwer war es. Manchmal schickten sie uns zu den Eisenbahnwaggons. Zement oder Eisenteile entladen. Die Winter sind kalt in Oberschlesien, einmal war es so kalt, dass uns die Hände am Eisen festfroren. Wenn eine Zementlieferung kam, rissen einige von uns in einem unbeobachteten Moment Säcke auf und zogen die inneren Papiersäcke unter die dünnen Häftlingsjacken. Wir riskierten unser Leben für ein wenig wärmendes Papier. Die Kapos peitschten die Männer aus, die sie erwischten. 25 Schläge auf dem Bock. Viele überlebten das nicht.

Manchmal gab es bei der Arbeit eine Sonderration Brot. Es war nur eine winzige Scheibe für eine Gruppe von uns. Wir nahmen einen Dosendeckel oder eine Scherbe und jeder von uns wachte darüber, dass die Stücke gleich groß geschnitten wurden. Wir stritten uns um jeden Krümel. Kaum jemand sah noch die Not des Anderen.

Nach einigen Wochen in Auschwitz dachte ich kaum noch an meine Mutter und meinen Vater, kaum noch an Dieter. Ich machte mir auch kaum noch Sorgen, was wohl mit Friedel geschehen war. Zermarterte mir nicht den Kopf darüber, ob man sie ins Gas geschickt hatte oder ob sie davongekommen war.

Ich hatte keine Kraft, mir Sorgen zu machen. Ich dachte nicht an gestern oder morgen. Ich dachte ans Überleben. An ein Stück Brot. Eine Kelle Suppe vom Boden des Kessels. Ein Arbeitskommando, das nicht den Beinamen »Todeskommando« trug.

Die Tage glichen sich alle. Ich gab auf, sie zu zählen.

In eine Baracke hatte man mich eingeteilt, als ich aus der Quarantäne entlassen wurde. Ich teilte mir eine enge Pritsche mit einem anderen Mann. Ich erinnere mich nicht mehr an ihn. Aber an den Gestank in der Baracke. Schlimmer als der Schweinestall in Groß Breesen. Es mischten sich Kot, Urin, kranker Atem, Erbrochenes und Wundeiter. Es war eng, sechs von uns mussten sich jeweils ein Etagenbett teilen, dass für drei gedacht war. Wir schliefen auf fauligen Strohsäcken, in denen es vor Flöhen und Wanzen wimmelte. Viele Decken waren übersät mit Kot, fast jeder von uns litt an Durchfall. Wir besaßen nur noch die Kleidung, die wir am Körper trugen, Schuhe, einen Löffel und einen Emaillebecher, aus dem wir aßen und tranken. Manche versteckten abends ihren Becher unter ihrer Mütze und legten ihren Kopf zum Schlafen darauf. Der Becher war begehrtes Diebesgut. Er ließ sich gegen Brot tauschen.

Ich sehnte mich den ganzen Tag nach dem Schlaf. Im Schlaf fühlt man keinen Hunger. Schlaf war meine Auszeit im Überlebenskampf. Doch die Schlafphasen waren kurz. Immer wieder musste ich nachts zum Pinkeleimer in der Ecke des Raumes, mein Körper war so geschwächt, dass er das bisschen Suppe nicht lange halten konnte. Ich schreckte jede Nacht aus dem Schlaf, wenn mein Bettnachbar sich auf der engen Pritsche drehte. Ich wachte auf vom Stöhnen der Kranken. Vom Husten. Vom Weinen oder Schreien der Verzweifelten. Manchmal weckte mich ein dumpfes Geräusch. Wieder hatte jemand seinen gestorbenen Bettnachbarn vom Hochbett in den schmalen Gang zwischen den Bettreihen gestoßen. Dort lag dann der Leichnam bis zum nächsten Morgen. Nach einigen Wochen in Monowitz scheute keiner von uns mehr davor zurück, über die Leichen im Gang zu laufen. Niemand störte sich mehr an ihrem Geruch. Manchmal stellte jemand erst morgens fest, dass sein Bettnachbar gestorben war. Die Toten mussten zum Morgenappell rausgetragen werden. Immer wenn wir einen Toten in der Baracke hatten, bekamen wir Angst, dass wir Zeit verlieren würden und zu spät zur Kaffee- und Brotausgabe kommen würden.

Morgens war es, als zerspringe die Baracke. Die Lichter gingen an, wir krochen alle hastig aus unseren Lagern, schüttelten die Strohsäcke und Decken aus, der Blockälteste, der für unsere Baracke zuständig war, und die SS legten sehr viel Wert darauf. Eine stinkende Staubwolke benebelte die ganze Baracke. Wir rannten raus zu den Latrinen und in den Waschraum. Dort war die Losung »Eine Laus, dein Tod« an die Wand gepinselt, wir lachten nicht einmal darüber. Alles musste schnell gehen, denn schon in wenigen Minuten würde Brot ausgegeben werden. Wir rannten um unser Leben, wir rannten für eine kleine Scheibe Brot. »Dieser heilige graue Würfel, der dir in der Hand deines Nächsten so riesig vorkommt und in deiner eigenen so klein, dass du weinen könntest«, hat Primo Levi geschrieben. Er war zur gleichen Zeit in Monowitz wie ich. Zum Brot schenkten sie draußen vor der Baracke für jeden eine Tasse schwarzen Kaffeeersatz aus. Wenn es regnete, suchten einige von uns Unterstand im Latrinengebäude, doch auch das war gefährlich. Wenn die Wachen einen entdeckten, schlugen sie brutal zu.

Manchmal sah ich morgens das Leichenkommando bei der Arbeit. Die Menschen von diesem Kommando gingen den Zaun entlang, sie zogen einen Holzkarren hinter sich her und hatten die Aufgabe, die Leichen aufzusammeln. Der Zaun war mit Starkstrom geladen. Verboten war es, näher als zwei Meter an ihn heranzugehen. Manchmal fasste jemand in den Zaun. Am Anfang meiner Zeit in Auschwitz verstand ich die Menschen nicht, die in den Zaun gingen. Am Ende dachte ich selbst daran.

Ich mied auch die »Muselmänner«. So nannte man die Männer, die mehr tot als lebendig waren. Sie krochen abgemagert bis auf die Knochen durchs Lager, manche mit halb geöffneten Lippen und leuchtenden Augen, kaum noch bei Sinnen vor Hunger, manche mehr Tier als Mensch. Sie stürzten sich selbst auf faule Rüben. Ich mied sie, weil ich Angst hatte, so zu werden wie sie. Ich ging ihnen aus dem Weg, weil ich mich in ihnen sah.

Die Arbeit machte mich kaputt. Ich arbeitete mit der Schaufel, ich schleppte Kabel, ich zitterte in Wind und Regen. Jeden Tag gruben wir einen Schacht für die Kabel. Vier von uns mussten Loren mit Erde vollschaufeln und sie bergauf schieben. SS-Männer und Kapos schlugen mit Stöckern fast pausenlos auf uns ein, weil es ihnen zu langsam voranging. Fast jeden Tag verloren Häftlinge Finger oder Zehen, manchmal sogar Hände und Füße, wenn sie unter die Lore gerieten. Die Verstümmelten kamen in den Krankenbau. Wir sahen sie nie wieder.

Jeden zweiten Sonntag hatten wir frei. Trotzdem trieben sie uns aus den Baracken. Wir lungerten draußen herum. Einmal regnete es den ganzen Tag. Ich verkroch mich mit anderen Häftlingen in den Latrinentrakt, dort war es warm und trocken. Eine Wache entdeckte uns und brüllte: »Ihr Dreckschweine, raus!« Wir rannten aus der Tür ins Freie, jeder schubste und drängte. Wir wussten, die Strafe würde grausam sein. Der Wächter schrie: »Antreten zum Sport!«. Wir Häftlinge mussten uns im Kreis aufstellen. Mir wurde befohlen, mein Hemd auszuziehen, die Arme in die Ärmel zu stecken. Ich hatte die Arme nach vorn zu strecken und im Kreis zu laufen. Meine Mithäftlinge schaufelten mir Sand auf mein Hemd, ich rannte weiter zum Nächsten, immer im Kreis und jeder lud mir Sand auf das Hemd. Der Wächter scheuchte mich einige Runden lang im Kreis herum. Er lachte, wenn ich Sand ins Gesicht bekam. Er schlug mich mit einem Stock, wenn ich ihm nicht schnell genug lief. Der Sand rutschte in meine Hose, bis der Wächter endlich befahl, den Sand abzuladen. Als er verschwunden war, sank ich kraftlos zu Boden.

Manchmal stellten sie sonntags Kolonnen zusammen, und wir wurden in die umliegenden Dörfer zum Feldeinsatz geschickt. Einmal steckte mir ein Kapo in einem Dorf eine Wurst in die Hose, die ich für ihn ins Lager schmuggeln sollte. Ich wusste, dass die Wachen mich zusammenschlagen würden oder auspeitschen, falls sie mich an der Lagerschranke filzen würden. Ich traute mich aber auch nicht, die Mettwurst irgendwo auf dem Weg ins Lager in die Büsche zu werfen. Ich hatte gesehen, wie ein Kapo einen Häftling in einer Regentonne ertränkt hatte. Zitternd ging ich durch das Lagertor.

Keine Kontrolle. An der Baracke nahm der Kapo mir die Mettwurst ab. Von nun an fürchtete ich immer, wenn ich ihn sah, dass er wieder auf die Idee käme, mich schmuggeln zu lassen.

Werktags schleppte ich mich jeden Morgen in der Marschkolonne mit dem Arbeitskommando 3 hinaus aus dem Tor zur Baustelle. Im Sommer arbeitete ich zehn bis elf Stunden pro Tag, im Winter neun Stunden. Jeden Abend schleppte ich mich abgekämpft in der Marschkolonne zurück ins Lager. Sie ließen uns singen. »Weit ist der Weg zurück ins Heimatland«. Dabei achteten wir auf jeden Schritt. Die Holzpantinen hatten unsere Füße wundgescheuert, manchmal fiel einer, dann stürmte ein Kapo herbei, schnappte sich den Emaillebecher und schlug dem Häftling damit auf den Kopf, dass die Emaille absprang.

Jeden Abend hoffte ich, dass die SS den Appell kurzhalten würde, damit ich endlich eine Kelle Suppe bekam. Meist hoffte ich vergeblich. Sie hatten ihr Ritual und ließen uns antreten auf dem Appellplatz. Meist ließen sie sich viel Zeit dabei, uns Häftlinge aufzustellen. Dann begann der Wachhabende der Reihe nach durchzuzählen. Wenn er sich verzählte, begann er von vorn. Er erfreute sich daran. Ich sah »Muselmänner« zusammenbrechen bei diesen Appellen, sie sackten einfach auf den Boden und standen nicht mehr auf. Einmal fiel ein Mann neben mir. Ich hob ihn nicht auf. Ich hatte keine Kraft mehr dazu. Mein Mund so trocken, dass es wehtat. Ich wartete auf die Suppe. Ich war der lebende Hunger.

Die Suppe gab es in der Baracke. Nicht alle Lagerbewohnern bekamen denselben Anteil. Gleich an meinem ersten Tag in Auschwitz-Monowitz hatte ich gelernt, dass es drei Kategorien von Häftlingen gab. Die »Kriminellen«, die »Regimegegner« und die »Juden«. Wir alle trugen gestreifte Häftlingskleidung und doch gab es große Unterschiede. Man konnte sie an dem Stofffetzen mit einem Winkel darauf erkennen, er war mit der Spitze nach unten in Brusthöhe auf der linken Seite unserer Jacke und auch auf der Naht unseres rechten Hosenbeins angebracht. Die Farbe des Winkels entschied über unsere Chancen, zu überleben. Die »Kriminellen« bekamen ein grünes Dreieck auf die Jacke genäht. Die »Regimegegner«, wir nannten sie die »Politischen«, ein rotes Dreieck. Ich trug, so wie die meisten im Lager, ein rotes Dreieck, dahinter jedoch ein gelbes Dreieck mit der Spitze nach oben, sodass sich ein »Judenstern« ergab.

Das war der grundlegende Unterschied zwischen uns Häftlingen: Ein »Krimineller« oder ein »Politischer« konnte überleben, wenn er etwas Glück hatte. Für uns Juden gab es kein Mittel gegen den Tod. Wir waren Gefangene in einem antijüdischen Terrorsystem. Niemand schützte uns. Niemand half uns. Und manch »Krimineller« oder »Politischer« nutzte das aus. Die SS stachelte sie sogar dazu an, jüdische Häftlinge zu verprügeln.

Die grünen Dreiecke waren die Herren über uns im Lager. Aus ihren Reihen hatte die SS die meisten als Kapos, als Funktionshäftlinge, auserkoren. Unter ihnen waren zu Zuchthausstrafen verurteilte Gewaltverbrecher. Sie verwalteten das Lager und bekamen dafür bessere Schlafplätze und gutes Essen. Viele schikanierten und schlugen uns Häftlinge mit dem »Judenstern«. Manche, weil sie Sadisten waren. Andere, weil sie nur ans eigene Überleben dachten und Strafe von der SS fürchteten.

Der Blockälteste meines Blocks trug ein grünes Dreieck. Er war für den reibungslosen Ablauf im Block zuständig. Günstlinge scharte er um sich, meist trugen auch sie ein grünes Dreieck, er ließ sie seine Kleidung waschen, seine Schuhe putzen, andere putzten das Zimmer in der Baracke, das ihm und seinen Vertrauten zustand. Im Gegenzug versteckte er manchmal einen dieser Häftlinge vor Selektionen.

Abends war der Blockälteste der Herrscher über den Suppentopf. Er bestimmte, wem mit der Schöpfkelle Suppe von oben aus dem Kübel geschöpft wurde und für wen die Kelle bis auf den Grund getaucht wurde, damit sich in ihr auch etwas Einlage befand. Manchen schlug er mit der Suppenkelle auf den Kopf, wenn sie ihm nicht ordentlich genug in der Reihe standen.

Ich war kein Freund des Blockältesten. Meine Suppe bestand vor allem aus Wasser, manchmal schwammen auch ein paar wurmstichige Erbsen oder wenige Stücke faulige Kartoffeln darin. Die Suppe linderte nicht meinen Hunger. Sie brachte mir keine Kraft. Sie würde mich nicht davor bewahren, zu einem »Muselmann« zu werden.

Nach einigen Wochen im Kommando 3 war mein Bauch aufgedunsen, meine Arme wie verdorrt. Mein Gesicht war am Morgen geschwollen und am Abend ausgehöhlt. Wenn ich Häftlinge aus meinem Arbeitskommando einmal für fünf Tage nicht sah, erkannten wir uns danach nicht wieder. Ich wusste, dass ich in diesem »Todeskommando« nur noch wenige Wochen überleben würde.

Morgens war das Durcheinander immer groß auf dem Appellplatz. Jeder rannte zu seinem Arbeitskommando. Auf mich wartete ein weiterer Tag im »Kabelkommando«. Ich fühlte mich nicht gut, meine Muskeln waren verschwunden, ich konnte die Kabel kaum noch tragen. Ich hetzte über den Platz.

Da sah ich ein Gesicht. Ausgemergelt war es, die Wangen hohl. Doch um die Lippen ein Lächeln, das ich sofort erkannte.

»Dieter?«

22

Der Mann lächelte.

Mein Bruder. Kahlköpfig, aber mein Bruder. Da stand er plötzlich, inmitten dieses Infernos auf dem Appellplatz in Auschwitz-Monowitz vor mir. Inmitten von Tausenden Häftlingen begegneten wir uns. Ein Wunder, dass wir uns fanden. Wir starrten uns an. Dann liefen wir auch schon weiter, jeder zu seinem Kommando, wir wollten keine Schläge riskieren.

Wie jeden Morgen spielte das Lagerorchester einen Marsch, als ich in der Kolonne zur Baustelle ging. An diesem Morgen aber dachte ich nicht ans Essen. Nicht ans Heute. Ich dachte an die Zukunft.

Ich weiß nicht mehr, wo und wie wir uns im Lager wiedertrafen. Wir müssen uns verabredet haben. Ich weiß nicht, ob wir uns umarmten. Wahrscheinlich redete Dieter als erster. Dieter hatte immer einen Plan.

Er war seit dem 2. März 1943 hier. Nummer 104 733. Beinahe zwei Monate länger als ich, man sah es an seinen Armen, sie waren noch dünner als meine. Die Gestapo hatte ihn damals auf der Baustelle in Berlin verhaftet. Er wusste nicht, wo unsere Eltern waren. Aber er wusste, wie man die Überlebenschancen im Lager erhöhen konnte.

»In welchem Kommando bist du?«, fragte Dieter.

Ich erzählte es ihm. Er schüttelte den Kopf. »Du musst in ein Werkstattkommando. Du brauchst ein Dach über dem Kopf.«

Dieter hatte es geschafft, in Kommando 24 zu kommen. Sie arbeiteten in einem Neubau, die Fenster und Türen waren noch nicht eingebaut, aber es war trocken. Im Trockenen zu arbeiten, lernte ich von Dieter, sei entscheidend, um Auschwitz zu überleben. Sie waren nur 24 Häftlinge in Kommando 24. Je weniger Häftlinge in einem Kommando, desto weniger brutal schlügen die Kapos zu, weil sie einen bräuchten, sagte Dieter. Dieter bekam vom Blockältesten die Suppe vom Grund des Kessels, dafür schüttelte er für ihn und andere Häftlinge Strohsäcke auf und richtete sie glatt. Dieter war Kesselträger. Er schleppte mit anderen Häftlingen den Kessel mit der Suppe von der Lagerküche zur Baracke. Der Kessel sei schwer, erzählte Dieter, doch die Schlepperei lohne sich. Wegen des Rückwegs. Er riebe über den Boden des Kessels und lutsche die Reste vom Finger, manchmal finde er sogar Kartoffelreste.

Dieter organisierte. Dieter fand Schlupflöcher. Dieter zeigte keine Angst. Das Wunder, dass ich überlebt habe, es wäre unmöglich gewesen ohne das Wunder, dass ich ausgerechnet hier Dieter traf. Dieter überredete seinen Blockältesten, und ich wurde in seine Baracke aufgenommen. Dieter redete mit seinem Kapo, und ich kam in Kommando 24.

Von nun an musste ich keine Kabel oder Zementsäcke mehr schleppen. Kommando 24 planierte Straßen. Die meiste Zeit aber reparierten Dieter und ich in der Werkstatt die Gerätschaften, die es dazu benötigte. Dort arbeiteten auch russische Frauen, sie saßen von uns durch ein Gitter abgetrennt und betreuten die Werkzeugausgabe. Werkzeuge wurden von Monat zu Monat knapper auf der Baustelle. Wer etwas beschädigte, wurde bestraft. Es war deshalb gut, jemanden in der Werkzeugausgabe zu kennen. Dieter hatte sich mit den Frauen angefreundet.

Von ihnen bekam er Werkzeug für seine »Projekte«. Die waren riskant, er stahl dafür Material von der Baustelle. Manchmal schmuggelte er seine Projekte ins Lager und tauschte sie beim Blockältesten gegen einen Teller Suppe ein. Eines Tages hatte er ein Stück Blech auf der Werkbank liegen. Er klopfte, hämmerte und sägte, er wollte ein kleines Stövchen bauen. Jeder rostige Nagel galt als kriegswichtiges Material. Die Strafe würde grausam sein, wenn man ihn erwischte. Wir wussten das. Sie ließen Häftlinge sich die Hose runterziehen, mit dem Oberkörper auf einen Stuhl legen und schlugen mit einem bleigefüllten Gummirohr auf die Hintern und ließen die Häftlinge mitzählen. Ich hatte das gleich an meinem ersten Tag selbst erlebt. Sie hetzten ihre Hunde auf uns. Sie schlugen uns mit Knüppeln tot, sie schossen uns direkt ins Gesicht.

Dieter arbeitete konzentriert an seinem Stövchen. Er hörte nicht die Schritte hinter sich. Er sah zu spät den Mann in der grauen Uniform. Sein Todesurteil, dachte Dieter. Der SS-Mann nahm Dieters Werk in die Hand und prüfte es.

»Was ist das?«

»Ein Stövchen.«

Der SS-Mann befahl Dieter, auch für ihn Stövchen zu bauen.

Von der Welt und dem Weltkrieg bekam ich wenig mit in Monowitz. Dann kamen die amerikanischen Bomber. Es begann im Spätsommer 1944. Erst hörten wir die Motoren. Dann das Pfeifen der Bomben und ihre dumpfen Einschläge in die Produktionsanlagen der Fabrik. Die IG Farben hatte uns verboten, die Arbeitsplätze zu verlassen. Einmal traf ein Blindgänger die Lagerstraße, ich warf mich gerade noch rechtzeitig in den Graben. Die Bomben trafen uns Häftlinge. Aber die Bomben trafen auch SS-Männer und zerstörten Gebäude der verhassten Fabrik.

Viele Häftlinge sahen in den amerikanischen Bomben unsere Erlösung.

Meine Erlösung blieb das Stück Brot und der Teller Suppe, weiter in die Zukunft dachte ich nicht. Nachts lag ich in der Baracke neben meinem Bruder auf der Pritsche. Wahrscheinlich erzählten wir uns auch mal Geschichten von früher, wie Vater auf der Chaiselongue lag und von Verdun berichtete oder wir schwärmten von den dicken Bohnen mit Rauchfleisch, die Mama Friedel immer zum Geburtstag gekocht hatte. Die meiste Zeit aber redeten wir davon, wie wir im Lager an Essen kamen. Oder über die nächste Selektion.

Im Frühjahr 1944 hatten sie zwei riesige Zelte im Lager aufgestellt. Jedes Zelt hatte tausend Männer beherbergt. Nun, im Oktober, waren die Zelte abgebrochen worden und unsere Baracken waren überbelegt.

Wir wussten, dass die SS diese Unordnung nicht dulden würde. Auf der Baustelle, in den Baracken flüsterten sich die Häftlinge zu, was nun zu erwarten sei: »Selektion«. Manche verzweifelten, manche resignierten. Fast alle ließen sich von dem jeweils anderen versichern, dass sie auf keinen Fall aussahen wie ein »Muselmann«.

Der Blockälteste ließ die Tür schließen. Er reichte jedem von uns einen Zettel mit Nummer, Namen, Beruf und Nationalität. Befahl: »Ausziehen!«. Nackt scheuchte er uns aus unserem Schlafraum in den Tagesraum. Wir bekamen kaum Luft im Gedränge unserer nackten Körper. Vor der Tür stand ein SS-Mann, rechts neben ihm der Blockälteste und links neben ihm der Blockschreiber mit der Liste. Jeder von uns musste an ihnen vorbeilaufen und dem SS-Mann den Zettel geben. Der brauchte nur wenige Sekunden, um über unser Schicksal zu entscheiden. Er reichte den Zettel entweder dem Blockältesten rechts oder dem Blockschreiber links. Mal konnte »links« den Tod bedeuten, mal »rechts«. Wer von uns wusste das schon?

Meine Nummer wurde aufgerufen, ich rannte mit kräftigen Schritten zum SS-Mann, ich drückte die Brust raus und reckte den Kopf in die Höhe. Ich mimte einen kräftigen Mann, der ich schon lange nicht mehr war.

Als der SS-Mann weg war, drängten sich alle um den Blockältesten, der vorlas, wer die Baracke zu verlassen hatte. Wir sahen die Todgeweihten flehen, schreien, weinen und beten. Dieter und ich hatten uns längst damit abgefunden, dass sie uns eines Tages ins Gas schicken würden. Der Blockälteste las unsere Nummern nicht vor. Wir waren noch einmal davongekommen. Ich fühlte nichts mehr. Ich betete nicht mehr. Ich glaubte nicht mehr an Gott. Es konnte keinen Gott geben, wenn es Auschwitz gab.

23

Gerda litt mit, als sie Albrecht um Worte ringen hörte. Manchmal stockte er. Manchmal flüchtete er sich in Andeutungen und sagte »man«, wenn er »ich« meinte. Manchmal setzte er seine Brille ab und rieb sich die Augen, wo die Worte versagten.

Nun sagte er: »Ich war doch nicht normal. Wir haben alle ausgesehen wie Kegelköppe. Ich kann es Ihnen nicht erklären. Man war so … so abgestumpft. Man hat nur gehofft, dass der liebe Gott ein Ende mit dir macht, dass du dich nicht mehr zu quälen brauchst.«

»Hatten Sie Selbstmordideen?«, fragte die Historikerin von der Gedenkstätte.

»Natürlich. Heute noch«, antwortete Albrecht langsam. »Heute noch, wenn ich so nachdenke. Jetzt, wo ich wieder zurück bin, in Leer. Da sind fünf Häuser, in denen meine Onkel und meine Tanten gewohnt haben. Die stehen alle noch da, so wie sie waren. Die eine Familie hat zwei Kinder gehabt, die andere hat drei Kinder gehabt, die andere hat ein Kind gehabt. Ich sehe die noch vor mir.«

Albrecht hielt inne, nachdem er das gesagt hatte, als wundere er sich selbst darüber, dass er mit einer fremden Frau so offen sprach. In Amerika hatte er nie mit Fremden über den

Holocaust gesprochen. Wenn sie von seiner Geschichte erfuhren, wechselten sie schnell das Thema, als wollten sie nicht mit einer Unannehmlichkeit belästigt werden. Oder sie machten sein Grauen klein, als sei es ein kleiner Makel im Lebenslauf. »*Oh, he was in the camps. A lot of people were in the camps. Get over it.*«

Nur mit den anderen *survivors* konnte er reden. Sie verstanden das Unbegreifliche. Sie kannten die Albträume, aus denen man schweißgebadet aufschreckte, und die Nächte, in denen die Trauer mächtiger war als der Schlaf. Sie wussten, wie es sich anfühlte, sich morgens das Gesicht zu waschen und im Spiegel auf die Nummer auf dem Arm zu blicken. Sie wussten das alles, was die Menschen um sie herum nicht verstehen konnten und wollten. Und doch, sie sprachen selten über die Lager. Selbst Friedel redete kaum darüber mit ihm, als hatte sie ihm die Last nicht aufbürden wollen.

Das war Albrechts Erfahrung mit der Außenwelt: Einmal, in der U-Bahn in New York: »*You are a funny guy, put numbers on your arm.*« Ein andermal, ein Nachbar in Florida: »*Was it really so bad? I didn't know about it. I fought in Korea. That was bad, too.*«

»Aber ihr wart doch Soldaten«, hatte Albrecht dem Nachbarn geantwortet und sein Herz raste. »Ihr seid doch nicht vernichtet worden! Ihr habt doch ein Gewehr gehabt und konntet euch verteidigen. Wir sind wie tollwütige Hunde in die Gaskammern gesteckt worden!«

Gerda war anders. Gerda verstand ihn in den Stunden, in denen er nur vor sich hinstarrte, versunken in depressiven Gedanken. Sie fragte nach: »Was ist mit dir? Fühlst du dich nicht gut?« Gerda wollte wirklich wissen, was in ihm vorging.

Gerda war eben Gerda. Deshalb wäre es falsch zu sagen, sie

habe Albrecht ermuntert, zu diesem Interview zu fahren. Es war eher so: Er hatte gezögert, sie hatte ihm sehr, sehr gut zugeredet. Es war ein grauer Märztag 2013, beinahe ein Jahr war seit Friedels Tod vergangen, da hatte sie ihn aus dem Altenheim abgeholt und war mit ihm in die Gedenkstätte Bergen-Belsen gefahren. Albrecht saß vor einer schwarzen Leinwand, ein Kameramann filmte, eine Historikerin stellte Fragen. Für ein Oral-History-Interview, in dem Überlebende ungefiltert und subjektiv über ihre Vergangenheit berichten. Der Versuch, für die Nachwelt einen wahrhaften Eindruck von den Geschehnissen der Zeit zu gewinnen.

Jahrzehntelang hatte Albrecht geschwiegen. Selbst Hollywoodregisseur Steven Spielberg hatte ihn in den 1990er-Jahren nicht zum Reden bringen können, als dessen *Shoah Foundation* Albrecht um ein Zeitzeugeninterview über seine Holocausterinnerungen gebeten hatte. Albrecht war damals noch nicht so weit. Er hatte nur allzu lange die Erfahrung gemacht, dass die Umwelt seine Erinnerungen nicht hören wollte. Und so sagte er: »Wie sollte ich das Unbegreifliche schildern, wenn ich es heute noch immer selbst nicht begreife?« Außerdem: Was sollte er schon beitragen, dachte er damals, er war doch kein Schriftsteller, kein Intellektueller? Zwei Überlebende, die wie er in Auschwitz-Monowitz eingesperrt gewesen waren, hatten in weltweiten Bestsellern die Schrecken des Lagers beschrieben, Elie Wiesel in »Die Nacht« und Primo Levi in »Ist das ein Mensch?«. Was hatte er dazu noch beizutragen?

Doch Gerda war überzeugt davon, dass das Sprechen über die Vergangenheit nicht nur der Nachwelt helfen würde, sondern auch Albrecht. Sie hatte von Überlebenden gelesen, die sich wie von einer Last befreit fühlten, wenn sie begannen, von ihren tief eingegrabenen und verwurzelten Gefühlen zu reden.

Wenn sie die grauenhaften Bilder in der Dunkelkammer ihrer Seele mit der Nachwelt teilten. Wenn sie von ihrem Überleben sprachen und ihnen klar wurde, dass sie damit auch der sechs Millionen Toten des Holocaust gedachten.

Auch Albrecht würde es helfen, Worte zu finden, um das Unaussprechliche über die Lippen zu bringen, dachte Gerda. Sie war nun Rentnerin und fuhr doch fast jeden Tag um halb fünf für eine Stunde zu ihrer alten Arbeitsstätte im Seniorenheim. Trank mit Albrecht Ostfriesentee, hörte ihm zu oder las ihm aus Primo Levis Erinnerungen aus Auschwitz vor. »Gerda liest sehr schön«, erzählte Albrecht der Historikerin in Bergen-Belsen. »Die Gerda wird mich schon wieder auf Vordermann bringen.« Er schmunzelte, als er das sagte. Gerda aber war fest entschlossen.

Wenige Wochen später fuhr sie Albrecht in ein Klassenzimmer. Sie hatte ihn dazu ermuntert, die Einladung eines Religionslehrers anzunehmen. Nun saß Albrecht inmitten von Schülern und Schülerinnen an seinem Geburtsort Rhauderfehn. Er war so alt wie die Jugendlichen um ihn herum gewesen, als sein Leben hier zerbrach. Die Jugendlichen kicherten, tuschelten so unbeirrt, wie es nur Jugendliche können. Da faltete Albrecht seine Hände, stützte sie auf seinen Gehstock, hob den Kopf und sagte: »Ich war ein ganz normales deutsches Kind, so wie ihr.«

Es war nicht nur die Kraft seiner Worte, es war vor allem Albrechts besondere Präsenz, die mit einem Mal die Temperatur im Raum zu verändern schien. Es wurde ruhig im Klassenzimmer. In den kommenden anderthalb Stunden war es nur Albrecht, der sprach. Umringt von jungen Menschen, die durchgeschüttelt wurden von Hormonen und den Rätseln der Pubertät, die eben noch Mädchen, Jungs oder den FC Bayern München im Kopf gehabt hatten – die nun zuhörten.

Albrecht war nervös gewesen, als sie die Schule betreten hatten. Würden die Schüler und Schülerinnen etwas anfangen können mit seinen Erinnerungen an diese Zeit, die nicht mal mehr ihre Großeltern erlebt hatten?

Doch nun saß er hier. Ein alter Mann, beinahe sechs Mal so alt wie sie, und die Schülerinnen und Schüler hörten ihm zu. Wie der Lehrer zu Albrecht gekommen war, zehn Jahre war er alt gewesen, und befohlen hatte: »Weinberg, du darfst nicht mehr zur Schule kommen. Geh.« Wie Albrecht dreizehn Jahre alt gewesen war, als die SA-Leute ihn und seine Mutter nachts im Schlachthaus eingesperrt und gedroht hatten, sie zu verbrennen. Wie er, als er so alt gewesen war wie die Vierzehnjährigen hier um ihn herum, zusammen mit seiner Schwester ins Arbeitslager deportiert worden war. Und schon bald, wenn sie ihren Führerschein in den Händen halten würden, würden sie in dem Alter sein, in dem Albrecht in Auschwitz die Nummer auf den Arm tätowiert bekommen hatte.

Albrecht redete erst einmal von den Momenten des Glücks in seiner Kindheit. Wie er mit dem Nachbarsjungen Murmeln gespielt hatte – »Aber das kennt ihr jungen Leute ja gar nicht mehr«, sagte er und lächelte, »ihr hängt ja nur an euren Handys«. Die Jugendlichen lachten, sie schlossen den alten Mann schnell ins Herz. Und Albrecht erkannte inmitten der Schüler und Schülerinnen, wie wichtig es war, dass er redete: Er hatte überlebt, deshalb musste er von den Toten sprechen.

»Du kannst beinahe hundert Jahre alt werden«, sagte Albrecht den Schülerinnen und Schülern, »und du bekommst Auschwitz nicht aus dem Kopf. Es wird dich nie verlassen, in deinen Albträumen, in deinen Tagträumen, an jedem Tag in deinem Leben danach«. An einem Abend in Auschwitz-Monowitz, erzählte er den Jugendlichen, habe er sich nur noch nach der

Wassersuppe gesehnt, die sie endlich bekommen würden. Doch die Wächter sagten ihnen, dass die Suppe erst später verteilt werden würde. Sie ließen alle auf dem Appellplatz antreten, vierzig Blocks in Reih und Glied. Wieder eine Selektion? Erwischt es mich heute? Dann erst entdeckte Albrecht neben dem Pult des Rapportführers drei Galgen. Als es dunkel wurde, strahlten die SS-Männer die Galgen mit Scheinwerfern an. Die Häftlinge froren, traten von einem Fuß auf den anderen, rieben sich die Finger.

»Mützen ab!«, brüllte der Lagerälteste und der Regen prasselte auf ihre kahlgeschorenen Köpfe.

Eine SS-Einheit marschierte auf den Platz und umstellte die Häftlinge. Alle drei Meter ein SS-Mann mit Maschinengewehr. Von den Wachtürmen richteten sie die Gewehre auf den Platz, auf dem Albrecht und die anderen standen. Sie holten drei Männer aus dem Bunker. Ihre Hände waren gefesselt. Die Gesichter gespenstisch bleich im Scheinwerferlicht.

»Im Namen des deutschen Volkes. Der Reichsführer SS befiehlt …, die Schutzhäftlinge wurden wegen Vorbereitung zur Flucht aus dem Konzentrationslager Auschwitz zum Tode durch den Strang verurteilt … Der Befehl des Reichsführers SS wird hiermit vollstreckt«, erklärte der Hauptscharführer mit heiserer Stimme, ein feister Mann mit einem Specknacken und roten Wangen.

Stille. Die Häftlinge bewegten sich nicht.

Den Lagerältesten begleiteten SS-Männer, nicht wie sonst zwei Helfer, die sich mit Extrarationen Suppe kaufen ließen. Sie führten den ersten Verurteilten zum Strick. Plötzlich schrie der: »Kopf hoch, Kameraden! Wir sind die letzten Opfer …« – in diesem Moment wurde die Kiste weggerissen. Kurz darauf auch die Kiste, auf der der zweite Mann stand.

Beim dritten Verurteilten dauerte es länger. Albrecht sah,

wie der Henker an ihn herantrat und ihm den Strick um den Hals legte. Er sah, wie der Henker seinen Helfern das Zeichen gab, die Kiste wegzuziehen. Er hörte den Mann noch rufen, seine Stimme kräftig und klar: »Es lebe die Freiheit!«

»Mützen ab!«, brüllte der Lagerälteste, als es vorbei war. »Mützen auf!«

Albrecht sah in die toten Augen der Männer, sie zwangen sie zu einer Parade an ihnen vorbei, Block für Block, sie achteten darauf, dass sie ihnen in die Gesichter sahen, ihre Münder standen auf, alle sahen ihre Zungen, sie waren bläulich und geschwollen.

Er habe das alles gesehen, berichtete Albrecht den Jugendlichen. Aber es habe ihn nicht verstört. Er hatte zugesehen, wie drei seiner Mithäftlinge hingerichtet worden waren und dabei nur gehofft, dass der Henker sich beeilen würde, damit er seinen Teller Wassersuppe bekam.

Der spätere Friedensnobelpreisträger Elie Wiesel hatte an diesem Abend unter den Tausenden zusammen mit Albrecht auf dem Appellplatz gestanden. Er schrieb in seinen Erinnerungen, Gerda hatte ihm aus »Die Nacht« vorgelesen: »Am Abend hatte die Suppe einen Leichengeschmack.«

Albrecht hatte den Kopf geschüttelt, als Gerda das vorgelesen hatte. »Ich aber war da kaum noch Mensch«, hatte er gesagt. »Ich habe keine Leichen geschmeckt. Ich habe die Suppe verschlungen.«

Die Jugendlichen stellten Albrecht noch viele Fragen, nachdem er das erzählt hatte.

24

Der Winter des Jahres 1944 nahte, und wir hörten das Dröhnen der russischen Artillerie. Im August 1944 hatten die Chefs der IG Farben in der gigantischen Fabrik mit der Produktion von Buna beginnen wollen. Nun hieß es, die Fabrik werde am 1. Februar 1945 in Betrieb genommen. Dabei fehlte es an Material, an Werkzeug, an allem. Dabei zerstörten die Bomben der Amerikaner immer mehr Teile der Fabrik. Dabei wurde das Donnergrollen der russischen Kanonen von Woche zu Woche lauter. Und doch machten unsere Wächter immer weiter. Sie schunden uns, sie töteten uns, sie schickten uns mit ihrer Marschmusik jeden Morgen auf diese Baustelle, die jeden Sinn verloren hatte.

Ich habe mir keine Hoffnung gemacht, dass die Russen uns bald befreien würden. Ich kann mich nicht erinnern, ob ich in Monowitz davon hörte, dass die SS die Krematorien in Auschwitz-Birkenau abgerissen hatte.

Wir Häftlinge fühlten nichts mehr, wenn wir abends von der Baustelle zurück zum Lager kamen, jedes Mal die Musik der Kapelle, dann »Mützen ab!« vor der SS, dann das Tor »Arbeit macht frei«, dann die Meldung der Kapos: »Kommando 24, vierundzwanzig Häftlinge, Stärke stimmt«. An den schlimmsten Tagen ließen sie uns noch auf dem Appellplatz antreten. Stundenlang harrten wir aus. »Stillgestanden!« Im Regen. Im Schnee. Kämpften dagegen an, umzufallen. Man durfte nicht sprechen, man musste gerade stehen, egal ob man Typhus hatte oder Krätze.

Ich hatte mir einen Kieselstein in den Mund gesteckt. Dieter hatte mir diesen Trick gezeigt, sein Rezept gegen die trockene Kehle. Es funktionierte. Ich lutschte auf dem Kieselstein herum und spürte ein wenig Feuchtigkeit in meiner Mundhöhle. Ich starrte geradeaus. Im Kegel des Scheinwerfers sah ich den Galgen. Manchmal standen da auch mehrere. Hinrichtungen waren für mich nichts Neues mehr. Die SS hängte Häftlinge für kleinste Vergehen. Für Brotdiebstähle aus der Küche, Sabotagen oder Fluchtversuche. Ich stand auf dem Appellplatz und schaute zu.

Abends kratzte ich die Hungerödeme auf, der Eiter spritze auf meinen Strohsack. Gelb war meine Haut, sie hing über diesem Skelett, das einmal mein Körper gewesen war. Ich war ein »Muselmann«.

Die Russen kamen näher und näher, es war nicht zu überhören. Man konnte es sogar fühlen. Manchmal bebte die Erde im Lager von der Wucht der Detonationen. Bald standen sie vor Krakau, hieß es, ungefähr sechzig Kilometer von Auschwitz entfernt. Im Januar 1945 rief uns der Blockälteste zusammen. Auschwitz werde evakuiert, erklärte er. Man würde uns zurückführen in Lager im Innern Deutschlands, Block für Block. Die Kranken würden im Krankenbau bleiben, sie würden nicht evakuiert. Für uns war klar, dass die SS sie erschießen würde. Jeder, der nur irgendwie konnte, meldete sich marschfähig. Berni Wallheimer schaffte es nicht, würde ich später erfahren. Mein Freund aus Groß Breesen lag auf seiner Pritsche im Krankenbett, ein Geschwür war an seiner Seite gewachsen, groß wie ein Kinderkopf. Berni blieb zurück.

Wir mussten auf dem Appellplatz antreten. In Zehnerreihen marschierten wir nachts aus dem Lager. Ein letztes Mal durch das Tor. Ein letztes Mal die höhnische Inschrift »Arbeit macht frei«. Wir marschierten in die Finsternis. Eisig riss der Wind an unserer dünnen Häftlingskleidung. Der Schnee legte sich bald nass auf unsere Häftlingskappen und Jacken, er klebte an unseren Holzpantinen. Manchmal fiel einer von uns, dann erschossen ihn die SS-Männer. Manchmal sackte einer von uns zusammen vor Erschöpfung und blieb tot liegen. Dieter stützte mich, wenn ich stolperte, ich stützte Dieter. Plötzlich fiel ein Mann neben uns. Wir kannten ihn, er war in unserem Block gewesen. Siegbert Hoch, wir mochten den kleinen Berliner, der immer all seinen Schmerz und seine Verzweiflung für sich behalten hatte. Die Nazis hatten uns das Menschliche genommen. Doch ein Funken Menschlichkeit, er hatte in uns überdauert. Dieter zog den Mann hoch, ich trat auf seine andere Seite. Wir schleppten ihn Kilometer um Kilometer, bis er wieder selbst voranschwanken konnte.

Wenn ich zurückblickte, sah ich die Leichen am Straßenrand. Sie hatten es überstanden. Keinen Hunger mehr, keinen Durst, kein Leid. Ich kämpfte um jeden Schritt, reckte den Mund in dem Himmel, um Schneeflocken aufzufangen gegen den Durst. Ich achtete darauf, den SS-Männern nicht in die Augen zu blicken. Manche SS-Männer warteten nur darauf, dann schossen sie.

Die Nazis sprachen von »Evakuierung«. Überlebende fanden später das treffendere Wort: »Todesmarsch«.

Ich schleppte mich voran, Schritt für Schritt mit eiternden Füßen. Ich wusste nicht, wohin, niemand sagte es uns. Wir gingen die Nacht hindurch und den Tag hindurch. Am Abend jagten sie uns in eine Ziegelei. Dort stand eine Halle, nur ein Dach, darunter lagerten Backsteine. Manche schafften es nicht mehr hinein, sie blieben auf der Straße liegen. Andere in der Böschung. Die Halle schützte uns vor dem Schnee. Da lagen wir eine Weile und Dieter wurde unruhig. Er wollte flüchten, ich hatte keine Kraft und keinen Mut. Doch als er rannte, schrie ein polnischer Ziegeleiarbeiter. Dieter stürzte zurück in die Halle.

Unser Leichenzug schlich weiter. Auf manchen Straßen waren schon Häftlingskolonnen vor uns gewesen. Leichen markierten den Weg, den die Trecks zurückgelegt hatten. Ich wusste bald nicht mehr, ob Tag oder Nacht war.

Irgendwann muss ich es bemerkt haben, in einem klaren Moment. Der Schreck stach in mein Herz. Dieter war weg. Ich sah ihn nicht hinter mir. Nicht vor mir. Ich starrte auf die Leichen am Wegesrand. Ich biss mir auf die Lippen, damit sie nicht erfroren.

Ich war doch verloren ohne Dieter.

Ich weiß nicht mehr, wie wir an unser Ziel kamen. Meine wenigen klaren Gedanken kreisten um Dieter. Die Baracken im Lager sahen von außen so aus wie die in Monowitz. Innen aber waren sie leer. Wir drängten uns auf dem nackten Boden. Wir durften die Baracke nicht verlassen.

Ich hoffte vergeblich auf ein Stück Brot oder einen Schluck Wasser. Ich dämmerte dahin. Ich weiß nicht mehr, wie lange wir in der Baracke ausharrten. Meine Erinnerung setzt wieder ein, als sie uns befahlen, herauszukommen. Um uns zum Bahnhof Gleiwitz zu eskortierten. Ich ging gerade an einer Baracke vorbei, da kam plötzlich ein SS-Mann auf mich zu und befahl mir: »Mitkommen!« Ich folgte dem Mann in die Baracke. Ich glaube nicht, dass ich da noch Angst fühlte.

Da war Dieter. Ich konnte es kaum glauben. Er stand in der Baracke vor einem Berg aus Schweinefleisch. Dieter hatte das Lager schon Stunden vor mir erreicht. Mit dem Leiterwagen, auf dem die SS-Männer Schweine aus der Lagerküche von Monowitz mitgenommen hatten.

»Wer kann schlachten?«, hatten sie gefragt.

Dieter, der noch nie selbst geschlachtet hatte, hatte nicht gezögert: »Ich!«

Er war gerade bei der Arbeit gewesen, da hatte er mich gesehen. Hatte einen SS-Mann überzeugt, mich zu holen, damit ich ihm zur Hand gehen könne. Nun stand ich neben meinem Bruder in der Baracke und er drückte mir einen Becher mit einer Flüssigkeit in die Hand. Ich stürzte sie sofort herunter. Es war ausgelassenes Schweineschmalz. Zu viel Fett für meinen ausgezehrten Körper, es hätte mich beinahe umgebracht.

Dieter musste mir am nächsten Tag in den Waggon helfen, dort drängten wir uns mit über siebzig Menschen, Krämpfe durchzuckten meinen Körper, mir lief der Durchfall die Beine herunter und ich konnte mich kaum noch aufrecht halten.

Der Waggon war offen. Kein Dach schützte uns vor Schnee und Regen und dem kalten Wind. Ich zog den Kopf zwischen die Schultern und kauerte mich zusammen. Die Exkremente gefroren an meinem Körper. Manchmal hielt der Zug, und SS-Männer befahlen: »Alle Toten raus!« Wir blickten uns im Wagen um. Es war nicht mehr einfach, die Lebenden von den Toten zu unterscheiden. Wer sich nicht regte, den stießen wir an, um sicher zu sein. Wir schubsten die Erfrorenen und Verhungerten aus dem Wagen.

Wir lebten vom Schnee. Wir lutschen ihn von unseren Ärmeln und strichen ihn von den Schultern unseres Vordermanns. Wir fuhren durch Polen, dann durch Österreich. In der

»Tschechei« hatten Bahnarbeiter Mitleid mit uns, sie warfen uns ihre Pausenbrote in den Waggon. Wir prügelten uns um die Brote. Manche brachten sich gegenseitig um für ein paar Krümel.

Unser Zug kam nur langsam voran. Immer wieder hielten wir auf einem Nebengleis, um den Truppentransporten der Wehrmacht Platz zu machen. Als wir einmal hielten, entdeckten wir auf dem Nebengleis eine Feldküche. Unsere Bewacher gingen dorthin und aßen. Uns blieb nur der Schnee vom Waggonboden.

Manchmal wurden wir beschossen, dann zogen wir die Köpfe ein. Ich war zu schwach, um aus dem Wagen zu klettern, wenn wir hielten. Aber es gab einige, die das noch schafften. Die mutig waren oder verzweifelt genug. Sie kletterten aus dem Waggon, schlichen zur Lokomotive und schöpften Kesselwasser in ihre Häftlingskappen. Dieter war einer von ihnen. Wenn er zurück war, hielt er mir seine Kappe hin, ein paar Tropfen darin. Das Wasser war gelb vom Maschinenöl. Ein Wunder, dass Dieter überlebte. Ein Wunder, dass wir überlebten. In einem anderen Waggon befahl der SS-Mann: »Hosen runter!«. Dann schoss er auf die Männer im Waggon, einfach so.

Waren wir Tage unterwegs? Oder eine Woche? Ich wusste den Unterschied nicht mehr. Irgendwann hielt der Zug endgültig.

»Raus!«

25

Wir stolperten aus dem Zug. Ins nächste Lager. Ich erfuhr kurz darauf, dass sie es »Mittelbau-Dora« nannten. Es lag bei Nordhausen im Harz. Als wir dort ankamen, war das Krematorium so überlastet, dass sie die Leichen am Rand der Lagerstraße verbrannten. Allein von den 1849 Häftlingen, die mit einem Transport am 4. Februar 1945 hier aus Auschwitz eintrafen, waren 464 bei der Ankunft tot, ermittelten Historiker später. Die meisten Häftlinge waren sehr krank und schwach. Die SS brachte sie weg, in eine Kaserne in Nordhausen. Sie überließ dort die Sterbenden weitgehend sich selbst. Andere Häftlinge aus Auschwitz brachten sie auf die Baustellen der umliegenden Lager.

Dieter und ich blieben im Hauptlager. Wir sollten an »Wunderwaffen« arbeiten. Raketen des Typs V1 und V2 bauen. Das V stand für »Vergeltungswaffe«. Mit ihnen wollten die Nazis die Wende im Krieg herbeiführen und den Endsieg herbeibomben. Selbst noch, als ich hier im Februar 1945 ankam und der Krieg längst verloren war. Aus Furcht vor den Bomben der Alliierten war die Fabrik im Spätsommer 1943 von Peenemünde in den Harz verlegt worden, unter die Erde.

Bald nach meiner Ankunft musste ich mich in die Häftlingskolonne einreihen, die zur Arbeit aufbrach. Wir stiegen in den

Berg vor dem Lager, liefen durch einen Stollen tief in den Berg hinein und fanden uns in einer unterirdischen Fabrik wieder, hineingetrieben in ein kilometerlanges Stollensystem. Die ersten Häftlinge von Mittelbau-Dora hatten die Fabrik bauen müssen. Sie schufteten und schliefen im Stollen. Die meisten starben, ohne noch einmal die Sonne zu sehen.

Im Stollen war es kalt und feucht. Mein Arbeitsplatz befand sich auf einer Rampe an einem Schienenstrang. Eine Lokomotive zog Raketenmittelteile auf Güterwagen an meine Arbeitsbühne. Im Akkord musste ich Glaswatte zwischen die Außenwand der Raketen und den Tank stopfen. Auch Tausende Ingenieure und Facharbeiter arbeiteten mit uns in den Stollen, sie sahen, wie abgemagert wir waren. Sie sahen, wie immer wieder einer von uns vor Erschöpfung umfiel, doch sie halfen uns nicht. Sie arbeiteten in Handschuhen, die gab es für jüdische Häftlinge nicht. Die Glaswatte war steif und ließ sich nur schwer biegen, der Hohlraum, in den ich die Glaswatte drücken musste, war nur gut fünf Zentimeter breit, ich drückte und bog die Watte mit beiden Händen, sie stach in meine Haut wie Stecknadeln. Die Glaswatte riss meine Hände auf. Sie entzündeten sich, Geschwüre und Eiterbeulen übersäten sie. Jeder Handgriff war ein stechender Schmerz.

Dieter hatte es ein wenig besser getroffen, wieder einmal. Er arbeitete in einem anderen Stollen, an einer Drehbank. Ich weiß nicht, wie ihm das gelungen war. Vielleicht hatte er sich als Handwerker ausgegeben.

Abends taumelten wir aus den Stollen aus dem Berg, am Ausgang lagen rechts und links die Toten des jeweiligen Tages. Einmal stürzte sich ein Häftling vor mir auf eine der Leichen und biss ihr im Hungerwahn in den Oberschenkel. Niemand hielt ihn zurück. Niemand griff ein, niemanden schockierte es. In Fünferreihen trieben die Wachen uns zurück ins Lager.

Der Weg führte eine kleine Anhöhe hinauf. Manche mussten gestützt werden, manche schafften es nicht mehr zurück und wurden erschossen. Der Weg zurück ins Lager wurde für mich zur Qual. Ich konnte mich abends kaum noch auf den Beinen halten. Meine Oberschenkel waren bald schmaler als meine Waden.

Das Stück Brot, dass sie uns gaben, teilten acht Menschen miteinander. Wir jüdischen Häftlinge sollten sterben. Doch die SS schob unseren Tod auf, solange wir noch an ihren »Wunderwaffen« arbeiten konnten. Der Tod aber ließ sich in diesem Lager nicht lange aufschieben. Die Arbeit vernichtete Menschen. Hunger und Krankheiten rafften sie dahin. Abends stand ein Lkw vor dem Block, darauf mussten die Häftlinge die Leichen legen, die zum Krematorium gefahren wurden.

Sinti und Roma waren im Lager, Kriegsgefangene aus Belgien und Frankreich, Zeugen Jehovas, Homosexuelle und Kriminelle. Wir Juden standen auch hier auf der untersten Stufe der Häftlingshierarchie. Das ließen uns die Kapos und die SS-Männer spüren. Im Waschraum ließen sie Juden nackt antreten und drehten das Wasser eiskalt auf. Wenn einer aufschrie, gab es Schläge. Dann wieder prasselte brennend heißes Wasser auf sie nieder, wenn einer zur Seite sprang, gab es ebenfalls Prügel.

Bald lief ich wie ein Zombie durch das Lager. Ich war zu keinem klaren Gedanken mehr fähig. Ich wusste nur, dass es mit mir zu Ende ging. Selbst wenn meine Mutter beim Appell neben mir zusammengesackt wäre, ich hätte sie nicht aufgehoben. Wenn mein Vater ein Stück Brot gehabt hätte, ich hätte es ihm geklaut. Ich war neunzehn Jahre alt und dachte an Selbstmord. Ich dachte an den mit Starkstrom geladenen Zaun. Aber ich hatte nicht die Kraft dazu. Oder nicht den Mut.

Es wurde Frühling und der Fliegeralarm schrillte immer häufiger. Er riss uns aus dem Trott im Lager und trieb uns in den Stollen. Wir hielten inne und warteten auf das Dröhnen der Bomber. Kam der Fliegeralarm am Nachmittag, ließen sie uns nicht aus dem Stollen, dann mussten wir länger arbeiten.

Das Lager war vollkommen überfüllt, die Enge in den Baracken unerträglich. Ein Transport nach dem anderen hatte Menschen hierhergebracht, die meisten Neuzugänge waren Juden, die meisten unter ihnen »Muselmänner«. So viele Leichen schaffte man bei Ankunft aus den Waggons, dass das Krematorium nicht mehr hinterherkam. Dazu kamen die täglichen Toten aus unserem Lager, es wurden immer mehr. Sie ließen einen riesigen Scheiterhaufen aus wechselnden Schichten von Baumstämmen und Leichen errichten. Sie gossen reichlich Benzin darüber. Das Feuer war gewaltig.

Wir hörten die Bomben der Engländer, sie fielen in der Nähe, auf die Stadt Nordhausen. Es sprach sich im Lager herum, dass die Amerikaner mit Bodentruppen von Westen her näher rückten. Wahrscheinlich hörte ich auch von diesen Nachrichten. Ich glaube nicht, dass ich mir Hoffnungen machte. Ich glaube nicht, dass ich Angst vor der Reaktion der SS hatte, wenn die Amerikaner noch näher rückten. Ich erinnere mich nicht daran, was ich hoffte oder fürchtete in dieser Zeit. Wahrscheinlich gab es so etwas wie Furcht oder Hoffnung schon gar nicht mehr für mich.

Den Befehl zur Räumung von Mittelbau-Dora gab der Lagerkommandant am 4. April 1945. Das Datum habe ich später gelesen, damals hatten Tage und Wochen keine Bedeutung mehr für mich. Es ging alles schnell, in großer Eile. Sie stießen uns, sie schubsten uns zum Bahngleis. Ein Durcheinander. Plötzlich war Dieter weg. Ich schaute mich um, da stieß mich schon ein SS-Mann in einen überfüllten Waggon. Ich konnte nicht lange stehen, meine Beine sackten zusammen. Ich kauerte mich auf den Boden, legte die Arme auf die Knie und stützte den Kopf darauf. Bald waren wir alle schwarz an Haut und Kleidung vom Kohlestaub im Waggon. Die Waggons waren offen. Über einige waren Planen gespannt, unter denen Häftlinge Schutz suchen konnten. Über dem, in dem ich kauerte, nicht. Erst schneite es, dann regnete es. Keiner wusste, wohin unsere Reise diesmal ging. Unsere Fahrt war eine Irrfahrt. Wahrscheinlich hatte auch unser Transport in das KZ-Neuengamme bei Hamburg führen sollen, erfuhr ich später. Doch das nahm keine Häftlinge mehr auf. Bahnhöfe waren zerstört, Schienenverbindungen zerbombt. Die Amerikaner und Briten rückten immer weiter vor.

Es dauerte nicht lange, bis Menschen starben im Waggon. Immer mehr wurden es während der Fahrt, allesamt »Muselmänner« wie ich. Gequält von Kälte, Hunger und Durst. Wir schoben die Leichen an den Rand und setzten uns auf sie. Bestialisch war der Gestank, aber niemand sagte etwas. Auch ich nahm es kaum mehr wahr. Die meiste Zeit dämmerte ich vor mich hin. Manchmal schreckte ich auf. Ich hörte Schüsse. Sie kamen aus der Luft, von den britischen und amerikanischen Flugzeugen, die uns Häftlinge nicht sahen und einen Wehrmachtstransport vermuteten. Oder sie kamen aus der Nähe. Gewehrschüsse, wenn wir wieder einmal irgendwo standen. Immer wieder versuchten Menschen, aus den Waggons zu fliehen, die Wachposten fingen sie wieder ein. Häufiger aber machten sie es sich einfach und erschossen die Häftlinge auf der Stelle. Die Toten mussten wir neben der Bahnstrecke verscharren, doch unsere Wachen achteten längst nicht mehr darauf, wie sorgfältig wir das taten. Ihre Welt zerfiel, sie wussten es. Meine Welt war längst zerfallen. Für eine Flucht war ich zu schwach. Ich würde im Waggon sterben, damit hatte ich mich abgefunden.

Der Zug hielt irgendwann endgültig, daran erinnere ich mich. Ich stand auf und schleppte mich aus dem Wagen. Ich weiß auch noch, dass mir die Beine wegsackten. Dann weiß ich nichts mehr. Mir fehlen Stunden. Vielleicht sogar Tage. Ich muss wie die meisten Häftlinge aus den Mittelbau-Lagern zwischen dem 8. und 11. April 1945 an der Rampe des Konzentrationslagers Bergen-Belsen in der Lüneburger Heide angekommen sein. Es gab viele Transporte von Mittelbau nach Bergen-Belsen, mehr als 15 000 Häftlinge brachte man hierher. Viele überlebten die Fahrt im offenen Bahnwaggon nicht, ihre Leichen warf man damals gleich nach der Ankunft der Züge aus den Waggons auf die Rampe. Von der Rampe waren es sechs Kilometer in das Hauptlager des KZ Bergen-Belsen. Die SS erschoss Häftlinge, die es zu Fuß nicht ins Lager schafften.

Ich erinnere mich nicht daran, dass ich sechs Kilometer gelaufen bin. Wie habe ich es ins Lager geschafft? Ich grübele noch immer darüber nach, aber ich finde keine Antwort. Wenn ich an Bergen-Belsen denke, dann sehe ich einen Panzer, das ist das erste Bild vor meinem inneren Auge. Ich lag auf dem Boden, inmitten eines Berges von Gerippen, von Toten und Lebenden, die zu Tode erschöpft waren. Ich lag dort, halbtot, und sah den Panzer in das Lager fahren. Ich weiß noch, wie ich dachte: »Jetzt töten sie uns alle.« Ich weiß noch, wie ich hoffte: »Endlich ist alles vorbei.«

26

Bergen-Belsen war ein Massengrab, das sah ich. Es hatte hier nie Massenhinrichtungen am Galgen gegeben wie in Auschwitz, das erfuhr ich später. Auch keine Gaskammern. Das Sterben war hier langsamer. Die SS hatte monatelang die Häftlinge hungern und Seuchen unkontrolliert im Lager wüten lassen. Sie verbreiteten sich rasant in den völlig überfüllten Baracken, in einigen drängten sich tausendfünfhundert Menschen, es war so eng, dass Kämpfe um Schlafplätze auf dem nackten Fußboden ausbrachen. Die Menschen starben zu Tausenden an Bauchtyphus, an Ruhr und an Fleckfieber, einer Krankheit, die man in Mitteleuropa schon sehr lange nicht mehr registriert hatte. Fleckfieber wird von Bakterien ausgelöst, die Kleiderläuse über ihren Kot auf den Menschen übertragen.

Noch bis Ende 1944 waren alle Transporte deshalb durch ein Desinfektionsbad gegangen, danach nicht mehr. Die Epidemien hatten freie Bahn, sie wüteten bald im ganzen Lager. In gerade einmal dreieinhalb Monaten, von Januar 1945 bis Mitte April 1945, als ich in Bergen-Belsen ankam, sind nach Schätzungen 35 000 Menschen im Lager umgekommen.

Ich wäre eine Zahl in dieser grausamen Todesstatistik geworden, wenn nicht dieser Panzer ins Lager gefahren wäre.

Bergen-Belsen glich einem Inferno. In den letzten Monaten waren jeden Vormittag Lastwagen vorgefahren und hatten die Leichen weggeschafft zum Krematorium. Seit Februar 1945 reichte das Krematorium nicht mehr aus. Erst wurden die Leichen aufgeschichtet, mit Dieselöl übergossen und verbrannt, doch die Offiziere des Truppenübungsplatzes in der Nähe störten sich an dem Gestank, der in der Luft hing. Von nun an blieben die Leichen liegen. Sie lagen auf Haufen, sie lagen einfach dort, wo die Menschen gestorben waren, sie lagen aufgestapelt in Baracken. Jeden Tag kamen Hunderte Tote dazu. Bald lagen Tausende Leichen überall im Lager. Einige schimmerten grün, sie waren in der Frühlingssonne angeschwollen. Andere verwesten. Es stank nach Tod in Bergen-Belsen.

Daran änderten auch Mitte April 1945 die hektischen Befehle der SS nichts, noch möglichst viele Leichen zu beseitigen. Der Krieg war verloren. Himmler hatte am 11. April befohlen, das Gebiet um Bergen-Belsen vor der britischen Armee kapitulieren zu lassen. In den folgenden drei Tagen zwang die SS alle Häftlinge, die noch gehen konnten, die Leichen in Massengräber zu schaffen. Es war der halbherzige Versuch, ein Menschheitsverbrechen zu vertuschen. Dazu ließ der Lagerkommandant die Häftlingskapelle spielen. Er befahl Tanzmusik, »zur Aufmunterung«.

Dieser Totentanz hatte ein Ende, als ich den Panzer sah. Es war kein deutscher Panzer, wie ich erst gedacht hatte. Ich brauchte ein wenig, bis ich das realisierte. Es war der späte Nachmittag des 15. April 1945, als britische Soldaten mich und Tausende Menschen in Bergen-Belsen befreiten. Menschen schrien vor Glück. Sprangen in die Luft vor Ekstase. Ich empfand kein Glück. Ich hatte überlebt, aber ich lebte kaum noch. Ich war unfähig, mich zu freuen. Unfähig, weiter in die Zukunft zu denken als bis zum nächsten Bissen Brot.

Die britischen Soldaten waren überfordert mit dem Grauen, das sich ihnen offenbarte. Waren nicht eingestellt auf diese beispiellose humanitäre Katastrophe. Sie taten das, was sie konnten. Sie verteilten Konserven aus ihrer Truppenration. Fleisch mit Gemüse oder Würstchen mit Bohnen waren darin. Wir schlangen das Essen herunter, doch unsere ausgehungerten Körper waren nicht mehr fähig, dass Fett zu verdauen. Ich bekam schrecklichen Durchfall, vielen anderen ging es genauso. Ich sah ihre Gedärme an den Latrinen aus ihren Körpern treten, ich sah noch Dutzende Menschen um mich herum sterben in den Tagen nach der Befreiung. Leichen lagen auch an der geplünderten Lagerküche, sie hatten noch ein Kotelett in der Hand. Es dauerte Tage, bis eine Hilfslieferung mit Schonkost, mit Reis und Keksen im Lager eintraf, und Tage, bis ich mich erholte. Die britischen Soldaten wogen mich, die Waage zeigte gerade einmal 29 Kilogramm.

Hass war das erste Gefühl, das ich spürte, als ich wieder zu Kräften kam. Hass auf die SS-Männer und die SS-Aufseherinnen. Die Engländer hatten ihnen am Tag der Lagerübergabe noch zugesichert, dass sie nach der »Abwicklung« unbehelligt abziehen könnten. Doch die Dimension ihrer Verbrechen hatte die Engländer ihre Meinung ändern lassen. Sie verhafteten den Lagerkommandanten und die restlichen gut fünfzig SS-Männer und dreißig SS-Aufseherinnen. Sie zwangen unsere Peiniger, die Tausenden Leichen auf dem Gelände zu beerdigen. Sie lagen noch immer überall. Sie lagen auf Stapeln, einige außerhalb des Stacheldrahts, einige zwischen den Baracken, in den Gräben der Kanalisation, in den Baracken, zwischen Schwerkranken.

Ich ließ mir diese Demütigung unserer ehemaligen Peiniger nicht nehmen, stellte mich mit Dutzenden um die SS-Leute herum und sah ihnen bei dieser schrecklichen Arbeit zu. Ich weiß nicht mehr, ob ich sie dabei anbrüllte, aber viele andere taten das. Die SS-Leute mussten die Leichen auf Lastwagen laden, sich auf den Leichenberg setzen, während der Lastwagen zum Massengrab fuhr, und die Toten dort abladen. Acht Stunden pro Tag mussten sie das tun. Zwanzig von ihnen starben in diesen Wochen. Einige an einer Sepsis durch Leichengift. Andere an Fleckfieber, mit dem sie sich infizierten, als sie die Leichen berührten.

Das zweite Gefühl, das mich überkam, war Angst. Nicht um mein eigenes Leben. Sondern um das Leben der Menschen, die ich liebte.

Jahre später habe ich einen Dokumentarfilm über die Befreiung von Bergen-Belsen gesehen. Ein ehemaliger britischer Soldat erinnert sich darin, dass eine junge Frau ihn fragte: »Warum habt ihr uns gerettet?«

Der Soldat fragte irritiert: »Was meinen Sie?«

Die Frau antwortete: »Wir haben nichts mehr, wofür wir leben könnten.«

Damals, als ich wieder klarer denken konnte, fühlte auch ich diese Leere. Sie kam mit den Gedanken, die ich aus meinem Kopf verbannt hatte. Die Gedanken an meine Mutter, meinen Vater. An Friedel und Dieter. An meine Familie, meine Tanten, meine Onkel, die kleine Rosel.

Ich lebte. Aber lebten sie noch?

27

Albrecht redete. Er staunte selbst ein wenig über sich. Vielleicht musste Albrecht erst 86 Jahre alt werden und zurückkehren in das Land der Täter, um reden zu können. Vielleicht war es die geografische Nähe zum Schrecken seiner Jugend, vielleicht war im Alter bei ihm der Drang gewachsen, sein Leben zu bilanzieren. Er sagt, er wisse es nicht. Sicher aber, sagt er, spiele Gerda dabei eine wichtige Rolle.

Bald verging kaum noch ein Monat, in dem sie Albrecht nicht in eine Schule in Leer und Umgebung fuhr. In dem er nicht vor Schüler und Schülerinnen trat und seine Geschichte erzählte. Das Reden fiel ihm nicht leicht, das Reden tat weh. Doch mit Gerda an seiner Seite wurde das Erzählen Albrechts Berufung. Sein Kampf gegen die Zeit. Er fürchtete, dass die Erinnerung verblasse, wenn keiner mehr da ist, der berichtet. Er begann zu hoffen, dass seine Rückkehr nach Deutschland etwas bewirken könnte. Dass die Schülerinnen und Schüler seine Erzählungen weitergeben würden an ihre Kinder. »Jeder, der heute einem Zeugen zuhört, wird selbst ein Zeuge werden«, diesen Satz von Elie Wiesel hatte Gerda ihm vorgelesen.

Zeuge Albrecht legte so umfassend Zeugnis ab, als wolle er anreden gegen die Jahrzehnte seines Schweigens. Gerda und er wurden zu unermüdlichen Handlungsreisenden der Holocausterinnerung. Ihre Arbeitsteilung bei Albrechts Vorträgen spielte sich schnell ein: Albrecht erzählte, Gerda hielt Fotos und Dokumente in die Höhe und legte ihm die Hand auf den Arm, wenn ihm die Tränen kamen.

Je älter Albrecht wurde, desto gefragter war er als einer der letzten Überlebenden des Holocaust. Und Gerda hatte viel zu organisieren: Vorträge vor Vereinen, Stolpersteinverlegungen, Gedenktage in Deutschland, den Niederlanden und Polen und immer wieder meldeten sich die Lehrkräfte des Gymnasiums in seinem Geburtsort in Rhauderfehn. Sie sagten, die Schüler und Schülerinnen würden sie schon fragen, wann endlich Albrecht wieder zu ihnen in die Schule käme.

Das Reden, es tat ihm immer noch weh. Doch er fühlte, dass es richtig war. Weil die Jugendlichen sich wirklich zutiefst interessierten. Weil sie keine Scheu hatten, Fragen zu stellen. Fragen wie: »Wann haben Sie die ersten Toten gesehen?«, »Wussten Sie vom Krematorium?«, »Konnten Sie sich von Ihrer Mutter verabschieden?«, »Was würden Sie einem SS-Mann sagen, wenn er Ihnen heute gegenüberstehen würde?«, »Was denken Sie über die jungen Deutschen?«, »Wie kann man verhindern, dass Auschwitz jemals wieder passiert?«, »Können Sie vergeben, können Sie noch lachen, glücklich sein?«

Auch Gerda wollte noch mehr über Albrechts Leben erfahren. Sie fuhr Albrecht zu den Orten seiner Erinnerung. In Berlin besuchten sie die Kirchstraße 22, den Ort, an dem seine Eltern zuletzt gewohnt hatten. Albrecht stützte sich auf den Rollator, das Gehen fiel ihm schwer. Als sie aber in die Große Hamburger Straße kamen, den Ort, an dem Friedel und er in der Jüdischen Schule eingesperrt worden waren vor dem Transport nach Auschwitz, übermannten ihn die Fetzen der Erinnerung und er guckte nicht links und rechts, er stürmte über die Straße zum Friedhof, auf dem die Nazis ihn gezwungen hatten, die Gebeine von Moses Mendelssohn auszugraben. Stumm stand er vor dem Gedenkstein und blickte hinüber zur Jüdischen Schule, in der sie gefangen gehalten worden waren. Er sah die Polizisten davor, im Deutschland des 21. Jahrhunderts mussten jüdische Kinder noch immer geschützt werden, dachte er, und er fragte sich, was die Menschen gelernt hatten aus der Vergangenheit, die auch seine war.

Sie fuhren an den Wannsee, in die Gedenkstätte der Wannsee-Konferenz. Albrecht wollte noch einmal die Villa sehen, an dem die Völkermörder 1942 zusammengekommen waren, um die Ermordung der europäischen Jüdinnen und Juden zu planen. In einem Computer fand sich die Transportliste nach Auschwitz mit Albrechts und Friedels Namen.

»Die feinen Herren haben unseren Tod fein säuberlich geplant«, sagte Albrecht und kämpfte gegen die Tränen.

Er war schon einmal in dieser Villa gewesen. Im Spätsommer 1945.

Kaum war er nach der Befreiung wieder zu Kräften gekommen, hatte er es im Chaos des Lagers in Bergen-Belsen nicht mehr ausgehalten. Er war kein Gefangener mehr, doch er fühlte sich hier gefangen. *Displaced Person* wurde er genannt. Ein Mensch, der keinen Platz hatte im sich neu ordnenden Europa. Aber er war keine Displaced Person wie die Juden aus Osteuropa. Er kam doch aus dieser Gegend, Bergen liegt weniger als 230 Kilometer entfernt von seiner Heimatstadt Leer. Er lief los, zusammen mit einem jungen Mann aus Berlin.

Er machte sich auf die Suche nach seiner Familie.

Nach einigen Kilometern kamen sie an einem verlassenen

Bauernhof vorbei. Im Stall muhten die Kühe. In der Speisekammer fanden sie die Köstlichkeiten ihrer fiebrigen Lagerträume. Speck, Wurst, Eingemachtes. Albrecht spannte ein Pferd vor einen Wagen und sie luden alles auf, was essbar schien. Zuletzt hievten sie auch eine Nähmaschine auf den Wagen, weil sie schon einmal dabei waren. Sie fuhren, bis ein britischer Militärpolizist sie stoppte. Er trug einen breiten Gürtel um den Bauch und sprach mit schneidender Stimme. Sie verstanden nicht die englischen Worte, die er sagte. Aber seine Botschaft. Albrecht versuchte ihm mit Gesten klarzumachen, dass sie keine gewöhnlichen Diebe seien, sondern befreite KZ-Häftlinge. Ohne Erfolg. Der Polizist blieb hart und konfiszierte den Wagen.

Zu Fuß gelangten sie bis in die nächste Stadt, Celle. Überall waren Menschen aus den Lagern in den Straßen, sie mischten sich mit Flüchtlingen aus dem Osten. Manche suchten nach Wegen in ihre alte Heimat. Andere mussten erkennen, dass es keine Heimat mehr für sie gab. Im Rathaus hatten sie alle Hände voll zu tun mit den Heimatvertriebenen und den Überlebenden. Man vermittelte Albrecht ein Abendessen in einer Gaststätte. Er erinnert sich noch gut an die Pferdefleischbulette mit Kartoffeln. Der Hunger hatte sich so tief in seinen Körper eingeschrieben, dass er sich an jede Mahlzeit in den ersten Wochen nach der Befreiung erinnern sollte, als sei es seine Letzte gewesen.

Das Essen in der Gaststätte hielt Albrecht einige Tage in Celle. Von Tag zu Tag saß er mit mehr Gestrandeten am Tisch. Mit Männern, die ihre Ehefrauen suchten, und Frauen, die nicht wussten, ob ihre Männer überlebt hatten. Eltern sehnten sich nach einer Nachricht von ihren Kindern, Kinder bangten um die Überlebensnachricht von ihren Eltern. Albrecht wusste nicht, wo er Friedel, Dieter und seine Eltern in diesem zerfallenen Land suchen sollte. Er verbat sich zu hoffen, dass alle überlebt hatten. Vergebens. Jeder von ihnen am Tisch klammerte sich an diese Geschichten, in denen Familien wie durch ein Wunder überlebt hatten und nun nach der Befreiung glücklich vereint wurden.

Albrecht ging sofort zum Rathaus, als er hörte, dass man dort ein Zimmer eingerichtet hatte, in dem man Suchmeldungen hinterlassen konnte. Auf der Türschwelle stand er plötzlich einem jungen Mann gegenüber, der ihm bekannt vorkam. Sie starrten sich an, dann strahlten sie. Günter Hirschfeld stand vor ihm. Er lachte so wie damals in Groß Breesen, als sie zusammen auf dem Feld gearbeitet und sich mit Witzen die Zeit verkürzt hatten. Auch er war in Auschwitz gewesen und in Bergen-Belsen. In seine alte Heimat Breslau führte ihn nun kein Weg mehr zurück. Auch Albrecht wollte nicht nach Leer zurück. Er glaubte nicht daran, dass seine Eltern und Geschwister dorthin zurückgekehrt waren, nachdem man sie dort so grausam vertrieben hatte.

Sofort war ihnen klar, dass sie sich von nun an zusammen durchschlagen würden. Sie gingen nach Hannover, weil sie hier, in der nächstgelegenen Großstadt, hofften, etwas herausfinden zu können über ihre Familien. Und weil sie hier einen Displaced-Person-Ausweis beantragen konnten, die Schreiber im Büro notierten in der Kennkarte nicht nur Albrechts Namen, sondern auch die Nummer, die sie ihm in Auschwitz in den linken Arm tätowiert hatten. Er erschrak darüber, dass sie ihn noch immer verfolgte. Gleichzeitig hoffte er, dass Friedel und Dieter auch gerade irgendwo in dieser Trümmerwüste in einem Büro standen und ihre Nummern aus Auschwitz auf einer Kennkarte notieren ließen.

Albrecht suchte weiter. Hinterließ in den Büros der Hilfsorganisationen seinen Namen, falls Friedel, Dieter oder seine Eltern nach ihm suchten. Hoffte, dass es überhaupt noch jemanden gab, der nach ihm suchte. In Rhauderfehn oder Leer war es bestimmt niemand. Günter Hirschfeld und er trafen noch andere Männer auf der Suche. Einer von ihnen erzählte, er habe einen Onkel in Krefeld, der sei dem KZ entgangen, weil er mit einer Christin verheiratet war.

Zu fünft machten sie sich auf den Weg, auch zwei jüdische Männer aus Polen schlossen sich ihnen an. Albrecht irrte durch das Land, das einmal sein Heimatland gewesen war. Doch er sah nur noch Staub, Trümmer und Hass. Sie gingen durch zerstörte Dörfer, in denen die Menschen sich wegdrehten, wenn sie die ausgemergelten jungen Männer sahen. Auf den Trümmerstraßen begegneten sie Menschen mit Bündeln und Kinderwagen, darin schoben sie das, was einmal ihr Hausrat war, durch die Ruinen. Menschen, die Hunger hatten und keinen Ort zum Leben, wie sie. Manchmal sprangen Albrecht und seine Freunde auf Waggons von Zügen, von denen sie glaubten, dass sie sie in die richtige Richtung bringen würden.

Kaum hatten sie Krefeld erreicht, stoppte ein Jeep neben ihnen und ein amerikanischer Soldat trat ihnen entgegen. Wo sie herkämen, fragte er in perfektem Deutsch. Sie erzählten es ihm und fragten, wo er so gut Deutsch gelernt habe. »In Deutschland«, antwortete er und lachte. Auch er war Jude, vor den Nazis in die Vereinigten Staaten geflüchtet und hatte sich dort zur Army gemeldet, um sein Heimatland vom Faschismus zu befreien. Der Soldat war nur wenige Jahre älter als sie. Wenn Albrecht noch an Gott geglaubt hätte, er hätte gedacht, diesen jüdischen GI hätte ihnen der Himmel geschickt. Der Soldat ging zu einer Villa, die einem Nazifunktionär gehörte, erklärte dessen Frau, dass sie zwei Stunden habe, das Haus zu verlassen. Es sei beschlagnahmt.

Zwei Stunden später zogen Albrecht und seine Freunde in die Villa ein. Sie waren glücklich darüber. Und doch war ihnen klar, dass sie kein Zuhause für sie sein konnte. Eher ihr Wartesaal. Sie warteten auf Lebenszeichen. Von ihren Eltern, von Geschwistern, Freunden und Verwandten. Sie gingen zu Suchstellen, sie grübelten nach, wie sie nur endlich etwas über ihre Liebsten erfahren könnten.

Bald verließ einer nach dem anderen den »Wartesaal«. Machte sich auf zu Eltern oder Geschwistern, die er endlich gefunden hatte. Albrecht verabschiedete sich überschwänglich von den Glücklichen und begann dabei stumm, die Hoffnung zu verlieren. Was, wenn niemand überlebt hatte? Wenn die Nazis seine gesamte Familie umgebracht hatten? Albrecht hatte Überlebende zerbrechen sehen, die diese schreckliche Nachricht bekommen hatten.

Doch dann, es war Frühsommer geworden, kam der amerikanische Soldat auf ihn zu, den er bei der Suche um Hilfe gebeten hatte. Er habe etwas herausfinden können. Eine Friedel Weinberg habe sich in Lüneburg gemeldet.

Seine Schwester lebte.

Lüneburg aber schien in den Nachkriegswirren beinahe unerreichbar. Albrecht hatte kein Geld für eine Fahrkarte. Also sprang er auf Züge, quetschte sich in Abteile, lag auf Dächern von Waggons, stand auf den Trittbrettern und Pollern. Die Züge blieben manchmal stundenlang stehen. Manchmal irrte er sich in der Richtung. In Helmstedt zog man ihn aus dem Zug und sperrte ihn für einige Tage ein.

Als er endlich in Lüneburg ankam, war Friedel fort.

Er ging an alle Orte, in alle Unterkünfte und zu allen Anlaufstellen der Stadt für ehemalige KZ-Gefangene, aber niemand schien Friedel zu kennen. Tagelang suchte er in Lüneburg, glaubte schon, der amerikanische Soldat habe sich geirrt – da fand er endlich einige junge Frauen, die Friedel getroffen hatten. Sie erzählten ihm, dass seine Schwester vor einigen Tagen nach Hannover gegangen war.

Albrecht weiß nicht mehr, wie er nach Hannover kam. Er weiß aber, wie sie sich in ihren mageren Armen lagen, Friedel und er, es war schon Sommer geworden in diesem Schicksalsjahr 1945, und vielleicht keimte in ihnen damals bereits die Ahnung, dass sie von nun an für immer vereint sein würden. Zusammen fanden sie eine Bleibe bei einer Familie in Hannover-Herrenhausen. Die Wohnung war eng, aber die Familie war gut zu ihnen. Zum Abendessen gab es gebratenes Kaninchen. Für die Familie eine Notration. Für Albrecht und Friedel das Festessen ihres Wiedersehens.

Einmal, als ihr Ärmel verrutschte, sah er die Nummer an Friedels linkem Arm. 42013. Später versuchte Friedel, die Zahl mit Schminke zu kaschieren. Für ihre Erinnerungen gab es keine Schminke. Doch selbst ihm erzählte sie weniger, als sie erinnerte. Er hakte nicht nach, weil er sah, dass sie litt, wenn er die Erinnerungen wachrief. Aber sie sprach darüber, wie sie ihn an der Rampe in Auschwitz verloren hatte. Wie sie im Stabsgebäude der SS hatte arbeiten müssen, im Bürokratieapparat der Vernichtung. Dass einige der Mädchen aus Groß Breesen in ihrem Kommando gewesen waren. Dass sie manchmal die Lagerkartei hatte führen müssen. Jeden Tag waren in ihr die Nummern der verstorbenen Häftlinge ausgetragen worden. Jedes Mal hatte sie darum gebangt, dass die Nummern von ihm und Dieter darunter waren.

Im Januar 1945 der »Todesmarsch« des Frauenlagers von Auschwitz ins KZ Ravensbrück. Sie sah die Frauen um sich herum in Holzpantinen durch den Schnee taumeln und dankte der Mutter im Stillen. Sie trug die Schuhe, die diese ihr in Berlin beschafft hatte. »Ohne die Schuhe hätte ich vielleicht nicht überlebt«, erklärte Friedel ihm. Kraftlos, krank, ein Gerippe sei sie gewesen. Sie hatte noch Dosenfleisch aus der Lagerküche einstecken können, aber sie bekam die Büchse nicht auf. Sie hatte eine Steppdecke mitgenommen, um sich vor den kalten Januarwinden zu schützen. Sie war zu schwach gewesen, sie zu tragen und hatte sie weggeworfen. Wie sie es nach Ravensbrück geschafft hatte, sie wusste es nicht mehr. Sie erzählte ihm aber vom überfüllten Lager und wie sie dann in eine unterirdische Munitionsfabrik bei Malchow transportiert worden war. Und wie sie befreit worden war, am 2. Mai 1945 war das gewesen, die SS-Wachen waren aus dem Lager vor der Roten Armee geflohen.

In all dieser Zeit hatte sie Mamas Schuhe getragen. Durch die Hölle von Auschwitz, Ravensbrück, Malchow, Neustadt-Glewe. »Zwei Jahre lang haben sie mich am Leben gehalten«, sagte Friedel und blickte ihn traurig an. In Lüneburg, erzählte sie, sei sie in einem Hotelzimmer untergebracht gewesen mit anderen Überlebenden. Eines Morgens waren ihre Schuhe weg gewesen.

Das erzählte ihm Friedel über die zwei vergangenen Jahre, in denen sie getrennt waren. Und sie berichtete von einem Päckchen, an das sie nun all ihre Hoffnungen knüpften.

Eines Tages hatte sie es in Auschwitz bekommen. Es musste lange in der Post gewesen sein, denn die Lebensmittel darin waren verschimmelt. Doch darum ging es nicht. Da draußen war jemand, der an sie dachte. Für den sie existierte. Sie hatte nie zuvor und nie danach ein Päckchen in Auschwitz bekommen. Sie starrte auf das Absenderfeld. Und auf das Adressfeld. Und wirklich, da stand ihr Name. Sie kannte den Namen des Mannes nicht, der ihr das Päckchen geschickt hatte. Er wohnte in Berlin. Es musste ein ehemaliger Arbeitskollege ihres Vaters sein. Ein mutiger Mann, der sich nicht davor fürchtete, ein Paket an eine jüdische Frau nach Auschwitz zu schicken.

Friedel hatte sich seinen Namen gemerkt. Monatelang war er in ihrem Kopf herumgegeistert: Willy Plate. Sie erinnerte sich auch an die Adresse, die er auf das Paket geschrieben hatte: Landsberger Allee 22.

Albrecht und Friedel machten sich auf den Weg nach Berlin, es dauerte Tage. Doch als sie in der Landsberger Allee standen, starrten sie in einen Bombenkrater. Die Leute, die sie in der Straße ansprachen, kannten keinen Willy Plate. Albrecht und Friedel würden nie erfahren, wer dieser Mann war, der das Päckchen geschickt hatte. Sie erfuhren aber, dass es in Berlin eine Suchstelle gab. Ausgerechnet in der Villa am Wannsee, wo der Massenmord an den Jüdinnen und Juden geplant worden war.

Mit Herzklopfen gingen sie in die Zentrale der Mörder ihrer Familie.

Onkel Philipp und Tante Angelica, 1942 ermordet im Ghetto von Minsk. Tante Rahel und Onkel Bernhard, 1942 ermordet im Ghetto von Minsk. Tante Martha und Onkel Hermann, 1943 erschossen im Vernichtungslager Sobibor. Tante Henriette und Onkel Wilhelm, 1941 ermordet im Ghetto von Minsk. Tante Caroline und Onkel Wilhelm, 1941 und 1942 ermordet im Ghetto von Riga. Tante Frieda wurde 1944 im Konzentrationslager Stutthof ermordet und Onkel Aron 1943 im Ghetto von Riga. Selbst Onkel Willy hatten sie umgebracht,

1943 in Auschwitz. Sie hatten ihn aufgespürt, als er das Versteck bei einem Bauern in Holland verlassen hatte, um Essen für seine Kinder und Tante Marie zu suchen, die wie durch ein Wunder unentdeckt überlebten. Cousin August wurde 1944 im Ghetto von Minsk ermordet. Sie hatten ihn zum letzten Mal in Groß Breesen gesehen, als ihn das Heimweh packte. Und ihre kleine Cousine Rosel, sie war sechs Jahre alt, als man sie am 28. Juli 1942 im Ghetto in Minsk erschoss.

Albrecht und Friedel glaubten schon, unter all den Toten ihrer Familie keine Lebenden mehr zu finden. Mit jedem Toten schwand ihre Hoffnung, ihre Eltern wiederzusehen.

Dann, endlich, fanden sie die Namen ihrer Eltern auf einer Liste. Beide wurden darauf für tot erklärt. Doch unter den Namen der Eltern fand sich noch ein Name. Albrecht hielt die Liste in der Hand und las, dass *er* gestorben war.

28

Deine Eltern waren ein schönes Paar«, sagte Gerda. Sie stand neben Albrecht und beschrieb ihm die Welt, die er nur noch schemenhaft sehen konnte. »Dein Vater sitzt links auf dem Foto, er trägt einen Anzug mit Krawatte, seine Haare sind kurzgeschoren, sein Schnurrbart ist akkurat getrimmt. Ein wenig müde sieht er aber aus. Vielleicht, weil er gerade Vater geworden ist. Rechts neben ihm steht deine Mutter, sie trägt ein dunkles Kleid, eine schöne Frau mit fein gezogenen Augenbrauen. Und im Arm hält sie Dieter, ganz in weißen Babysachen. Er muss wenige Monate alt sein. Er guckt wie ein Auto.«

Albrecht kannte das Foto, es war im Jahr 1922 aufgenommen worden und hatte wie durch ein Wunder den Holocaust überstanden, aber er hörte geduldig zu, denn er mochte es gerne, wenn Gerda ihm die Bilder in den Kopf zurückholte.

Sie standen vor einer Vitrine in dem Gebäude, das einst die Jüdische Schule in Leer beherbergte. Albrechts letzte Schulstation. Eine Dauerausstellung erinnert heute an die Geschichte der Jüdischen Schule und die Schicksale ihrer Schülerinnen und Schüler. In der Vitrine im ehemaligen Klassenraum werden Fotos von Albrechts Familie, eine Menora und andere Gegenstände präsentiert, die das Leben der jüdischen Familie Weinberg wachrufen sollen. Albrecht und Gerda führen Besucher häufiger hierher, das Haus ist heute ein Kulturdenkmal. »So wie du, Albrecht«, sagte Gerda und Albrecht machte eine abfällige Bewegung mit der Hand, so wie er das immer tut, wenn sie ihn neckt.

Albrecht wollte weitergehen, in die obere Etage. »Hier habe ich Dieter zum letzten Mal gesehen«, sagte er.

Er weiß nicht mehr, wie sie die Nachricht von Dieters Überleben erreichte. Er weiß nur noch, dass sie immer verzweifelter ein Lebenszeichen herbeigesehnt hatten. Das Jahr 1945 war zu Ende gegangen, Friedel und er irrten von einem *Displaced Persons Camp* zum anderen, und mit jeder Woche ohne Nachricht sank ihre Hoffnung, Dieter noch einmal in die Arme schließen zu können.

Doch es gab sie, die Überlebenswunder. Sie trafen Berni Wallheimer wieder, ihren Freund aus Groß Breesen, den Albrecht tot geglaubt hatte, als er bei der Evakuierung von Monowitz im Krankenlager zurückgeblieben war. Die Rote Armee hatte ihn befreit und nach Krakau gebracht, wo er operiert worden war. Berni sprach voller Eifer davon, nach Palästina auszuwandern, als sie ihn trafen.

Dann endlich, Anfang 1946, der Winter hatte sich gerade aus dem Trümmerland zurückgezogen, die Erlösung für Albrecht und Friedel: Dieter lebte. Wahrscheinlich kam die Nachricht über einen entfernten Cousin, der nach Argentinien geflüchtet war. Sie konnten das Glück nicht fassen. Dieter, erfuhren sie, war dorthin zurückgekehrt, wo sie eigentlich niemals wieder einen Fuß auf den Boden setzen wollten.

Sie machten sich auf den Weg nach Leer. Und fanden Dieter in ihrer ehemaligen Jüdischen Schule. Zwei Zimmer hatte er bezogen, unter dem Dach. Mit ihm lebten andere *Displaced Persons* im Haus, eine zusammengewürfelte Gruppe von Verlorenen der Nachkriegswirren. Der Schulleiter des benachbarten Gymnasiums hatte ihnen weichen müssen. Er hatte sich in dem Haus seine Dienstwohnung gesichert, nachdem die Jüdische Gemeinde die Schule zwangsverkaufen musste. Ein NSDAP-Mitglied, die Alliierten hatten ihn und seine Familie aus dem Haus geworfen.

Gerda hatte Albrecht nach dem Moment gefragt, als er Dieter wiedersah. Hatten sie sich im Arm gelegen? Wie hatten sie sich gefühlt? Hatten sie gejubelt, hatten sie geweint? Albrecht sagte, er wisse es nicht mehr. Manchmal übermannen Gefühle einen Menschen nicht nur, manchmal überschreiben sie auch seine Erinnerungen.

24 Jahre alt war Dieter, sein Gesicht wieder voller. Albrecht konnte äußerlich keine Spuren von Auschwitz und Mittelbau-Dora an seinem Bruder ausmachen. Kein »Muselmann« stand mehr vor ihm, sondern wieder ein kräftiger Kerl, Selbstbewusstsein in jeder Faser seines Körpers. Dieter war nicht nach Bergen-Belsen, sondern in ein Lager nach Mecklenburg gebracht worden in den letzten Kriegsmonaten. Nach der Befreiung war auch er wochenlang herumgeirrt. Hatte ein Leben in Berlin versucht, war aufgeflogen, als er ohne Karte auf einen Zug gesprungen war und auf die Wache der Militärpolizei gebracht worden. Hatte den Militärpolizisten entgegengeschleudert: »Ihr seid ja genauso wie die Nazis!«

Bald darauf hatte er entschieden, dass er in Ostfriesland noch etwas zu erledigen hatte.

Er schaffte es mit Zügen bis nach Leer und marschierte dann drei Stunden lang, bis er Rhauderfehn erreichte. Er steuerte auf das Hotel Frisia zu und ging hinein. Suchte Karl Bahns. Karl Bahns, der mit seinen SA-Freunden vor unserem Haus Hetzlieder gesungen hatte vom »Judenblut, das vom Messer spritzt«. Der mit dummem Grinsen im Gesicht ihren Vater gedemütigt hatte. Der ihm das Schächtmesser genommen hatte und ihn mit seinem Judenhass hatte aus dem Dorf vertreiben wollen. Dieter fand Karl Bahns in der Küche des Hotels. Und schlug in rasender Wut auf ihn ein. Karl Bahns blieben blaue Flecken am Körper und ein tiefblaues Auge. Und Dieter blieb für eine Nacht in der Gewahrsamszelle der britischen Militärpolizei. Damit war die Sache für Dieter erledigt.

»Dieter war Dieter geblieben«, sagte Albrecht zu Gerda. »Ich bewunderte ihn dafür, dass er so unbeirrt war.« Dieter packte an, so wie er es immer getan hatte. Voller Tatendrang. Voller Optimismus, sich wieder ein Leben in Deutschland aufbauen zu können. Ein Optimismus, den Albrecht und Friedel nicht aufbringen konnten. Dieter aber würde sich schon durchboxen, wie er es immer getan hatte. Er wollte in den Viehhandel einsteigen, wie einst ihr Vater, erzählte er. Zwei Kühe habe er schon verkauft. Dieter hatte eine Freundin gefunden, sie war Christin, er plante unverbrüchlich eine Zukunft in dem Ort, aus dem sie vertrieben worden waren. Dieter war mit seinem Charme und seiner Chuzpe wie gemacht für den Schwarzmarkt, mit dem sich die Menschen in den Trümmerjahren am Leben hielten. Amerikanische Zigaretten gegen Kartoffeln. Schmuckringe gegen Wurst. Äpfel gegen Fahrradschläuche. Dieter organisierte, beschaffte, hamsterte.

»Kannst du schwarzen Tee besorgen?«, fragte er Albrecht, als dieser ihn noch einmal besuchte. Dieter witterte das große Geschäft mit seinen teeverrückten Ostfriesen, denn Tee war knapp. In Leer stand Schwarztee hoch im Tauschkurs, fast so hoch wie Zigaretten. Albrecht wusste, dass die amerikanischen Soldaten Teerationen bekamen, sie aber nicht so schätzten wie es Ostfriesen gemeinhin tun. Er organisierte ein paar

Päckchen, im Displaced Persons Camp in Frankfurt-Zeilsheim war das, wo Friedel und Albrecht einige Monate lebten.

»Aber ich war nicht so geschickt wie Dieter«, erzählte Albrecht Gerda. Gerade, als er sich auf den Weg zum Bahnhof machte, um seine Beute zu seinem Bruder nach Leer zu bringen, erwischte ihn eine Polizeistreife und konfiszierte den Tee.

Albrecht sah Dieter nie wieder. Er rätselt bis heute, was seinem Bruder widerfuhr. Ihm bleibt nur ein Datum, er fand in all den Jahrzehnten seitdem keine Gewissheit. Der 13. Oktober 1946. Man fand Dieters leblosen Körper in einem Wassergraben. Wenige Tage später standen Albrecht und Friedel auf dem jüdischen Friedhof und sahen zu, wie hier der erste Leichnam seit 1939 beerdigt wurde. Sie hörten Gerüchte. Dieter habe einen Herzschlag erlitten, ehe er in den Kanal fiel. Er sei beim Angeln in das Sieltief gefallen. Er sei vom Motorrad gestürzt. Sie hörten bald nicht mehr hin.

Ihre Eltern, ihre Ahnung war zur Gewissheit geworden, hatten nicht überlebt. Sie hatten ihre Namen in einer weiteren Liste gefunden. Datiert auf den 1. 10. 1944. Einer der letzten Transporte von Theresienstadt nach Auschwitz.

Später erfuhren sie von Überlebenden, dass ihre Mutter für diesen Transport ursprünglich nicht vorgesehen gewesen war. Sie war zur Arbeit in einer »Glimmerwerkstatt« eingeteilt gewesen. Sollte die weichen Glimmersteine in dünne Scheiben spalten, die dann als Isoliermaterial in der Industrie eingesetzt wurden. Die Produktion galt als »kriegswichtig« und hätte ihre Mutter wahrscheinlich vor der Deportation bewahrt. Doch sie hatte sich für den Transport nach Auschwitz gemeldet, weil ihr Mann eingeteilt worden war. Ihre Mutter hätte ihn niemals allein fahren lassen.

Bis heute hat Albrecht kein Todesdatum gefunden. Keinen Hinweis darauf, wann seine Eltern in den Gaskammern ermordet wurden.

Damals kehrten sie, so schnell es ging und voller ohnmächtiger Wut, in das Displaced Persons Camp in Frankfurt zurück. Von Dieters wenigen Habseligkeiten nahmen sie nur einiges mit. Wichtig war ihnen die Kette, die sich wie durch ein Wunder wieder im Besitz der Familie befand. Wenige Monate zuvor hatte Dieters Freund von der Marine ihm die Schuhcremedose zurückgegeben. Die Hochzeitskette ihrer Mutter, sie hatte die Schrecken und Wirren überstanden, unbeschadet und unentdeckt.

Ihre letzte Verbindung nach Leer blieb eine entfernte Cousine. Manchmal schickten sie ihr ein Pfund Kaffee, damit sie einen Grabstein für Dieter schlagen lassen würde.

»Ich kann Dieters Tod nicht ertragen«, sagte Albrecht. »Bis heute nicht. Er hat doch nicht Auschwitz, er hat doch nicht Mittelbau-Dora überlebt, um dann ein Jahr später in einem Kanal zu ertrinken.«

»Dieter war tot. Unsere Eltern waren ermordet worden. Fast alle unsere Tanten, Onkel, Cousinen und Cousins. Nichts hielt uns mehr in Deutschland, verstehst du?«, sagte Albrecht, als Gerda ihn an der Türschwelle unterhakte und sie die Jüdische Schule verließen.

29

Auf dem Weg in das neue Leben dachte Albrecht an den Tod. Die Wellen schlugen über das schwankende Schiff, den Bug drückten sie in die Tiefe, dann rissen sie ihn wieder in die Höhe, sie spielten mit der *Marine Perch* wie ein wütendes Kind. Unter Deck schüttelte es die Passagiere in den Hängematten durch, fast jeder von ihnen ein Überlebender, in der Hoffnung, Deutschland hinter sich zu lassen, die Erinnerungen, den Hass, die Ungeheuerlichkeit, Tür an Tür mit den Mördern ihrer Familien zu leben. So schlimm wüteten die Wellen, dass Albrecht Menschen beten sah, die nicht mehr an Gott glaubten.

Als sie nach vier Tagen am Pier ankamen, hatten die Wellen die Spitze des Buges abgerissen.

Davon erzählte Albrecht Gerda, als sie im Herbst 2019 in The Battery, ehemals Battery Park, in Manhattan standen. Gerda blickte auf die Freiheitsstatue, klein erschien sie ihr in der Ferne. Klein im Vergleich zum gewaltigen Versprechen auf dem Sockel, »Gebt mir eure Müden, eure Armen, eure geknechteten Massen, die frei zu atmen begehren«.

Jerry hatte Albrecht nach New York eingeladen. Und damit auch Gerda, die sich am Telefon längst meldete mit »Gerda Dänekas, Büro Weinberg«. Lehrer riefen sie an, wenn sie Albrecht für einen Vortrag in ihren Schulklassen einladen wollten, Jüdische Gemeinden meldeten sich und Lokalpolitiker. Und Gerda rief dann manchmal ihre Söhne Thomas und Stephan an, die Albrecht und sie sehr gern im Wechsel zu entfernteren Terminen chaufierten, auf längeren Reisen begleiteten und Albrecht dann im Rollstuhl schoben. Albrecht war nun 94 Jahre alt und schien beinahe so viele Termine zu haben wie alle Bewohner seines Altenheimes zusammen. Jetzt flog er sogar mit einer ehemaligen Altenpflegerin nach New York, groß war das Getuschel auf den Fluren des Heimes.

Jerry Wartski und Albrecht waren zur selben Zeit im KZ Mittelbau-Dora gewesen, es könnte sein, dass sie sich damals über den Weg liefen, Albrecht aus Ostfriesland und Jerry aus Osjakow in Polen. Nach dem Holocaust war auch Jerry nach New York emigriert. Albrecht und er arbeiteten nur wenige Straßen voneinander entfernt und wussten all die Jahre nichts voneinander.

Gerda hatte das geändert. Sie hatte Jerry ein Jahr zuvor, im April 2018, allein in der ersten Reihe sitzen sehen bei der Gedenkfeier zum 73. Jahrestag der Befreiung des Konzentrationslagers Mittelbau-Dora in Nordhausen im Harz. Da hatte sie kurzerhand Albrecht mit seinem Rollator dorthin dirigiert, auf dem Stuhl neben ihn platziert und gesagt: »Albrecht, neben dir sitzt ein Überlebender. Sprecht miteinander, solange ihr noch könnt!«

Die alten Männer begannen zu reden. Auf Englisch erst, dann flossen immer mehr deutsche Wörter ein. Die Wörter seiner Peiniger, sagte Jerry, gingen ihm nicht aus dem Kopf. Jerry ist fünf Jahre jünger als Albrecht. Er läuft noch immer das Tempo der Straßen von New York, er geht nicht, er rennt. Wenn er von früher spricht, dann wird seine Stimme manchmal brüchig und seine Augen werden feucht. Neun Jahre war er alt, als die Deutschen Polen überfielen und in seinen Heimatort Osjakow im Süden von Lodz einmarschierten, die Hälfte der Bewohner jüdisch, so wie seine Familie. Die Deutschen steckten den Rabbi ins Gefängnis und folterten ihn. Sie warfen Jerry erst aus der Schule und dann ihn und seine Familie aus ihrem Haus. Pferchten sie mit den anderen jüdischen Familien in ein Ghetto. Jerry kämpfte mit seinen Eltern und Geschwistern ums Überleben. Sie tauschten Schmuck gegen Kartoffeln, Brot oder ein Huhn. Sie hungerten, als sie nichts mehr zum Tauschen hatten.

Als es mit den Selektionen anfing, erzählte Jerry seinem Sitznachbarn Albrecht, war er elf Jahre alt. Die Deutschen brachten die Kinder und Alten in das Vernichtungslager Chelmno, trieben sie in Lastwagen und führten die Abgase in das Innere. »Wir haben alle unsere Kinder und Alten an einem Tag verloren. *How can you live with it?*«, fragte Jerry und erzählte dann, wie er sich auf Ziegelsteine stellte, um größer zu wirken, als die Deutschen wiederkamen auf der Suche nach noch verbliebenen Kindern. Doch die Deutschen waren sorgfältig, er konnte sie nicht täuschen. Sie zerrten ihn vor das Tor ihres Ghettos, er überlebte nur, weil der letzte Lastwagen schon abgefahren war.

Jerry berichtete Albrecht vom Ghetto in Lodz, in das er mit seinen Eltern und seinem Bruder kam, und von Auschwitz-Birkenau, er war dreizehn Jahre alt, als die Nazis seine Mutter dort ins Gas schickten. Mit vierzehn Jahren sahen er und sein Bruder seinen Vater im Konzentrationslager Mittelbau-Dora verhungern.

Über all das sprach Jerry mit Albrecht an jenem Tag im Harz. Seinen Kindern hatte er nie davon erzählt in New York, all die Jahrzehnte nicht. Er kannte Überlebende, die redeten.

Er hatte es versucht. Doch er konnte es einfach nicht. Auch als seine Kinder in der Schule über den Holocaust erfuhren, sprach er nicht mit ihnen darüber, wie ihre Großeltern gestorben waren und nicht über das, was ihm selbst widerfahren war. Seine Kinder wussten, dass er in Auschwitz gewesen war. Aber sie wussten auch, dass es ein Tabu war, ihn darauf anzusprechen. Vater, Söhne und Tochter sprachen all die Jahrzehnte nicht, aus Sorge, einander zu verletzen. Nur mit seinem Bruder hatte er über das Erlebte sprechen können. Sein Bruder sei bei ihm gewesen in den Lagern, sagte Jerry zu Albrecht, sein Bruder hätte ihn verstanden. Doch sein Bruder war gestorben.

Jerry redete lange mit Albrecht, auch abends noch im Hotel in Nordhausen. Er könne mit Albrecht sprechen, sagte er, wie er es nur mit seinem Bruder gekonnt hatte. Sie mussten sich wiedersehen. Jerry, der es in New York zu Wohlstand gebracht hatte, hatte Albrecht und Gerda in eines seiner Hotels eingeladen.

Albrecht wollte die Einladung erst nicht annehmen: »Ich bin zu alt für den langen Flug«, sagte er.

»Ich bin doch dabei, das schaffst du«, sagte Gerda.

Wenn Jerry zu tun hatte, zogen Gerda und Albrecht durch die Straßen Manhattans, in denen er sechzig Jahre seines Lebens verbracht hatte. Erinnerungen und Namen spülten aus den Tiefen seines Gedächtnisses nach oben, längst verstorbene Menschen traten vor seinem inneren Auge aus zweistöckigen Häusern, die heute Wolkenkratzern gewichen sind.

Da stand er mit Gerda am Hudson River und sah sich von Bord gehen am *West Forty-eight Pier*, damals, an einem bitterkalten Tag im grauen New York. Sie waren am 27. Januar 1947 in Bremerhaven an Bord gegangen, Friedel und er, da war

Dieter drei Monate unter der Erde. Wie groß ihre Erleichterung gewesen war, als sie endlich die Erlaubnis zur Übersiedlung in die USA in den Händen hielten. Amerika war nicht immer ihr Ziel gewesen. Nach Palästina hatte Albrecht auswandern wollen, in den Displaced Persons Camps hatte er mitreißende Reden von Zionisten gehört, sie sprachen davon, dass der Holocaust gezeigt habe, dass nur in einem Judenstaat ihr Überleben sicher sei. Albrecht hatte Sympathie für die Zionisten. Doch der Weg nach Palästina war versperrt. Großbritannien, dessen Mandatsgebiet Palästina zu dieser Zeit noch war, behinderte die Immigration von Jüdinnen und Juden nach Palästina. Der schnellste Weg in ein neues Leben, davon waren Albrecht und Friedel bald überzeugt, er führte nach New York.

New York war schon damals mehr als eine Stadt. Eine Verheißung. Die jüdischste Stadt der Welt zur damaligen Zeit und gleichzeitig die Metropole der jüdischen Erneuerung nach dem Zweiten Weltkrieg. In großer Zahl kamen die Holocaust-Überlebenden in den folgenden Jahren in das Land, gut 140 000 Überlebende sollten in Amerika Heimat finden. Sie kamen mit ausrangierten Militärschiffen wie der *Marine Perch* nach New York, auf dem sich fast tausend Menschen pro Überfahrt drängten, die allermeisten von ihnen zwischen zwanzig und vierzig Jahre alt, eine bittere Erinnerung daran, wie wenig Kinder und Alte überlebt hatten.

Von New York aus sollten die Überlebenden über die USA verteilt werden. Doch die Hälfte von ihnen blieb, weil sie sich hier so gut zurechtfanden. Drei Jahre nach Albrecht und Friedels Ankunft lebten mehr als zwei Millionen Juden in der Stadt, hinter fast jeder Straßenecke fand sich jemand, der Jiddisch sprach oder verstand.

Albrecht war 22 Jahre alt, Friedel ein Jahr älter, als sie 1947 in Manhattan von Bord gingen. Sie hatten keine Ausbildung, sprachen kein Englisch, sie kannten niemanden. Doch sie waren fest entschlossen, in New York zu bleiben, »die Schiffsreise war schrecklich genug gewesen«, erklärte Albrecht Gerda auf ihrem Streifzug durch die Stadt. Selten musste er sie bitten, Straßenschilder zu lesen, die er nicht mehr erkennen konnte. Albrecht benötigt keine Karte von New York, bis heute nicht. In seinem Kopf sind die Straßen und Häuserecken für immer abgespeichert wie bei einem erfahrenen Taxifahrer vor dem Siegeszug der Navigationssysteme. Sein Revier waren bald die Häuserblöcke vom Columbus Circle bis hinunter zur Ecke 59th Street und 5th Avenue. *»Boy wanted«*, Albrecht hatte kein Englisch können müssen, um das Jobangebot im Schaufenster der Fleischerei in der 6th Avenue zu verstehen. Der Besitzer kam ursprünglich aus dem Elsass, verstand ein wenig Deutsch und mochte Albrecht. Von nun an brachte Albrecht als Lieferbursche die Fleischbestellungen zur Kundschaft. Er lieferte Koteletts in die Carnegie Hall und Entenbrüste in die feinen Haushalte an der Park Avenue. Er brachte Nierchen zu Kunden und traute seinen Augen nicht, als er sah, dass sie damit ihren Pudel fütterten. Er starrte in die Kiste im Eisschrank der Schlachterei, voller Innereien. Er erfuhr, dass man sie in seiner neuen Heimat an Tiere verfütterte. Zwei Jahre vorher, dachte er, hätte er sich im Hungerwahn darauf gestürzt.

New York war eine Stadt voller Wunder. Englische Wörter flogen ihm zu auf den Straßen, in den Küchen und während der kurzen Schwätzchen mit den Bediensteten an den Türen der Lieferanteneingänge. Oft hörte er dort aber auch Deutsch oder Jiddisch, und dann war die Freude der Überlebenden immer groß, solche, die als Köche arbeiteten, servierten ihm manchmal Köstlichkeiten wie Entenbrust mit Pflaumensauce oder schmierten ihm ein Sandwich mit Corned Beef. Wenn er sich mit ihnen unterhielt, dann ging es um die Zukunft, um günstige Wohnungen, gute Jobs, gutes Essen. Um den täglichen Kampf um einen Platz in der neuen Heimat. Albrecht und Friedel wollten endlich anfangen, nach vorn schauen, ihr Leben leben. Friedel versteckte die Nummer auf ihrem linken Arm unter Schminke und langen Ärmeln, auch im Sommer, wenn sie ihr gemeinsames Zimmer verließ und sich auf den Weg in die Großschneiderei machte, wo sie im Akkord Schulterpolster in Damenblusen nähte.

Abgekämpft fuhren sie abends mit der U-Bahn nach Hause und verbrachten Zeit in ihrem Zimmer. Esther Adamer – an den Namen ihrer ersten Vermieterin erinnert Albrecht sich gut. Das Zimmer war in der Winthrop Street in Brooklyn, letzte Station der U-Bahn. Küchenmitbenutzung. Esther Adamer amüsierte sich köstlich, als sie sah, wie Friedel ein Kotelett zur Schuhsohle verbrannte – wo hätte sie das Braten auch lernen können? Albrecht aß es trotzdem, er kann kein Essen wegwerfen, bis heute nicht.

Albrecht führte Gerda aus während ihres Besuches bei Jerry, in die Radio City Music Hall in der 6th Avenue. 250 Dollar kostete ein Ticket, doch das störte Albrecht nicht. Er wollte Gerda teilhaben lassen an dem Zauber, den er damals erlebte, auch wenn er die Tänzerinnen nun nur noch schemenhaft erkennen konnte. Die *Rockettes*, sie tanzten schon damals hier, rühmten sich als beste Showtanztruppe der Welt. Und Albrecht erinnerte sich daran, wie er darüber staunte, als er sie zum ersten Mal sah, wie viel Farbe und Freude das Leben bereithalten kann, auch für ihn.

Auf seinen Touren als Laufbursche lernte er einen neuen englischen Ausdruck, es klang wie eine Aufforderung: *enjoy yourself.* Und sie versuchten es. Sie zogen los, Friedel und er. Nicht oft, sie hatten wenig Geld und lebten sparsam. Doch manchmal spazierten sie unter den Neonlichtern des Broadways und ließen sich auf die Plüschsessel eines *Movie Theaters* locken, sie zahlten die 50 Cent für die Karten aus ihrer gemeinsamen Kasse und applaudierten den Akrobaten und Sängern, damals das Vorprogramm zu den Filmen. Auf der Leinwand strahlten dann Elizabeth Taylor, Humphrey Bogart und Frank Sinatra übergroß. Albrecht und Friedel verstanden nicht, was die Stars in den Filmen sagten, doch sie mochten die Musik, vor allem die von Sinatra. Sonntags fuhren sie mit der U-Bahn nach Coney Island, einen Sonnenschirm und eine Kühlbox im Gepäck. Manchmal gönnten sie sich einen Hotdog von Nathan's. Einmal sahen sie einen Mann bei einem Wettbewerb dreißig Würstchen herunterschlingen und konnten nur schwer mit so viel Überfluss und Verschwendung umgehen.

Sie wussten, dass sie immer ein wenig anders sein würden als die meisten ihrer amerikanischen Mitbürger. Doch das trübte nicht ihr Glück, als sie 1952 endlich wieder eine Heimat hatten. Die amerikanische Staatsbürgerschaft wurde ihnen verliehen. Sie waren keine Staatenlosen mehr. Sie feierten die neue Heimat und das neue Leben im »Roseland Ballroom«, der Eintritt war frei, eine Big Band spielte Tanzmusik, Friedel tanzte und Albrecht stand die meiste Zeit des Abends schüchtern am Rand. Danach ging es weiter in eine Cafeteria, Suppe, Pot Roast und Schinken, alles für 1,75 Dollar.

Die Überlebenden des Holocaust suchten sich damals nicht in New York. Sie fanden sich unweigerlich, wie von unsichtbaren Fäden zueinander geführt. Sie trafen sich in ihren Wohnungen oder zum Picknick im Park. Sie halfen sich und stützten sich. Vermittelten Jobs, Wohnungen, Ärzte. Schilderten sich gegenseitig die Schmerzen ihrer Seelen, die außerhalb ihres unsichtbaren Bundes niemand hören wollte, niemand zu verstehen schien. Mit Lilly Lang verabredeten sie sich häufig, Friedel hatte mit ihr in Auschwitz im Stabsgebäude für die SS arbeiten müssen. Wie auch mit Etty Klein. Der SS-Mann, dem sie als Bürokraft zugeteilt war, hatte mit ihrer Mutter die Schulbank gedrückt. Manchmal hatte er ihr ein Brot zugesteckt. Manchmal hatte er sie gewarnt: »Etty, du gehst durch den Schornstein.«

Sie trafen sich mit den Überlebenden aus Groß Breesen. Nach und nach brachten Schiffe immer mehr von ihnen aus Europa nach Amerika, die Liste der Neuzugänge war lang in der deutsch-jüdischen New Yorker Zeitung *Aufbau,* die sie alle lasen. Als Albrecht die Anzeige des neu eröffneten Uhrmachergeschäftes Gans in Manhattan sah, machte er sich auf den Weg. Er fand Manfred in einem winzigen Ladenraum mit einer Lupe am Auge, ein zerlegtes Uhrwerk vor sich. Manfred sprang auf, als er Albrecht erkannte. Hermann Gans aus Leer, sein Vater, hatte ein Uhrmachergeschäft in der Innenstadt besessen. Der Familie Gans war noch Ende der dreißiger Jahre die Emigration nach New York geglückt. Manfred lud Albrecht ein in einen Kellerraum in Brooklyn, in dem Exilanten einen bescheidenen Gebetsraum eingerichtet hatten. Manfred Gans leitete die Versammlungen mit der Kraft seiner warmen, vollen Stimme. Albrecht und Friedel gingen nur einmal in den Keller.

»Welchen Sinn haben Gebete, wenn man an keinen mehr Gott glaubt?«, sagte Albrecht zu Gerda, als sie ihn im Rollstuhl durch den Central Park schob.

»Wart ihr nie wieder in der Synagoge?«, fragte Gerda.

Da waren Albrechts Erinnerungen längst eingetaucht in ihre erste Wohnung, 113th Street, Ecke Broadway. Ein Schlafzimmer, ein Bad, er schlief auf der Klappcouch in der Küche.

»Wir haben damals angefangen, Kerzen anzuzünden, Friedel und ich«, sagte Albrecht. »An Jom Kippur, am jüdischen Versöhnungstag. Sechs Stück. Sechs Kerzen für die sechs Millionen, die ermordet wurden. Das war unsere Religion.«

Amerika war ein gutes Land für Überlebende. Es drängte sich nie auf, stellte keine Fragen, forderte das Schweigen der Überlebenden nie heraus. New York wurde ihr Kokon, in dem sie sich einspannen und warteten auf das bessere Leben.

Doch New York war hart. Sie schufteten an sechs Tagen die Woche und kamen gerade so über die Runden. Im siebten Jahr in New York sah Albrecht die Gelegenheit. Ein eigenes Fleischergeschäft. Er hatte sich zusammengetan mit einem anderen Deutschen, Herbert Lichtenstein, gemeinsam hatten sie jahrelang als Laufburschen in der Fleischerei gearbeitet. Sie glaubten, nun genug vom Geschäft zu verstehen. Es schien auch nicht so kompliziert. Fleisch kaufen, Fleisch verarbeiten und zurechtschneiden, in eine Tüte packen, kassieren. Albrecht hatte seinem Vater damals beim Schächten zugesehen, er meinte, sich an einige Handgriffe zu erinnern, außerdem, wie sagten die Amerikaner immer: *»Learning by doing.«* Den Geschäftsraum fanden sie am Broadway, aber nicht da, wo es glitzert, sondern in Harlem, Ecke 143th Street, wo man schon mal in den Lauf einer Pistole blicken konnte.

Sie eröffneten einen Tag nach Neujahr 1954. *Jack & Al's Meat Market* stand über dem Schaufenster, weil kein Amerikaner ihre deutschen Namen aussprechen konnte. Das Fleisch holten sie vom Großmarkt auf Pump. Der Laden war winzig, ein Raum nur, hinten der Eisschrank. Eine Theke, eine Waage, der

Hauklotz, auf dem Albrecht und Herbert Rindersteaks schnitten und Hühner zerteilten. Am Anfang sah ihnen jeder an, dass sie Greenhorns waren. Leichte Opfer. Auf dem Fleischmarkt wog der Händler den Fleischhaken mit, wenn er ihnen einen Ochsen verkaufte. Kunden ließen anschreiben und kamen nie wieder, um ihre Rechnung zu begleichen. Doch sie lernten. Besonders von einem Mann, der plötzlich im Laden stand und Deutsch sprach. Er stellte sich als Bill Gerken vor und erzählte, dass er schon 1909 nach New York gekommen war und bis vor Kurzem selbst einen Fleischerladen gehabt hatte. Bill nahm Albrecht und Herbert unter seine Fittiche. Brachte ihnen Lehrsätze bei, an die Albrecht sich noch heute erinnert. »Fleisch«, sagte Bill zum Beispiel, »ist wie eine Banane. So wie eine Banane mit einer Schale umgeben ist, muss Fleisch umgeben sein von Fett.« Oder: »Wenn eine Banane frisch ist, sieht sie schön aus. Aber sie schmeckt nicht. So ist es auch mit Fleisch. Fleisch muss abhängen.«

Mit Bills Hilfe und Fleiß und Zuverlässigkeit eroberte sich *Jack & Al's Meat Market* einen Platz in der Nachbarschaft. Sie kamen alle, die Italiener, die Iren, die Deutschen und die Südamerikaner. Und Albrecht und Herbert erweiterten ihr Sortiment um Sauerkraut und eingelegte Gurken und besorgten Innereien für Kunden aus Lateinamerika. Wenn Albrecht sie bediente, dann sagte er nicht »Dollar« und »Cent«, sondern »Peso« und »Centavos«, sie schätzten das.

Der Laden verschlang Albrechts Leben. Sechs Tage der Woche stand er hinter dem Tresen, am siebten Tag brütete er über den Rechnungen. Abends putzte er die Messer, wischte den Tresen, brachte das Fleisch in den Kühlschrank und fegte die Sägespäne auf dem Boden zusammen. Meist brachte er ein Stück Fleisch mit nach Hause. Friedel kochte und sie aßen zusammen.

Der Laden verschlang Albrechts Leben, und vielleicht war das auch gut so. So blieb kaum Zeit zum Grübeln über die Toten. Friedel stand an erster Stelle in seinem Leben. Danach der Laden. Den konnte er doch nicht allein lassen, als ihn der Frankfurter Generalstaatsanwalt Fritz Bauer als Zeugen im Auschwitz-Prozess einlud. Albrecht sagte ab. Aber verfolgte jeden Verhandlungstag in der Zeitung. Sah das Foto aus dem Sitzungssaal im Frankfurter Römer, hinter Bauer hing ein großer Lageplan mit den Baracken und Gaskammern des Lagers. Die Berichte wühlten Albrecht auf. Warum wurde nur gegen zweiundzwanzig Männer ermittelt? Warum blieben so viele Täter unbehelligt?

Das Urteil wurde 1965 gesprochen, die Enttäuschung darüber zermürbte ihn. Zwar verurteilte das Gericht sechs Männer zu lebenslangen Haftstrafen wegen vielfachen Mordes. Zehn Angeklagte stufte es aber nur als »Gehilfen« ein, darunter auch Robert Mulka, den Adjutanten und Vertreter des Auschwitz-Lagerkommandanten Rudolf Höß, der 1947 in Polen zum Tode verurteilt worden war.

Der Prozess hatte Auschwitz endlich zum Thema in der deutschen Öffentlichkeit gemacht und doch wurde Albrecht klar, dass die meisten Deutschen noch immer am liebsten einen Schlussstrich unter die Vergangenheit gezogen hätten. Fritz Bauer wurde angefeindet. Nicht nur von Altnazis, sondern auch von konservativen Politikern. »Wenn ich mein Büro verlasse, befinde ich mich im feindlichen Ausland«, sagte Fritz Bauer.

So wirkte auch auf Albrecht die Bundesrepublik in diesen Jahren, wie ein feindliches Ausland.

Albrechts Heimat wurde Amerika. Die freien Stunden verbrachte er mit Friedel und ihren Freundinnen und Freunden. Oder mit Eugen Fellmann, in Berlin hatte er ein großes Schneideratelier gehabt, bevor die Nazis ihn nach Auschwitz gebracht hatten. In New York war ihm der Neuanfang geglückt, er arbeitete in einem Atelier, in dem der Rauch nur so aus dem Aschenbecher quoll. Eugen lieh Albrecht manchmal sein Auto, wenn er zum Fleischmarkt fahren musste. Er hatte Eugen kennengelernt über einen anderen Schneider, Siegbert, Siggi Hoch, den Dieter und er damals auf dem »Todesmarsch« aus Auschwitz mitgezerrt hatten. Auf der *Marine Perch* war Albrecht ihm wieder begegnet, zusammen mit dessen Frau. Sie besuchten sich manchmal, aber nicht oft. Denn da war ja der Laden.

»Ich war verrückt, ich hatte nur den Fleischerladen im Kopf. Die ganzen Jahre war der Laden nicht *einmal* zu. Einmal habe ich mir den Finger abgehackt und Herbert war im Urlaub. Ich organisierte eine Aushilfe, ging ins Krankenhaus und von dort wieder an den Tresen«, erklärte Albrecht Gerda.

Auch Friedel fand bald einen neuen Job. Sie führte die Akten im Sekretariat der Stiftung *Jewish Philanthropies*. Außerdem ging sie mit ihren Freundinnen aus. Sie reisten gerne. Manchmal, wenn der Laden es erlaubte, fuhr Albrecht sie in die Wochenendbungalows in den Catskill Mountains, die sie mieteten. Der Buick war gebraucht und Albrechts ganzer Stolz, denn der Laden hatte ihm den Buick finanziert.

In all den Jahren teilten Albrecht und Friedel ihren bescheidenen Wohlstand geschwisterlich. Ihr Leben lief in geordneten Bahnen. Friedel hatte ihre Freundinnen, Albrecht den Laden. Sie lebten zusammen und sprachen nicht darüber, ob sie immer so weiterleben wollten. Sie taten es einfach. Auch, als ihr Bund beinahe zerbrochen wäre.

Er hätte Friedel gehen lassen, als sie sich in Ludwig verliebte, erzählte Albrecht Gerda. Er fragte nicht nach, als die Beziehung scheiterte. Er war einfach froh, dass Friedel bei ihm blieb. Nicht, dass er keine Frauen kennengelernt hätte. Die große Liebe aber fand er nicht, erzählte er. Nur kurze Affären. Er hatte ja keine Zeit, sagte er. Er hatte den Laden. Er hatte Verantwortung. Er hatte Friedel.

Bald hatte er auch Jossel. Der Kater war eines Tages einfach da gewesen. Er saß dickfellig im Fleischerladen und ließ sich nicht vertreiben, keine Chance. Stromerte von nun an jeden Tag in den Laden. Albrecht gab ihm erst den Namen, dann schloss er ihn ins Herz. Fütterte ihn. Streichelte ihn. Freute sich jeden Morgen auf ihn. So stand Albrecht manchmal hinter dem Fleischtresen: In der rechten Hand eine Zigarette, im linken Arm den gestreiften Kater. In den fünfziger und sechziger Jahren bekam bei diesem Anblick eines Schlachters am Arbeitsplatz noch kein städtischer Hygieneinspekteur einen Herzinfarkt.

Wenn niemand im Laden war, begann Albrecht mit Jossel zu reden. Jossel konnte weise blicken, als würde er verstehen, was sonst niemand verstand. Bis zu dem Tag, als Albrecht das Hackebeil aus der Hand glitt und einen Teil von Jossels Schwanz abtrennte. Der Kater kreischte und rannte aus der Fleischerei. Albrecht wartete vergebens auf ihn am nächsten Tag und auch am Tag darauf. Doch dann stand Jossel wieder im Laden und sprang auf Albrechts Arm, als sei nichts gewesen, als habe er die Verwundung vergessen.

Die Menschen konnten die Wunden nicht so schnell vergessen. Wenn Albrecht und Friedel sich mit ihren Freunden trafen, hörten sie die Dramen. Wie Ehen zerbrachen, wie Eltern die Albträume aus den Lagern ihren Kindern vererbten. Beinahe alle aus ihrem Freundeskreis litten an Formen der Posttraumatischen Belastungsstörung, wie man heute diagnostizieren würde.

»Wir haben damals gesagt: ›Auschwitz hat uns bekloppt im Kopf gemacht‹«, sagte Albrecht.

»*You will get over it*«, das sagten diejenigen, die nicht in den Lagern gewesen waren. Das sagten sie auch einander, obwohl sie wussten, dass es nicht stimmte. Kaum jemand von ihnen kam auf die Idee, einen Psychotherapeuten aufzusuchen. Dabei war das seelische Leid der Holocaust-Überlebenden gewaltig. Die Behandlungsakten von Hilfsorganisationen in New York aus den vierziger und fünfziger Jahren lassen erahnen, wie unwissend und unfähig ihre Umwelt war, ihnen zu helfen. Eine Frau klagte über Schlaflosigkeit und Panikattacken in U-Bahn-Waggons. Eine andere Frau, deren Mann und Tochter ermordet worden waren, beschrieb ihr Gefühl von Einsamkeit, anhaltender Traurigkeit und Antriebslosigkeit. Die behandelnde Psychiaterin diagnostizierte in beiden Fällen eine Depression, verursacht durch die Menopause.

Albrecht hoffte, der amerikanische Traum würde irgendwann seine Albträume aus Deutschland vertreiben. Und doch, wenn sie sich in größeren Runden trafen, wenn sie in einem jüdischen *Deli* über einer *Matzo Ball Soup* saßen oder bei »Hall & Hadert«, vor sich die Glasfenster der Automaten mit dem Schlaraffenland-Angebot an Sandwiches, Suppen und Fleisch, dann begann immer wieder einer von ihnen aufs Neue mit dem Weißt-du-Noch. Weißt du noch, wie wir uns damals nach Kartoffelschalen gesehnt haben? Weißt du noch, die Flöhe im Block? Schon waren sie alle wieder mitten im Lager, und manche erzählten dann wieder und wieder, wie sie mit eigenen Augen hatten zusehen müssen, wie die SS Menschen in Scheunen gesperrt hatte und lebendig verbrannte.

Natürlich redeten sie nicht nur über Tod und Verderben. Einmal, es muss 1960 gewesen sein, Albrecht schnitt gerade Fleisch zurecht und hatte den neuen Kunden nicht eintreten sehen, da rief der ihm schon eine Bestellung auf Deutsch über die Verkaufstheke zu: »Ich hätte gerne ein Pfund klein gehackte Hühnerpiepel!« Vor ihm stand Günter Richowski, der Freund mit der Berliner Schnauze aus Groß Breesen. Er lebte! Günter erzählte, wie er nach Berlin zurückgekehrt war, wie er den »Judenstern« hatte tragen müssen. Wie er Glück gehabt hatte, weil die Nazis seine Familie und ihn wegen seines christlichen Vaters nicht ins KZ gesteckt hatten. Wie er wiederum Pech gehabt hatte, als ihm beim Sturm der Roten Armee auf Berlin eine Granate den linken Arm zerfetzte. Günter hatte es 1948 nach New York geschafft und einen Schatz mitgebracht, an dem sich Friedel und Albrecht nicht sattsehen konnten. Er hatte Dutzende Fotos aus Groß Breesen dabei, Albrecht starrte auf den kleinen Jungen auf dem Foto, der er einmal gewesen war. Jung und voller Zuversicht. Zum Glück, dachte er, hatte der Junge damals nicht den blassesten Schimmer, was ihn erwarten würde.

Gemeinsam mit Gerda besuchte Albrecht viel später auch eine alte Freundin in New York. Da saßen sie in Ilse Polaks enger Wohnung am Central Park. Und unter den Augen Dutzender Puppen aus Ilses Sammlung fischten Albrecht und Ilse im sich trübenden Wasser ihrer Erinnerungen.

»Friedel hatte damals in einer Zeitung gelesen, dass du in New York warst, wir haben uns sofort getroffen«, sagte Albrecht.

»1949 muss das gewesen sein, da bin ich gerade aus Papenburg angekommen«, ergänzte Ilse.

Zum letzten Mal hatten sie sich auf der Jüdischen Schule in Leer gesehen. Freunde waren die Geschwister Weinberg und Ilse damals nicht geworden. Sie hatten einfach keine Zeit, sich kennenzulernen. Nach der Schule musste Ilse immer schnell zum Bahnhof rennen, ihr Schulweg war lang, nachdem sie die Nazis in ihrem Heimatort Papenburg nicht mehr zur Schule gehen ließen.

Ilse Polak hatte das KZ Stutthof überlebt, sie war nach der Befreiung nach Ostfriesland zurückgekehrt. Der Bürgermeister von Papenburg habe sich aufrichtig gefreut, dass sie zurückgekommen sei, erzählte Ilse Gerda. Er half ihr, das Haus ihrer Eltern wiederzubekommen. Die alten Nachbarn waren nett zu ihr. Die Stadt ließ ihr ein Bett und eine Küche bauen und die Wände ihres Elternhauses streichen.

Doch die Erinnerungen ließen sich nicht mit Farbe übertünchen.

Ilse Polak suchte Zuflucht in der Gemeinschaft der Überlebenden. Sie emigrierte nach New York. Sie fand dort nun endlich in Albrecht und Friedel Freunde. Und eine Anstellung als Kindermädchen. Das Arztehepaar mit den zwei kleinen Söhnen wurde zu ihrer neuen Familie. »*Mummy*« und »*Daddy*« sagte sie zu den Eltern. Deren Söhne liebte sie, als seien sie ihre eigenen Kinder. Und wenn Gäste im Haus waren, dann sagte die Arztgattin immer: »Sehen sie sich unsere Ilse an, sie hat so viel mitgemacht und doch kann sie meinen Kindern so viel Liebe geben.«

Ilse Polak erzählte Albrecht und Gerda davon mit dem Stolz einer Frau, die trotz aller Widrigkeiten ihren Platz im Leben gefunden hat. Noch heute wohnt sie mietfrei in einer kleinen Wohnung am Central Park, der älteste Sohn der Arztfamilie besteht darauf.

Als Gerda mit Albrecht aus Ilses Wohnhaus trat, glaubte sie zu ahnen, wie sehr sich die Überlebenden nach Halt und Normalität gesehnt hatten. Wir sehr sie einander gebraucht hatten in

New York. Nicht, weil sie redeten. Sondern weil es keine Worte zwischen ihnen brauchte. Weil sie ein stummes Wissen teilten. Darüber, was geschehen war. Und darüber, was in ihren Köpfen spukte.

Ilse Polak ist der letzte Mensch, mit dem Albrecht die Erinnerung an seine New Yorker Schicksalsgemeinschaft der Holocaust-Überlebenden teilen kann. Eine untergegangene Welt. Albrecht fand nur noch wenige Hinweise darauf, dass es sie einmal gegeben hat, als er mit Gerda durch die Straßen ging. Dort, wo Albrecht zu Al geworden war und Fleisch verkauft hatte, fand er bei seinem letzten Besuch einen Handyladen, die Nachbarschaft war nicht wiederzuerkennen. Sie hatte sich damals schon rasant verändert. Iren, Italiener und Deutsche waren in die Vororte gezogen, sobald sie es sich leisten konnten. Einwanderer aus Lateinamerika und Asien waren hinzugezogen. Die siebziger Jahre brachen an und Harlem versank im Verbrechen. Gangs kontrollierten die Straßen und nach dem dritten Überfall legte Albrecht eine Pistole unter die Ladentheke. Seine Augen wurden immer schlechter, er hatte Mühe, die Waage abzulesen. 1976 dann, der Schlussstrich. Ein Toter in einer Blutlache direkt vor seiner Ladentür, der Mord schaffte es in die Nachrichten auf *Channel 5*.

Als Albrecht an diesem Tag nach Hause kam, wartete Friedel schon mit besorgtem Gesichtsausdruck auf ihn in der Küche. »Du hast Auschwitz überlebt und den Naziterror. Du lässt dich doch jetzt nicht in deinem Fleischerladen umbringen.«

Wenige Tage später gab Albrecht den Laden auf.

Nun, als er mit Gerda wieder durch Manhattan ging, das erste Mal, seit er nach Deutschland zurückgekehrt war, fühlte er kein Heimweh nach New York. Es gab sein New York nicht mehr. Sein New York war das New York mit Friedel. Das New York der Überlebenden. Sein New York war Vergangenheit.

An einem Sonntag führte Albrecht Gerda in die 47th Street. Schon zu seiner Zeit das Herz des *Diamond District*, wohl noch heute die größte Ansammlung von Juweliergeschäften auf der Welt. Die meisten Geschäfte hatten geschlossen, aber in einem Laden sahen sie Menschen. Albrecht klopfte, zwei fromme Juden baten sie herein. Sie redeten lange miteinander, Albrecht, Gerda und die Juweliere. Über Brillanten und Diamanten am Anfang, dann über New York, das Judentum, den Holocaust. Die Juweliere schenkten Albrecht eine Uhr.

Als sie den Laden verließen, hatte Gerda eine Kette gekauft. Daran ein mit Brillanten umfasster Davidstern.

Als sie aus New York zurückkehrten, war Albrechts Geschichte endgültig auch zu Gerdas Geschichte geworden.

30

Manchmal, wenn sie zum Altenheim kam, bat Albrecht Gerda, mit ihm zum jüdischen Friedhof in Leer zu fahren. Dort bückte er sich nach einem Stein und legte ihn auf die Gräber seiner Geschwister. Er sprach das Kaddisch und stand danach noch lange vor den Grabplatten. Daneben hatte er eine Erinnerungsplakette setzen lassen: »Unseren lieben Eltern zum Gedenken. Alfred Weinberg und Flora, geb. Grünberg. Ermordet 1944 in Auschwitz. Dieter, Friedel, Albrecht.« Regungslos stand er dort, manchmal minutenlang. Dann wanderten seine Gedanken, erklärte er Gerda, manchmal sah sie ihn stumm weinen.

»Ich liege auch bald hier«, sagte er zu Gerda.

»Ach was, Mister Weinberg, du wirst noch über hundert Jahre alt. Du wirst länger leben als ich«, entgegnete Gerda.

So reagierte Gerda manchmal, wenn sie das Gefühl hatte, dass Albrecht zu tief in seiner Trauer versank. Dann holte sie ihn wieder zurück in die Welt der Lebenden, wie sie sagte. Sie sang im Auto und drehte das Radio auf, wenn sie ihn fuhr. Saß mit ihm bei Ostfriesentorte und Schwarztee zusammen im Café am Hafen. Spazierte mit ihm durch den Stadtpark, den er früher nie betreten hatte, in seiner Kindheit war der Eintritt für Juden verboten gewesen.

Einmal, im Frühjahr 2020, fuhr sie sogar mit ihm nach Emden zum Konzert der Rapgruppe Microphone Mafia. Sie saßen in der ersten Reihe, als Albrecht plötzlich rief: »Krümel! Erinnerst du dich?« Das überrumpelte die Frau auf der Bühne. Sie blickte Albrecht ratlos an.

»Ich kannte Miriam Edel!«, rief Albrecht.

Albrecht weiß nicht mehr genau, wie sie Miriam kennenlernten. Wie sie dazugestoßen war in ihren New Yorker Kreis der Überlebenden. Sie verstanden sich gut, vor allem Friedel und Miriam. Einmal kam sie zu Besuch nach New York, mit dem Flugzeug aus Israel. Albrecht hatte Friedel und Miriam zu Friedels Freundinnen gefahren. Sie hatten herausgefunden, dass sie alle im selben Transport gewesen waren. Der 37. Osttransport nach Auschwitz. Am 19.4.1943.

Albrecht saß ein wenig abseits, als die Frauen irgendwann über Auschwitz-Birkenau zu sprechen begannen. Über den Block B I, das »Frauenlager«. Über das Auschwitz-Kommandant Rudolf Höß geschrieben hatte: »Es war alles viel mehr Masse als bei den Männern. Wenn die Frauen einmal einen gewissen Nullpunkt erreicht hatten, ließen sie sich vollkommen gehen. Als vollkommen willenlose Gespenster wankten sie durch die Gegend, bis sie dann eines Tages still hinübergingen. Diese wandelnden Leichen waren ein fürchterlicher Anblick.«

Jeder von den Frauen fiel immer wieder ein neuer Name ein und die dazugehörigen Geschichten vom Tod oder Davonkommen. Den Namen »Krümel« hörte er oft, er dachte erst, sie würden über ihn reden, »Krümel« war ja damals auch sein Spitzname gewesen auf dem Landgut in Groß Breesen.

Aber »Krümel« war auch der Spitzname von Miriams Freundin Esther gewesen. Esther, berichtete Miriam, sei damals auch mit ihnen allen im 37. Osttransport gewesen. Esther könne wunderschön singen. Manchmal habe sie in Auschwitz vor sich hingesungen, Schubert-Lieder, die ihr Vater ihr beigebracht hatte, Oberkantor der jüdischen Gemeinde in Saarbrücken. So schön habe sie gesungen, dass die Blockältesten Esther zu sich holten, damit sie ihnen etwas vorsinge. Zur Belohnung gab es manchmal einen Kanten Brot. Die Musik, erzählte Miriam, habe Esther das Leben gerettet.

Die ehemalige Musiklehrerin Zofia Czajkowska, eine polnische Gefangene, war nach vier Wochen in Auschwitz zu Esther in die Baracke gekommen. Sie hatte von der SS den Befehl erhalten, ein Lagerorchester aufzubauen. »Wenn du Akkordeon spielen kannst, werde ich dich prüfen«, sagte sie zu Ester. Esther konnte Klavier spielen, doch es gab keines im Lager, die Instrumente stammten aus dem Handgepäck vergaster Häftlinge. Natürlich könne sie das, log Esther, dabei hatte sie noch nie ein Akkordeon in der Hand gehalten.

Czajkowska hatte einen Schlager hören wollen, und Esther habe hektisch an dem Instrument herumgezerrt. Doch sie hatte nur wenige Minuten gebraucht, dann stimmten die Akkorde, sie spielte, wie befohlen: »Du hast Glück bei den Frau'n, Bel Ami«. Das Orchester spielte Märsche, wenn die Arbeitskolonnen im Morgengrauen ausrückten und abends zurückwankten. Sie spielten, wenn die Deportierten ins Lager rollten und an der Rampe sortiert wurden. Die Kinder winkten ihr zu, und sie weinte, als sie ihnen zurückwinkte. Aber Esther hatte weiter und weiter gespielt. Esther, sagte Miriam, habe um ihr Leben gespielt.

Als Albrecht wieder einmal wach lag in seinem Zimmer im Seniorenheim in Leer, das kleine Radio aufgedreht, manchmal half Musik gegen die Stimmen der nächtlichen Dämonen, da sang eine Frau im Radio: »Du hast Glück bei den Frau'n, Bel Ami«, und der Moderator sagte im Anschluss ihren Namen: Esther Bejarano. Ihm fielen Miriams Erzählungen aus New York über Esther wieder ein, die Frau im Radio musste sie sein.

Aufgeregt erzählte Albrecht am nächsten Tag Gerda von dem Lied, von Esther und ihrer Geschichte. Gerda sah, wie glücklich und aufgeregt er war und zögerte nicht. Sie griff zum Hörer, rief einige Leute an und versuchte, Esther Bejaranos Telefonnummer herauszubekommen. Sie wollte ein wenig Freude in Albrechts Leben bringen.

Gerdas Anstrengungen waren erfolgreich. Esther und Albrecht telefonierten einige Minuten lang, von Krümel zu Krümel. Sie verabredeten ein Treffen. Doch dazu kam es nicht, Esther war immer auf dem Sprung, beständig im Einsatz gegen Rechtsextremismus und Antisemitismus. Sie war immer bereit, in diesem Kampf weite Wege zu gehen, auch musikalisch, zu dieser Zeit war sie eben auf Tour mit den Rappern von Microphone Mafia.

Nun, im Frühjahr 2020, saß Albrecht Esther Bejarano endlich gegenüber. 95 Jahre alt war sie damals, sie war 1924 geboren worden, ein Jahr früher als Albrecht. Eine kleine Frau mit großer Energie.

»Wir leben trotzdem. Wir sind da!«, skandierte sie auf der Bühne und ballte die Fäuste. »Mein Singen und Erzählen ist meine späte Rache an den Nazis«, sagte sie und lachte.

Dann drehte sie sich zu Albrecht und sang das Lied, das ihr in Auschwitz das Leben gerettet hatte. Albrecht richtete sich auf. Mit glühenden Wangen sang er leise mit: »Du hast Glück bei den Frau'n, Bel Ami! So viel Glück bei den Frau'n, Bel Ami! Bist nicht schön, doch charmant, bist nicht klug, doch sehr galant, bist kein Held, nur ein Mann, der gefällt.«

Danach konnte Gerda Albrecht nicht aufhalten. Er griff seinen Gehstock und stürmte förmlich die Treppe zur Bühne hinauf. Ließ sich nicht von Gerda stützen, obwohl er die Stufen nur schemenhaft erkennen konnte. Schon hielt er Esther Bejarano in den Armen und Esther Bejarano hielt Albrecht, und im Saal stiegen nicht nur Gerda Tränen in die Augen.

Krümel und Krümel. Zwei der letzten Überlebenden des 37. Osttransportes standen hier in Deutschland auf der Bühne, 75 Jahre nach der Befreiung. Schon 75 Jahre älter waren sie geworden, als die Nazis gewollt hatten. Sie ließen sich vom Publikum feiern und sie feierten das Leben. Und sie wollten gar nicht aufhören zu reden nach Esthers Auftritt an jenem Abend in Emden.

31

Die Deutschen wollten dauernd etwas von ihm. Das wurde Albrecht klar in den Jahren nach seiner Rückkehr. Sie wollten, dass er erzählt. Sie wollten, dass er verzeiht. Sie wollten Versöhnung. Sie wollten, dass er eine Rolle spielt als Holocaust-Überlebender, die es ihnen leicht in ihrem Theater der Versöhnung machte. Sie redeten in Sonntagsreden von ihm als »jüdischem Mitbürger«. Auch das Wort »Vergangenheitsbewältigung« fehlte nicht in ihren Ansprachen. Manchmal kam es Albrecht so vor, als hielten einige die Vergangenheit allein schon deshalb für bewältigt, weil sie mit einem alten Juden wie ihm in einem Raum saßen. Er traf auf viele Deutsche, die nicht verstehen wollten, dass der Schmerz in ihm die ganze Zeit zu fühlen war, dass nichts vergangen war, nichts versöhnt.

Einmal bekam er einen Brief von einem ehemaligen Pastor, sie hatten auf einer Veranstaltung nebeneinandergesessen und waren ins Gespräch gekommen, der Pastor war auch Ostfriese, er stammte aus einem Ort bei Aurich und war nur fünf Jahre jünger als Albrecht. Sie redeten nicht lange, da berichtete der Pastor, dass er als Junge in der Hitlerjugend gewesen sei und Juden schikaniert hätte. Es war Albrecht beinahe so vorgekommen, als wolle der Pastor bei ihm eine Beichte ablegen, als erwarte er von *ihm* die Absolution.

Es habe ihn gefreut, dass sie miteinander sprechen konnten, schrieb der Pastor nun in dem Brief, den Gerda Albrecht vorlas. »Wir haben ja einmal auf zwei verschiedenen Seiten gestanden. Das kam nicht von uns aus, sondern von verbrecherischen Machthabern, denen ich damals gefolgt war. Ich wusste es nicht besser, heute schäme ich mich dafür«, fuhr der Pastor fort. Wenn sie auch beide nun alt und gebrechlich würden, schloss er, sollten sie doch nicht aufgeben, sich freundschaftlich die Hand zu geben und damit ein Vorbild zu sein, damit das, was sie erlebt hätten, nie wieder geschehen könne.

Albrecht wusste nicht, was er von dem Brief halten sollte.

Bald darauf hielt der Pastor einen Vortrag vor Schülerinnen und Schülern. Albrecht wurde dazu an das Gymnasium in Rhauderfehn eingeladen, an dem er bereits mehrmals im Monat Vorträge hielt und die Fragen der Jugendlichen beantwortete. Er mochte die Schüler und die Schüler mochten ihn. Sie hörten Albrecht gebannt zu, sie stellten Fragen und wollten seine Erklärungen hören. Sie saßen nicht in verdrehter Scham vor ihm wie so viele ihrer Großeltern, die ihn nur das sagen hörten, was sie von ihm hören wollten. Albrecht war gespannt, was der Pastor vor den Schülern und Schülerinnen zu sagen hatte über seine Rolle im Dritten Reich, er wollte erfahren, was er in seinem langen Leben gelernt hatte über Schuld und Sühne.

»Ich sitze hier ein wenig mit klopfendem Herzen, denn hier sitzt Albrecht«, begann der Pastor. »Und wenn ihr mit großer Anteilnahme, was ich voraussetze, mitbekommen habt, was Albrecht durchgemacht hat, dann habt ihr das alles gehört aus einer ganz bestimmten Perspektive, nämlich aus der Perspektive des Opfers. Ich sitze mit Herzklopfen hier, weil ich aus der gegenteiligen Perspektive spreche, nämlich aus der Perspektive des Täters. Ich habe auf einer ganz anderen Seite gestanden damals und ich möchte euch klar machen, wie es dazu gekommen ist. Ich halte mich nicht für einen Unmenschen, dennoch habe ich auf der Seite derer gestanden, die unmenschlich gehandelt haben.«

Der Pastor redete davon, wie er in Afrika gearbeitet hatte, er zitierte Nelson Mandela, sein Vorbild für Menschlichkeit. Dann sprach er lange über Einflüsse, denen er ausgesetzt war, und die Erwartungen, die er erfüllen wollte.

»Ich bin 1927 geboren, neun Jahre nach dem Ersten Weltkrieg, der war, als ich Kind war, nicht vorbei. Er steckte in den Knochen und Gemütern derer, die mich erzogen haben.«

Viele Nazis seien nicht per se Bösewichte gewesen, ermahnte er die Schüler und Schülerinnen. »Das waren ganz normale Leute. In jedem steckt die Gefahr, verführt zu werden und das Böse zu tun.«

Dann fing der Pastor an zu singen. Er sang die Lieder seiner Kindheit in der Hitlerjugend. Erst: »Ich bin Adolf Hitlers kleiner Soldat, bin ihm zu dienen stets bereit«. Dann: »Schmeißt sie raus, die ganze Judenbande, schmeißt sie raus aus unserem Vaterlande, schmeißt sei wieder nach Jerusalem und haut se beide Beine ab, sonst komm' se wieder rin«. Der Pastor erzählte, wie stolz er diese Lieder in seiner Hitlerjugenduniform geschmettert hatte und wie er so gelernt hatte, dass die Juden nichts wert seien. Er suchte in seinem Vortrag nach Erklärungen für seinen Hass. Er suchte sie im Rausch der Volksgemeinschaftsideologie, in den autoritären Strukturen von Befehl und Gehorsam, die ihm und den anderen Kindern damals eingeimpft worden wären.

Am Morgen nach der Pogromnacht vom 9. November 1938, erzählte der Pastor, da hätten seine Freunde ihm entgegengerufen: »Hast du gesehen, wie sie die alten Juden gejagt haben, das war ein Spaß.« Und als er zwölf Jahre alt gewesen war, da habe er seine Wasserpistole mit schmutzigem Wasser gefüllt: »Ich ging am Haus unserer jüdischen Nachbarn vorbei und spritzte gegen die Scheibe. Kurz darauf sah ich hinter der Scheibe das Gesicht einer hübschen, jungen Frau und sie lächelte mich freundlich an und hob tadelnd den Zeigefinger, da schämte ich mich und rannte weg. Aber ich konnte mich damals nicht entschuldigen und heute kann ich mich nicht mehr entschuldigen. Die junge Frau ist in Auschwitz umgebracht worden. Das vergesse ich nicht. Das ist schlimm, das man so etwas tun kann«, sagte der Pastor.

Danach erzählte der alte Mann vom Krieg. Von seiner Schuld, mit der er sein Leben lang ringe. Siebzehn Jahre alt war er damals gewesen, die letzten Tage des Kampfes um Berlin, er hatte geschossen und den gegnerischen Soldaten tödlich getroffen. Der Pastor verfing sich in den Erzählungen über sein persönliches Kriegstrauma, beklagte, dass sich niemand im Nachkriegsdeutschland dafür interessiert hätte.

Gerda merkte, wie Albrecht im Rollstuhl neben ihr unruhig wurde. Sie ahnte, was Albrecht umtrieb.

»Ich habe mal eine Frage. Was Albrecht Weinberg und mich interessiert: Sie haben das mit der Wasserpistole erzählt. Was haben Sie gedacht, was mit den Juden geschehen ist, die aus Ostfriesland getrieben wurden? Haben Sie denn nicht gewusst, wo die Juden abgeblieben sind?«

»Natürlich haben wir es gewusst«, antwortete der Pastor. »Es war ab 1938 zu sehen, wie die Juden abgeführt wurden. Mein Opa war Bäcker. Opa buk für die Juden Matzen, der war angesehen in der jüdischen Gemeinde. Der hatte Juden als Freunde. Für mich waren Juden Nachbarn von meinem Opa. Unsere

Nachbarn sind weggekommen 1940. Wohin die kamen, danach haben wir als Kinder nie gefragt. Später haben wir gehört von den Konzentrationslagern. Was darin passiert ist, davon habe ich nichts gewusst. Was Auschwitz gewesen ist – ich kann sagen, ich habe nichts gewusst. Wir waren an einigen Stellen dumm. Wir haben tatsächlich wenig gewusst. Die Erwachsenen haben gewusst, was in den KZs passiert ist, nehme ich mal an, aber sie haben wenig mit uns geredet. Den ganzen Skandal habe ich erst nach dem Krieg erfahren, und das war zuerst kaum zu glauben.«

Kurz darauf beendete der Pastor seinen Vortrag. Es sei ihm eine Herzensangelegenheit gewesen, vor den Schülern und Schülerinnen zu sprechen, erklärte er. »Ich meine, mein Leben hat einen Ertrag, wenn ich die Erfahrungen, die ich gemacht habe, weitergebe.« Albrecht bekam die Schlussworte des Pastors nicht mit. Der Schulgong ertönte, die Schülerinnen und Schüler um ihn herum standen auf von ihren Stühlen und strömten aus dem Raum. Die Tränen in Albrechts Augen sahen sie nicht.

»Wie kann man nur sagen, ›Wir haben nichts gewusst?‹«, sagte Albrecht zu alten Bekannten, die neben ihm saßen. Er rang mit sich, man sah es ihm an, aufgerichtet saß er im Rollstuhl, angespannt waren seine Gesichtsmuskeln, er rang mit dem, was der Pastor gesagt hatte, stellvertretend für die Deutschen.

Albrecht, der immer so langmütig und sanftmütig alles ertragen hatte im deutschen Versöhnungstheater, er musste jetzt etwas klarstellen, die Worte sprudelten nur so aus ihm heraus: »Ganz Deutschland hat gewusst, dass die Juden durch die Städte getrieben wurden. Ganz Deutschland hat gewusst, dass die Juden abtransportiert wurden. Keiner hat etwas gesagt. Wo ist meine Familie? Wo ist mein Vater? Als deutscher Soldat hat er gekämpft im Ersten Weltkrieg. Einer von seinen Brüdern hat sein Leben für Deutschland im Krieg gegeben. Lebendig in die Gaskammer gesteckt hat man meinen Vater und meine Mutter.« Albrechts Stimme bebte. »Nach dem Krieg ist auf einmal kein Nazi mehr auf der Welt gewesen, keiner sagte etwas, keiner hat darüber geredet, keiner hat gefragt: ›Wo sind unsere jüdischen Nachbarn?‹ Was man mit uns gemacht hat! Deutschland war die größte Mörderfabrik der Welt, und niemand wollte darüber reden. Heute noch sind Juden in Gefahr, heute noch müssen Synagogen in Deutschland beschützt werden. Das ist eine Schande. Ich bin im KZ gewesen, ich bin ein Häftling gewesen. Ich bin ein Unmensch geworden. Man hat mir meinen Namen abgenommen, man hat meine Onkel und Tanten ermordet, ich war nur eine Nummer.«

Albrecht schluckte und begann zu weinen. Seine Stimme, ein Schluchzen: »Alle haben nach dem Krieg auf einmal behauptet einen jüdischen Freund gehabt zu haben. Alle waren sie plötzlich Judenfreunde. Aber meine Eltern sind lebendig ermordet worden. Von wem denn? Nicht von Adolf. Von Deutschen. Keiner hat was gesagt. Hinter den Gardinen haben die Nachbarn gestanden und zugesehen, wie wir in die Lager geschickt worden und ermordet worden sind. Nicht einer, nicht hundert. Millionen hat Deutschland ermordet. Jetzt wollen sich alle entschuldigen. Hör mir auf damit.«

Gerda legte Albrecht den Arm auf die Schulter. Sie wartete, bis Albrecht ruhiger wurde und sich die Tränen aus den Augen wischte. Dann fragte sie: »Wollen wir mit dem Mann noch einen Kaffee trinken?«

»Mit wem?«

»Mit dem Pastor.«

»Von mir aus.«

Wenig später betraten der Pastor und Albrecht ein Eiscafé, Gerda hatte dafür gesorgt, dass die beiden nebeneinandersaßen. Im Auto hatte sie Albrecht gesagt: »Ich finde es immer wichtig, dass solch ein Tag etwas Versöhnliches hat. Damit du und ich das nicht tagelang mit uns herumtragen müssen.«

Im Café erzählte Albrecht dem Pastor, wie sie sich als Kinder im Haus versteckt hatten, wenn die Nazis auf dem Adolf-Hitler-Platz vor ihrem Haus aufmarschierten und vom »Judenblut, das vom Messer spritzt« sangen. Der Pastor sagte, er könne sich erinnern, dass auch er das Lied gesungen habe, immer wenn er mit der Hitlerjugend durch Aurich marschiert sei. »Keiner hat damals gesagt: Jungs, was singt ihr da?«, erklärte der Pastor.

»Als wir abtransportiert wurden, ist nicht einer gekommen, keiner hat gesagt, ›Die Weinbergs sind doch unsere Nachbarn, mit denen haben wir immer um drei Uhr Tee getrunken, hört auf!‹«, sagte Albrecht.

Zum Abschied wurde der Pastor pastoral: »Mir kommt das jetzt ein bisschen symbolisch vor. Wir beide als alte Männer sitzen hier nebeneinander und haben dieselbe Lehne, auf die wir uns stützen. Und ich denke, das zeigt eine Nähe, die einfach von Mensch zu Mensch geht. Das zeigt, worum es geht, alle Menschen sind frei geboren und gleich an Würde und Rechten. Und dass wollen wir beide jetzt gerne vorleben.«

Der Pastor reichte Albrecht die Hand. Einige Momente saßen sie so, nebeneinander, Hand in Hand.

»Ich habe hier einen Arier in der Hand«, sagte Albrecht, manchmal flüchtete er sich vor dem deutschen Versöhnungsdrang in Sarkasmus. »Ich mit meinem Judenblut! *Unbelievable!*«

»Es ist mir eine Ehre und Befriedigung, deine Hand zu halten«, sagte der Pastor.

32

Ohne Gerda fühlte sich Albrecht all die Jahre seit Friedels Tod einsam. Er hockte in seinem Zimmer im Seniorenheim. Legte die *Jerusalem Post* unter sein Bildschirmlesegerät und las beinahe alle Artikel. Schaltete CNN auf seinem Fernseher ein und holte sich die alte amerikanische Heimat zurück. Die deutschen Sender blieben ihm fremd. Nur, wenn sie Dokumentationen über den Holocaust zeigten, schaltete er nicht um. Häufig saß er in seinem Sessel und hing den Gedanken nach. An seine Eltern, an Dieter und Friedel. Oft brachten sie ihn zurück ins Arbeitslager Hangelsberg, zum Appellplatz in Auschwitz, in den Leichenberg von Bergen-Belsen, aus dem er erwacht war.

Seit Friedels Tod hatte er sich immer mehr aus dem Heimleben zurückgezogen. Er ging nicht in den Speisesaal zum Essen. Er sagte, er müsse manchmal mit den Händen essen, weil er so schlecht sehe, den Anblick wolle er keinem zumuten. Gerda hatte irgendwann aufgegeben, auf ihn einzureden. Bald vermutete sie, dass Albrecht die anderen alten Leute mied, weil er glaubte, dass einige von ihnen dabei gewesen waren, bei der Pogromnacht 1938 und danach. Albrecht nahm an keiner Geselligkeit teil, nicht an Sommerfesten, nicht an dem wöchentlichen Rätselraten, er ging auch nicht zu den Treffen der Volkslieder-Gesangsgruppe, zu denen man ihn immer wieder einlud. Gerda sah ihn auch nie mit anderen Bewohnern Tee trinken oder ein wenig schnacken.

Albrecht lebte wie ein Eremit mitten unter Menschen. Gerda hatte Albrecht einen Wasserkocher gekauft, damit er seinen Besuchern Ostfriesentee anbieten konnte. Doch Besuch empfing er selten. Meist waren es dann die Bekannten, die ihn und Friedel hierhergeholt hatten, und andere Menschen aus Leer, die er auf den Treffen kennengelernt hatte, zu denen die Stadt früher ehemalige jüdische Einwohner eingeladen hatte.

Gerda spürte, dass Albrecht mehr zum seelischen Überleben in Deutschland brauchte. Wärme. Menschlichkeit. Jeden Vormittag um elf Uhr rief er Gerda an. Ihr Ritual. Dann erzählte er ihr, was morgens los gewesen war im Heim, welche Schwester zu spät dran gewesen war beim Waschen, gut oder übel gelaunt gegrüßt oder sich keine Zeit genommen hatte, »die ist nicht so wie du Gerda, du hast alles immer wunderbar gemacht«. Am Nachmittag, immer gegen halb fünf, fuhr Gerda zu Albrecht. Sie brachte ihm Besorgungen mit und manchmal auch Selbstgekochtes, gemeinsam aßen sie Abendbrot, und ehe sie um sieben Uhr wieder nach Hause fuhr, legte sie Albrecht die Kleidungsstücke für den nächsten Tag zurecht, schlug das Bett auf und nahm einmal die Woche seine Wäsche zum Waschen mit nach Hause. So ging das jeden Tag. Nur eine Probe ihrer Plattdeutschen Theatergruppe konnte Gerda manchmal davon abhalten, einmal nicht zu Albrecht zu fahren.

Hin und wieder traf Gerda auf dem Weg zu Albrecht ihre ehemaligen Kollegen und Kolleginnen im Flur des Altenheims. »Was hast du nur mit Herrn Weinberg?«, sagten die. Oder: »Mit einem 93-Jährigen wäre ich niemals nach Amerika geflogen.« Gerda kümmerte sich nicht darum, sie gab ihnen weiterhin beinahe jede Woche Termine wie diesen durch: »Herr Weinberg hat wieder eine Schulveranstaltung am Gymnasium in Rhauderfehn, er muss morgen um acht Uhr fertig sein.« Albrecht hatte viele Termine. Gerda sorgte dafür. »Ich will, dass Albrecht von Menschen umgeben ist, die ihn anerkennen. Ich will, dass er sich mit Deutschland wieder ein wenig versöhnen kann«, erklärte sie ihren Söhnen Stephan und Thomas.

Am 7. März 2020 holte sie Albrecht feierlich gekleidet im Heim ab. Sein 95. Geburtstag. Sie fuhr ihn in die ehemalige Jüdische Schule. Ein kleiner Festakt zu seinen Ehren. Der Landrat war da, der ihm drei Jahre zuvor das Bundesverdienstkreuz am Bande für »unermüdlichen versöhnenden Einsatz« überreicht hatte. Bürgermeister und Vizebürgermeister aus Rhauderfehn und Leer gaben Albrecht die Ehre, er kannte die Vertreter aus Rhauderfehn gut, sie hatten ihn vier Jahre zuvor als Ehrenbürger geehrt. Sie hielten Reden, sprachen über seine beeindruckende Persönlichkeit, hoben hervor, dass er unermüdlich vor Schülerinnen und Schülern über seine Vergangenheit spreche und lobten seinen »unermesslichen Beitrag zur Erinnerungskultur«. Der stellvertretende Bürgermeister von Leer sagte: »Ich zitiere Primo Levi. Er schreibt in *Die Untergegangenen und die Geretteten*: ›Wir, die Überlebenden sind nicht nur eine verschwindend kleine, sondern auch anormale Minderheit. Wir, die Überlebenden, sind die, die den tiefsten Punkt des Abgrunds nicht berührt haben. Die Untergegangenen sind die Regel, wir sind die Ausnahmen.‹ Zu den Untergegangenen, die den tiefsten Punkt des Abgrunds berührt haben, gehören Albrechts Eltern, Alfred und Flora Weinberg. Auf der heutigen Geburtstagsfeier ihres jüngsten Sohnes soll auch an Albrechts Eltern erinnert werden.«

Die Feier rührte Albrecht, das sah Gerda an seinem Lächeln. Sogar eine kleine Fotoausstellung hatten sie ihm gewidmet, der aus Israel stammende und in Berlin lebende Fotograf Benyamin Reich hatte Albrecht und seine Erinnerungsstücke fotografiert und der Ausstellung den Titel »Nach Auschwitz« gegeben.

»Eine Ausstellung zum Geburtstag. *Unbelievable!* Ich bin doch keine *celebrity!*«, hatte Albrecht ausgerufen.

Lange unterhielt er sich mit den Gästen. Als Gerda ihn zurück ins Heim fuhr, lächelte er immer noch. Im Kopf plante sie schon weitere Termine, um Albrecht aus seiner dunklen Gedankenwelt zu reißen. Von nun an, sagte sie sich, würde endlich alles gut werden für Albrecht in Deutschland.

Sie konnte nicht ahnen, wie schlimm es schon bald darauf um Albrecht stehen würde.

Wie hätte sie auch ahnen können, dass ein Virus aus China all ihre Pläne zerstören würde? Schon wenige Tage nach Albrechts 95. Geburtstag hatte die Coronapandemie Deutschland fest im Griff. Strenge Kontaktbeschränkungen wurden in Altenheimen erlassen, weil ältere Menschen ein erhöhtes Risiko für einen schweren Verlauf einer Coronainfektion hatten. Gerda wusste, dass die Maßnahmen sinnvoll waren. Doch sie belasteten Albrecht sehr. Erst durfte Gerda Albrecht nur noch mit Maske besuchen, wenige Tage später gar nicht mehr. Sie telefonierten mehrmals am Tag. Gerda merkte, wie Albrecht sich bemühte, heiter zu klingen am Telefon. Es gelang ihm von Tag zu Tag weniger. Bald versuchte er es nicht mehr. Eingesperrt in seinem Zimmer saß er da, allein im Gefängnis seiner immer wiederkehrenden Gedanken und Träume, in denen er seine Eltern nicht retten kann. Albrecht verkümmerte, allein mit seiner verfluchten dunklen Vergangenheit. Und Gerda konnte ihn nicht zurückholen in die helle Gegenwart. Keine Vorträge mehr am Gymnasium in Rhauderfehn, keine Reisen, kein gemeinsames Abendbrot. Er saß allein im Zimmer. Mal kam die Reinigungsfrau herein, er wechselte mit ihr ein paar Worte. Auch mit den Schwestern redete er gerne, doch sie mussten noch viele andere Bewohner versorgen, sie hatten immer zu wenig Zeit. Zu wenig Zeit, um die Dämonen in seinem Kopf zu vertreiben.

»Wenn das so weitergeht, lebt Albrecht kein Jahr mehr«, erzählte Gerda voller Sorge Freunden.

Im Mai tat sie etwas Verbotenes. Sie stieg an einem Sonntagmittag auf ihr Fahrrad und fuhr zum Seniorenheim. Sie wusste, dass sonntags nur wenig Personal im Dienst war und somit die Wahrscheinlichkeit gering, entdeckt zu werden. Ein Anruf mit dem Handy: »Albrecht, geh mal runter zum Eingang!« Als sie Albrecht kurz darauf hinter den verschlossenen Eingangstüren des Heimes sah, deutete sie zu einem Fenster. Albrecht strahlte hinter seiner Maske. Als er das Fenster geöffnet hatte, wechselten sie hastig ein paar Worte. Hin und wieder blickten sie sich verstohlen um, als wären sie rauchende Teenager auf dem Schulhof. Gerda reichte Albrecht eine Jutetasche mit Tupperdosen durchs Fenster, eine große Portion Spargel mit Kartoffeln und Buttersauce, eines seiner Leibgerichte. Dann verabschiedete sie sich, das Essen würde kalt werden und schließlich sei es besser, wenn sie hier niemand sehe.

Zweimal gingen ihre klandestinen Übergaben gut, Albrecht kam schon mit den leeren Tupperdosen der Vorwoche ans Fenster, im Austausch für Gerdas Sonntagsköstlichkeiten. Doch ein Seniorenheim, weiß Gerda, hat tausend Augen. Eine ehemalige Kollegin rief sie an. Gerda möge sich bei der Heimleiterin melden, wenn sie das nächste Mal vorbeikomme.

Gerda kannte die Leiterin nicht, sie hatte ihren Posten nach Gerdas Rente angetreten. Ihr Empfang war frostig. Sie werde das nicht dulden, was Gerda da mache. Gerda könne sich nicht über die Regeln hinwegsetzen, was falle ihr ein.

»Sehen Sie sich doch einmal Herrn Weinberg an, der geht zugrunde an Einsamkeit«, sagte Gerda. »Ich kenne ihn sehr gut. Ich weiß doch, was er braucht. Er liebt es, in den Garten vom Seniorenheim zu gehen. Warum kann ich nicht mit ihm einmal eine halbe Stunde einen Spaziergang machen, jeder von uns würde eine Maske tragen und Abstand halten?«

»Sie dürfen das schon mal gar nicht. Das darf nur Pflegepersonal«, erwiderte die Heimleiterin.

»Und, haben Sie Pflegepersonal, das einmal mit Herrn Weinberg nach draußen geht?«, blaffte Gerda.

»Nein«, musste die Heimleiterin zugeben.

»Da sehen Sie's!«, empörte sich Gerda.

Wenig später saß Gerda aufgebracht in ihrem Auto. Nichts hatte sie bei der Heimleiterin erreichen können. Kaum Mitgefühl hatte diese Frau gezeigt für Albrecht, fand Gerda. So viel von Vorschriften hatte sie geredet und so wenig vom Wohl der alten Menschen. Gerda konnte nicht allein sein mit ihrer Wut, sie wollte nicht in ihre kleine Wohnung fahren, in die sie seit dem Tod ihres Mannes zwei Jahre zuvor gezogen war. Gerda rief ihren Sohn Stephan an, sie brauchte jemanden zum Luft ablassen.

Die Idee kam ihr auf der Fahrt. Zuerst nur ein Gedankenspiel, ein Was-wäre-Wenn, vielleicht auch ein trotziger Akt des Widerstands gegen die Heimleiterin, gegen die Vorschriften und die Unmenschlichkeit um Albrecht herum. Als sie bei ihrem Sohn ankam, schimpfte sie nur kurz über die Heimleiterin. Ihr war wichtiger zu wissen, was er von ihrer Idee hielt.

Natürlich hatte Stephan nichts dagegen. Und natürlich hätte Gerda ihre Idee auch dann umgesetzt, wenn er nicht zugestimmt hätte.

Auf dem Rückweg fuhr Gerda zum Eigentümer des Mietshauses, in dem sie wohnte. Er war begeistert von Gerdas Plan. Jetzt musste Gerda nur noch Albrecht überzeugen. Sie rief ihn an: »Was hältst du davon, wenn ich mir eine größere Wohnung nehme und du ziehst zu mir? Wir beide gründen eine WG! In der Etage über meiner Wohnung ist gerade eine große Wohnung frei geworden, jeder hätte sein Zimmer.«

»*No,* Gerda. Ich bin doch viel zu alt dafür. Ich falle dir doch nur zur Last. Das will ich nicht«, antwortete Albrecht bestimmt. Er sagte ihr nicht, dass er Gerdas Idee eigentlich großartig fand. Zu groß war seine Angst, dass Gerda es bereuen würde, mit ihm zusammengezogen zu sein, wenn er einmal ein Pflegefall sein würde, er hatte doch bei Friedel gesehen, wie schnell das gehen konnte. Gerda hatte schon so viel für ihn getan. Sie sollte ein schönes Leben haben. Sie sollte sich nicht Tag und Nacht um einen greisen Mann wie ihn kümmern müssen.

Gerda gab so schnell nicht auf. Einen Tag später traf sie sich mit der Maklerin, die erklärte: »Wenn Ihnen die Wohnung gefällt, können Sie die Schlüssel gerne behalten.« Gerda hatte nun die Schlüssel zur Wohnung. Jetzt fehlte ihr nur noch Albrecht.

Sie rief bei der Heimleitung an, ihre Worte waren dieses Mal von ausgesuchter Freundlichkeit: »Am 18. Mai ist der achte Todestag von Herrn Weinbergs Schwester, er stand ihr sehr nahe. Könnte ich ihn bitte für eine Stunde zum jüdischen Friedhof fahren, wir würden auch für die gesamte Zeit Masken tragen?«. Die Leiterin zögerte. Gerda argumentierte. Schließlich konnte Gerda ihr ein Einverständnis abringen, Bedingung: Herr Weinberg säße bei der Fahrt hinten im Auto, um den Abstand zu wahren.

Albrecht beeindruckte Gerdas Hartnäckigkeit. Es bedeutete ihm viel, seiner Friedel zu gedenken an ihrem Todestag. Auf dem Friedhof bückte er sich nach einem Stein, legte ihn auf die Grabplatte, sprach das Kaddisch für Friedel und ließ die Gedanken wandern zu Dieter und seinen Eltern.

Auf der Rückfahrt erklärte Gerda, sie müsse noch bei ihrer Wohnung vorbei.

»Komm mit! Ich will dir noch etwas zeigen«, sagte sie.

Sie stiegen zusammen in den Fahrstuhl, Gerda öffnete die Wohnungstür mit dem Schlüssel der Maklerin und führte Albrecht hinein. Die Maisonne tauchte die Wohnung in helles Licht, als Gerda Albrecht die Wohnung anpries. »Dies hier wäre dein Zimmer«, schwärmte sie. Und: »Sieh mal, wie groß unser Wohnzimmer wäre!« Am Ende von Gerdas Führung, sie waren auf dem Balkon angelangt, reckte Albrecht sein Gesicht in die wärmende Sonne, drehte sich zu Gerda und erklärte: »Gerda, wenn du das absolut willst, dann können wir gerne zusammenziehen.« Er grinste, als er das sagte. Er grinste voller unverfälschter Freude wie ein Fünfjähriger. Es kam Gerda vor, als sei für einen kurzen Moment die Last von neunzig Jahren von Albrecht abgefallen.

Am Tag ihres Einzugs lag eine Fußmatte vor der Tür mit der Aufschrift »Moin Moin Gerda und Albrecht«, ein Geschenk von Gerdas Sohn Stephan. An ihren Zimmertüren hingen mit Herzchen verzierte Namensschilder, die Kinder ihres Sohnes Thomas hatten sie gemalt. Blumensträuße überreichten der Vermieter und die Nachbarn im Haus.

Gerda half Albrecht dabei, sein Zimmer einzurichten. Sie hängten über sein Bett die gerahmten Stammbäume seiner beinahe vollständig ausgelöschten Familie, auf einem Tischchen wacht nun eine Katzenfigur mit Kippa auf dem Kopf, ein Witz zwischen Gerda und Albrecht, die Figur erinnert ihn an seinen Kater Jossel in New York, Albrecht grüßt sie jeden Tag: »*Good morning*, Jossel! Du lachst immer. Du redest nicht viel. Du bist der Beste hier im Zimmer!«. Über dem Nachttisch hängt das Foto der drei Geschwister aus Berlin von 1942, darunter das Hochzeitsfoto seiner Eltern. Darüber ein großes Porträt von Friedel, sie lächelt darauf voller Zuversicht nach ihrer Ankunft in Amerika. Auf dem Nachttisch fand der kleine CD-Player Platz, auf dem hört Albrecht in seinen albtraumgeplagten Nächten immer dieselbe Radiodokumentation über das Konzentrationslager Mittelbau-Dora, er weiß nicht, warum, sagte er Gerda einmal, vielleicht, weil er noch immer versuche zu begreifen, was nicht zu begreifen ist.

Es dreht sich viel um den Holocaust in ihrer WG, manchmal ruft Gerda mit gespielter Genervtheit: »Albrecht, bitte nicht schon wieder Holocaust!«. Dann streicht sie aber in der Fernsehzeitschrift doch wieder die Holocaust-Dokumentationen an. Im Bücherregal sammeln sich Erinnerungsberichte Überlebender, manchmal bittet Albrecht Gerda, sie ihm vorzulesen. Und morgens, wenn sie nebeneinander am Esstisch sitzen, Gerda ihm sein Hörgerät, oder »seine Ohren«, wie sie sagt, eingesetzt hat, dann liest sie ihm Artikel aus der Zeitung vor. Albrecht wird hellhörig, wenn er Nachrichten über Anschläge auf Synagogen oder antisemitische Übergriffe hört. »*Unbelievable!*«, ruft er fassungslos, als Gerda ihm vorliest, dass es Menschen gibt, die auf Demonstrationen gegen die Coronamaßnahmen »Judensterne« tragen und behaupten, sie würden so behandelt wie die Juden damals.

»Was denken diese Leute? Werden sie etwa verfolgt und ermordet?«.

Sein Gesicht verdüstert sich, wenn Gerda ihm Berichte vom Erstarken der AfD vorliest. Wenn er die antisemitischen Parolen von deren Funktionären hört, die das Holocaust-Mahnmal in Berlin als »Denkmal der Schande« bezeichnen oder von einer »globalistischen Elite« schwadronieren, die Deutschland fremdbestimme. Ziemlich bekannt käme ihm das vor, sagt er dann zu Gerda. »So ähnlich habe ich das damals in den ›Stürmerkästen‹ in Rhauderfehn gelesen.«

Zutiefst erschüttern solche Meldungen Albrecht. Gerda merkt, wie es in ihm bebt, wie die Nachrichten ihn zurückholen in seine Vergangenheit. Wie er dann wieder die Häme seiner Schulkameraden in Rhauderfehn in seinen Gedanken durchlebt oder den Hass der Nachbarn in der Pogromnacht und die Angst im Schlachthaus in Leer. Wie brüchig sein Vertrauen in seine alte neue Heimat ist, kaum stabiler als das Eis damals auf dem Kanal in Rhauderfehn, in dem er als Kind einbrach. Wie sehr er an Deutschland verzweifelt. Eben weil es ihm mehr bedeutet, als es ihm all die Jahrzehnte bewusst war.

»Es hört nie auf«, sagt er dann zu Gerda. »Niemals wird das aufhören. Deutschland wird sich vom Antisemitismus nie freimachen.«

»Albrecht, das sind doch nur Idioten. Das ist nicht die Mehrheit«, sagt Gerda in solchen Momenten.

Und Albrecht fragt dann, so ist es ihr Ritual: »Warum immer die Juden, Gerda?«.

»Der liebe Gott hat einen Fehler gemacht. Im Alten Testament sagt er zu den Juden: ›Ihr seid das auserwählte Volk. Und alle anderen Völker sind neidisch und darum werdet ihr verfolgt.‹ So, da hast du meine blöde Erklärung, die ich mir mal zusammengereimt habe«, erklärt Gerda.

Dann schmunzelt Albrecht und ruft: »Gerda, du bist ja eine Philosophin!«

Ihr WG-Leben ist eingespielt. Jeden Freitag reicht Gerda Albrecht den Telefonhörer, wenn Willi aus Israel zum Schabbat anruft, ein Enkel seiner Tante Marie, die 1962 in den Niederlanden starb. Jeden Samstag meldet sich ein anderer Enkel, Daniel, er lebt heute in Ungarn und kommt einmal im Jahr zu Besuch in ihre WG. Jeden Morgen sitzen Albrecht und Gerda nebeneinander am Esstisch, teilen sich eine Banane und trinken Ostfriesentee, Gerda rührt für Albrecht einen Haferbrei und schmiert sich ein Brot. Und immer ermahnt sie ihn: »Albrecht, du trinkst zu wenig. Dein Tee wird kalt!«

»Immer soll ich trinken, Frau Dänekas!«, beschwert sich Albrecht dann mit gespielter Genervtheit.

»Sie müssen, Mister Weinberg«, gibt Gerda zurück. Eine Freundin sagte ihr, Albrecht und sie kabbelten sich fast wie ein altes Ehepaar. Da sei etwas dran, sagt Gerda. Meist aber überschüttet Albrecht Gerda mit Lob. »Gerda, du bist eine wunderbare Köchin«, sagt er zum Beispiel, wenn sie ihm gebratene Putenbeine serviert oder Rouladen. Gerda kocht dann immer eine große Portion und sagt: »Albrecht, dir schmeckt's wohl, du isst wie ein Holzfäller.« Und nachmittags, wenn sie im Strandkorb auf dem Balkon sitzen und Gerda ihm vorliest aus Erinnerungsberichten von Holocaust-Überlebenden, dann sagt Albrecht: »Gerda, du liest immer so schön vor.«

Noch immer gibt es Bekannte, die Gerda mitleidig ansehen und sagen: »Mein Gott, dass du dir das alles antust.« Gerda entgegnet ihnen: »Dass ich den alten Mann in die WG geholt habe, ist das Beste und Menschlichste, was ich in meinem Leben entschieden habe. Ich habe es noch nicht *ein einziges Mal* bereut. Im Gegenteil: Ich genieße Albrechts Gesellschaft. Und Albrecht scheint ja auch zufrieden zu sein.« Ruth Katz, Albrechts Cousine aus Amerika, nahm Gerda einmal zur Seite und sagte ihr, sie habe einen ganz anderen Menschen aus ihm gemacht. Er sei jetzt so offen und lustig, wie sie ihn in den USA nie erlebt habe. Albrecht lächelte in der Tat häufiger, seit er ihr WG-Mitbewohner ist, das war Gerda auch aufgefallen. Doch aus tiefstem Herzen lachen hat Gerda ihn noch nie gesehen. Wenn sie Albrecht lächeln sieht, sagt Gerda, dann ist er so froh, wie er nur sein kann. Das ist er, wenn ihre Enkelkinder zu Besuch sind. Die zehnjährige Tjorven ist ihm besonders nahe, sie sitzt immer neben ihm und spielt mit Albrechts knochigen Fingern oder schiebt ihn im Rollstuhl und wacht darüber, dass er seinen Kuchen aufisst. Und Albrecht scherzt mit den Kindern: »Tjorven, dich kenn ich schon, da warst du ganz klein, da lagst du noch in einem Schuhkarton.« Oder er stellt sich neben sie, und sie messen, wie die Kinder immer größer werden und er immer kleiner.

»Opa«, nennen ihn Gerdas Enkelkinder.

»*Unbelievable*«, sagt Albrecht dazu. »Da wurde mir am Ende meines Lebens noch einmal eine Familie geschenkt.«

33

An einem Herbstabend, der Meereswind bläst die Hitze des Tages aus den Straßen von Tel Aviv, sitzen zwei greise Männer in einem Restaurant. Sie heben zwei Gläser Anisschnaps und feiern ihr Wiedersehen.

»L'Chaim!«, ruft der Jüngere der beiden.

»Auf das Leben!«, erwidert der Ältere.

Dann reden sie über den Tod.

Über die Waggons, in die man sie pferchte, die Toten am Stromzaun, die Gaskammern. Die dunklen Stollen, in denen sie schufteten, nur noch gelbe Haut und Knochen, und der Ältere sagt, er erinnere sich noch an die Leichen, sie lagen links und rechts. Während sie reden, beugt sich Albrecht in seinem Rollstuhl ein wenig vor, um seinen Freund Jerry Wartski im Stimmenwirrwarr auf der Restaurantterrasse besser verstehen zu können.

Sie hatten sich ein halbes Jahr zuvor zuletzt getroffen, in der Gedenkstätte des Konzentrationslagers Mittelbau-Dora, auf der Gedenkveranstaltung zum 77. Jahrestag der Befreiung im April 2022. Und nun reden sie in Tel Aviv, als wären sie nicht auseinandergegangen. Sie sprechen auch über Albrechts und Gerdas Besuch bei Jerry in New York, ehe die alten Männer dann doch wieder in der Vergangenheit schürfen. Jerry erzählt, dass er am Ende nur noch hoffte, die Bomben der Alliierten würden ihn erlösen aus der Hölle von Mittelbau-Dora. Dann sagt er: »Meine Kinder haben nicht gefragt, obwohl sie ja täglich die Nummer auf meinem Arm gesehen haben.« Er fährt sich mit der rechten Hand über den linken Arm, über die Tätowierung aus Auschwitz, unauslöschlich: B9096.

»Wenn einer die Nummer auf meinem Arm bemerkte, habe ich später immer behauptet, ich hätte mir meine Telefonnummer auf den Arm geschrieben, weil ich zu blöd bin, mir sie zu merken«, sagt Albrecht.

Albrecht und Gerda sind mit achtzehn Schülerinnen und Schülern des Gymnasiums Rhauderfehn, der Schulleiterin, einer Lehrerin und einem Lehrer für eine Woche zur Abiturabschlussfahrt nach Israel geflogen, und während die Schülergruppen am vorletzten Abend der Fahrt die Bars Tel Avivs erkunden, haben sie sich mit Jerry und seiner Frau Sue verabredet, die hier urlauben.

Zwei Jahre, nachdem er mit Gerda in die WG gezogen ist, hat Albrecht sich auf seine letzte große Reise gemacht. Ein 97-Jähriger auf Klassenfahrt nach Israel.

Es ist keine leichte Reise für ihn, da sind das Alter und die Strapazen, sich fast hundertjährig von Reihe 31 im Flugzeug bis zum Ausgang vorzukämpfen – »Was hilft einem der wachste Kopf«, sagt Albrecht, »wenn man Beine wie Gummi hat?«. Da sind die Erinnerungen. Selbst wenn seine Augen nur noch Schemen erkennen können, die Bilder seiner Erinnerungen sind klar und überdeutlich. Wie in der Holocaust-Gedenkstätte Yad Vashem am Rand von Jerusalem, als er die Schülergruppe bei Führungen und Workshops begleitet.

»Kannst du das erkennen? Da unten liegen Schuhe, Berge von Schuhen aus Konzentrationslagern«, sagt Tjard. Albrecht trägt seine getönte Brille und sieht zwar schlecht, aber mit seinem neuen Hörgerät versteht er den Schüler ziemlich gut, der ihn langsam im Rollstuhl durch die Besuchermassen schiebt.

»Ich weiß, ich war ja selbst da«, sagt Albrecht Weinberg. »Und in diesen Schuhen steckten Menschen drin, die hat man ins Gas geschickt.«

Später, im Kerzenschein des Denkmals für die ermordeten Kinder, kämpft Albrecht gegen die Tränen, er denke an seine Cousine Rosel, sagt er, wie könne man nur ein sechsjähriges Kind erschießen. Und als im Seminarraum ein Foto von der Rampe des Vernichtungslagers Sobibor gezeigt wird, schluchzt und weint Albrecht, in Gedenken an seine ermordeten Cousinen und Cousins.

Doch als ihn zwei Rentnerinnen in der Ausstellungshalle ansprechen, da erzählt er ihnen nicht vom Grauen, sondern vom Glück. Sie hatten die Nummer auf seinem Arm bemerkt. Die Rentnerinnen sagen, sie kämen aus Florida, sie hätten eine Frage: »*You remember it all?*«.

»*I remember everything*«, antwortet Albrecht. Er erzählt auf Englisch, von Friedel, von Florida, von seiner Rückkehr nach Deutschland und dem Tod seiner Schwester. Warum hätte er nach ihrem Tod wieder zurück in die USA gehen sollen? Er hatte im Altenheim in Leer doch ein warmes Bett und bekam drei Mahlzeiten am Tag. Und vor allem, sagt Albrecht, habe er Gerda kennengelernt: »*She is the number one.*« Und eben diese Gerda schiebt nun den Rollstuhl und sagt: »*Mister, we have to go!*«

In Yad Vashem nehmen ihr die Schülerinnen und Schüler gern das Rollstuhlschieben ab und gehen mit Albrecht durch die Ausstellungsräume. Als sie an einer Vitrine mit einer Ausgabe des antisemitischen Hetzblattes *Der Stürmer* vorbeikommen, fragt der Guide die Schülergruppe: »Wer kennt Julius Streicher?«

»Oh, den kenne ich gut«, ruft Albrecht. »Der war Gauleiter von Franken und einer der übelsten Antisemiten. Wenn seine Zeitung bei uns im Ort ausgehängt wurde, sprangen die Leute vom Rad, um die neueste Hetze zu lesen, und der Hass vernebelte bald ihre Köpfe.«

Die Vergangenheit raubt Albrecht manchmal Kraft, auch wenn er das die Schülerinnen und Schüler nicht merken lassen will. Er scheint immer tiefer im Rollstuhl zu versinken, sein Kopf sinkt auf die Brust, er sagt, die Bilder in seinem Kopf wühlten ihn auf. In der kreisförmigen »Halle der Namen« sind es die Bilder seiner Eltern, hier sind Gedenkblätter gesammelt, biografische Notizen jedes identifizierten Holocaust-Opfers, Fotografien werden in einen zehn Meter hohen Kegel an die Decke projiziert.

»Hier erinnern Gedenkblätter an meine Eltern«, sagt Albrecht den Schülern, »sie wurden in Auschwitz umgebracht«.

Es ist still am Ende des Nachmittags in Yad Vashem, nachdem sie alle zusammengesessen und Fragen diskutiert haben: Hätte der Holocaust ohne Hitler passieren können? Was treibt Menschen dazu, solch schreckliche Dinge zu tun? Wie wird in Zukunft an den Holocaust erinnert? Schülerin Sophia sagt, durch Albrecht habe sie zum ersten Mal wirklich eine Vorstellung davon, was damals war. Jan ist wichtig, dass sie selbst auch weiter an den Holocaust erinnern, damit sich solch ein Menschheitsverbrechen nicht wiederhole, deshalb müssten sie auch ihren Kindern von Albrecht erzählen.

Albrecht sitzt mitten in der Schülergruppe. Er sagt: »Ihr wisst nicht, was in meinem Kopf los ist. Es ist einfach unglaublich, wie ihr euch reingearbeitet habt. Wenn ich in meinem hohen Alter den Unterschied sehe zwischen euch hier und den Jugendlichen damals ... Wir wurden aus der Stadt gejagt, und unsere Nachbarn haben hinter den Gardinen gestanden und zugeguckt. Aus meiner Familie sind 99,5 Prozent ermordet worden. Ich hatte nie geglaubt, dass das in Deutschland möglich wäre, und hier drin in meinem Kopf sind für immer mein Vater, meine Mutter, meine Onkel, meine Tanten, meine Cousinen und Cousins – alle ermordet. Und jetzt bin ich hier mit euch, es ist kaum zu glauben für mich, dass dieser Hass vorbei ist, dass das so eine Wendung genommen hat. Dass ich das hier erlebe, ist einfach ein Wunder!«

So eng sind die Schülerinnen und Schüler und Albrecht mittlerweile verbunden, dass die Schülervertretung im Herbst 2020 sogar beim Landkreis durchsetzte, dass das Gymnasium Rhauderfehn zu seinen Ehren umbenannt wurde: Albrecht-Weinberg-Gymnasium. Wenn Gerda nun mit Albrecht auf dem Beifahrersitz in der Pause auf den Schulhof fährt, umringen sie die Schüler und Schülerinnen und rufen seinen Namen, und wenn die Pause vorbei ist, winken ihm die Fünftklässler aus den Klassenräumen zu.

Auch ein Ehrenabitur haben die Schülerinnen und Schüler ihm feierlich überreicht, der Schülersprecher hielt die Laudatio auf Albrecht. Als er klein war, sagte der Schulsprecher, da hätten ihn Dinosaurier fasziniert. In einem Buch habe er damals vom Quastenflosser gelesen, einem Fisch, der schon vor Millionen Jahren lebte und heute als lebendes Fossil bezeichnet werde. Der Fisch habe für ihn die Zeit der Dinosaurier greifbarer gemacht. Der Schülersprecher erklärte: »Ich würde Albrecht Weinberg einen ähnlichen Effekt zuschreiben wie einem lebenden Fossil, denn wenn er seine Geschichte erzählt, dann macht er sie greifbarer als es jedes Geschichtsbuch tun kann.«

Albrecht muss heute noch über diesen Vergleich schmunzeln, dann ruft er mit gespielter Empörung: »Dinosaurier! So alt bin ich nun auch wieder nicht!« Gerührt sei er aber dennoch, schiebt er hinterher, nicht jeder käme schließlich zu der Ehre, »lebendes Fossil« genannt zu werden.

Von »seiner« Schule berichtet Albrecht am vorletzten Tag der Israelreise dem ehemaligen Regierungssprecher von Angela Merkel und heutigen Botschafter Steffen Seibert in der Deutschen Botschaft in Tel Aviv, und Albrecht gibt sich Mühe, dass die Erinnerung nicht in Betroffenheit erstarrt. Er sagt: »Früher haben sie mich von der Schule vertrieben, jetzt trägt sie meinen Namen. Früher haben mich Gymnasiasten mit Steinen beworfen, heute schieben sie mich im Rollstuhl durch die Gegend, ist das nicht wunderbar?«

An diesem Nachmittag in Tel Aviv verkündet Albrecht Weinberg den Schülerinnen und Schülern, es sei an der Zeit, dass sie jetzt endlich einmal eine Synagoge von innen sähen. Vier Schüler wuchten ihn im Rollstuhl die Stufen hinauf, sie stehen im Vorraum der Ichud-Shivat-Zion-Synagoge vor einer steinernen Gebotstafel. Sie stammt aus der Synagoge von Leer, lag nach der Brandschatzung 1938 jahrzehntelang als Wegplatte in einem Leeraner Schrebergarten, ehe sie von Emigranten nach Tel Aviv gebracht wurde. Schüler schieben Albrecht nah an die Tafel, er streckt die Hand aus und fährt langsam mit den Fingern über den Stein.

Die Tafel zierte einst das Portal der Leeraner Synagoge, in der er seine Bar-Mizwa feierte, erzählt Albrecht den Schülern. Er nimmt die Hand von der Steinplatte und spricht das Kaddisch, das jüdische Totengebet, das er in der Synagoge gelernt hat. Seinen Glauben an Gott verlor er in Auschwitz, erklärt er den Schülerinnen und Schülern. Das Kaddisch aber blieb bei ihm, wie ein Balsam gegen die Schmerzen der Erinnerung.

Am Abend, als er mit seinem Freund Jerry Wartski im Restaurant am Meer sitzt, erzählt er ihm von seiner Reise mit den Schülern. Er sagt: »Es fühlt sich für mich wie eine Befreiung an, dass die jungen Leute mich anhören.«

Jerrys Frau Sue sitzt wie Gerda mit am Tisch, sie erzählt, dass Jerry schon seit Tagen nur noch vom Treffen mit Albrecht rede. Sie sagt: »Jerry braucht Albrecht wie eine Therapie.« Und Albrecht hatte Jerry einen Kuss auf die Wange gegeben, als der sich zur Begrüßung zu ihm hinunterbeugte, und gerufen: »*Two Survivors, unbelievable!*«

An einem der Nachbartische im Restaurant feiern Israelis Geburtstag, und als der Gesang verstummt, fängt Jerry selbst an zu singen, einen deutschen Marsch, er hatte ihn die Soldaten und die Wachtruppen im Konzentrationslager singen hören. Kurz darauf stimmt Albrecht ein, und da singen sie zusammen, two *survivors*, welch ein später Triumph: »Wenn die Soldaten durch die Stadt marschieren, öffnen die Mädchen Fenster und Türen. Ei warum? Ei darum! Ei bloß wegen dem Schingderassa, Bumderassasa!«

Als Jerry bald darauf Albrecht im Rollstuhl zum Taxi schiebt, verabreden sie zusammen mit Gerda ihr nächstes Treffen. Ein halbes Jahr später, im Harz. Auf der nächsten Gedenkfeier zur Befreiung des Konzentrationslagers Mittelbau-Dora.

»Wenn ich da noch lebe«, sagt Albrecht.

»Du musst«, antwortet Jerry.

Dank

Ich danke Albrecht Weinberg und Gerda Dänekas, die mir einen tiefen Blick in ihre Leben gestatteten und so viel Geduld mit mir hatten, sich so viel Zeit nahmen für meine Fragen und noch mehr Zeit für meine Nachfragen. Jesco Denzel, der mit mir immer wieder wertvolle Gedanken tauschte und eine Stütze war, auch wenn es mal hakte. Güner Balci, für ihren Rat und viele spannende Ideen. Jerry Wartski und Tswi Herschel, die die Kraft aufbrachten, mit mir über den Holocaust und ihr Überleben zu sprechen. Den großartigen Schülerinnen und Schülern des Albrecht-Weinberg-Gymnasiums in Rhauderfehn, die ich auf ihrer Reise nach Israel mit Albrecht im Jahr 2022 begleiten durfte. Ihren Lehrkräften Anke Chudzinski-Schubert und Erk Schubert sowie der Schulleiterin Ulrike Janssen, deren engagierte Erinnerungsarbeit mich beeindruckt. Stephan Dänekas, Thomas Dänekas und Maren Peek, die mir mit Geschichten und Fotos halfen und immer eine gute Gesellschaft auf den Reisen waren. Frederik Stenger, der uns durch die Stollen des ehemaligen Konzentrationslagers Mittelbau-Dora führte und Hinweise gab, die Albrechts Erlebnisse einordnen halfen. Susanne Bracht, die uns Albrechts ehemaligen Schulraum in der ehemaligen Jüdischen Schule in Leer zeigte und viele Quellen zugänglich machte.

Hilbrecht Buss und Hanna und Franz Hartema, die mir von Friedel erzählten und davon, wie sie die Geschwister Weinberg nach Deutschland holten. Bernd-Volker Brahms, der ein Füllhorn von Informationen über die Familien Weinberg und Grünberg zusammengetragen hat und sich unermüdlich für das Erinnern einsetzt. Menna Hensmann für die Einführung in die Quellen und Dokumente ostfriesischen Lebens zur Zeit des Nationalsozialismus. Habbo Knoch für Literatur- und Recherchehinweise und die plastische Analyse ostfriesischer Mentalitätsgeschichte, für die er Salz- und Pfefferstreuer zur Hand nahm. Markus Brauckmann, Kuno Kruse und Dominik Stawski, die das Manuskript zu einem frühen Zeitpunkt gelesen und hilfreiche Anregungen gegeben haben. Nina Schnackenbeck, die das Manuskript umsichtig lektoriert hat.

Und zuallererst Uta, Jakob und Luise für ihre monatelange Geduld.

Weiterführende Literatur

Werner T. Angress, *... immer etwas abseits. Jugenderinnerungen eines jüdischen Berliners 1920–1945*, Berlin 2005.

Fritz Bauer Institut (Hg.), *Die I.G. Farben und das Konzentrationslager Buna-Monowitz*, Frankfurt am Main 2023.

Esther Bejarano, *Erinnerungen: Vom Mädchenorchester in Auschwitz zur Rap-Band gegen rechts*, Hamburg 2013.

Bernd-Volker Brahms, *Eine Dokumentation zur Verlegung von Stolpersteinen am 9. November 2011*, Rhauderfehn 2012.

Viktor E. Frankl, *Trotzdem Ja zum Leben sagen*, München 1977.

Saul Friedländer, *Das Dritte Reich und die Juden*, München 2006.

Heinz J. Giermanns, *Einer von uns: Albrecht Weinberg. Leiden an Deutschland*, Rhauderfehn 2014.

Susanne Guski-Leinwand (Hg.), *Curt Werner Bondy. Psychologe und Strafgefangenenfürsorger*, Berlin 2018.

William B. Helmreich, *Against All Odds. Holocaust Survivors and the Successful Lives They Made in America*, New York 1992.

Regine Heubaum/Jens Christian Wagner (Hg.), *Zwischen Harz und Heide. Todesmärsche und Räumungstransporte im April 1945*, Göttingen 2015.

Habbo Knoch/Thomas Rabe (Hg.), *Bergen-Belsen. Neue Forschungen*, Göttingen 2014.

Eberhard Kolb, *Bergen-Belsen. Geschichte des »Aufenthaltslagers« 1943–1945*, Münster 2011.

Stadt Leer (Hg.), *Dokumentation »Leer 1933–1945«, zusammengestellt und bearbeitet von Menna Hensmann*, Leer 2001.

Primo Levi, *Ist das ein Mensch?*, Frankfurt am Main 1961.

Herbert Obenaus (Hg.), *Historisches Handbuch der Jüdischen Gemeinden in Niedersachsen und Bremen*, Göttingen 2005.

Ilse Polak, *Meine drei Leben. Die Geschichte einer Papenburger Jüdin*, Papenburg 2013.

Theodor Prahm (Hg.), *1938–1988: Schicksal einer jüdischen Familie. Zeugenberichte von Karl Polak über sieben Jahre Verfolgung*, Leer 1988.

Herbert Reyer/Martin Tielke (Hg.), *Frisia Judaica. Beiträge zur Geschichte der Juden in Ostfriesland*, Aurich 1988.

Johannes Röskamp, *Zur Geschichte der Juden in Leer*, Leer 1985.

Sybille Steinbacher, *Auschwitz. Geschichte und Nachgeschichte*, München 2004.

Bernd C. Wagner, *IG Auschwitz*, München 2000.

Jens-Christian Wagner, *Produktion des Todes. Das KZ Mittelbau-Dora*, Göttingen 2001.

Shalom Weiss, *Wie konntest du Mensch sein in Auschwitz?*, Frankfurt am Main 2017.

Elie Wiesel, *Die Nacht. Erinnerung und Zeugnis*, Freiburg i. Br. 1996.